art in context

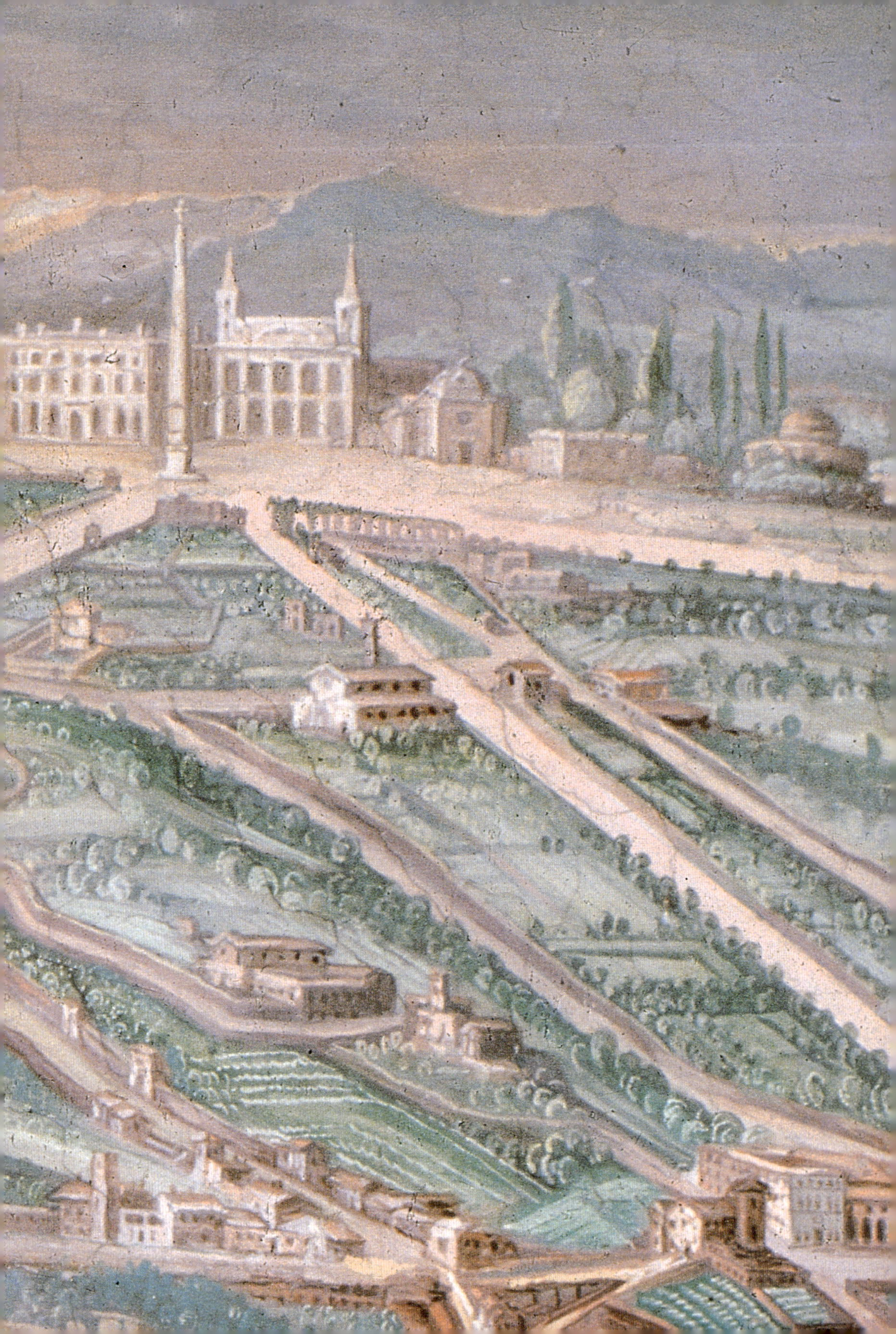

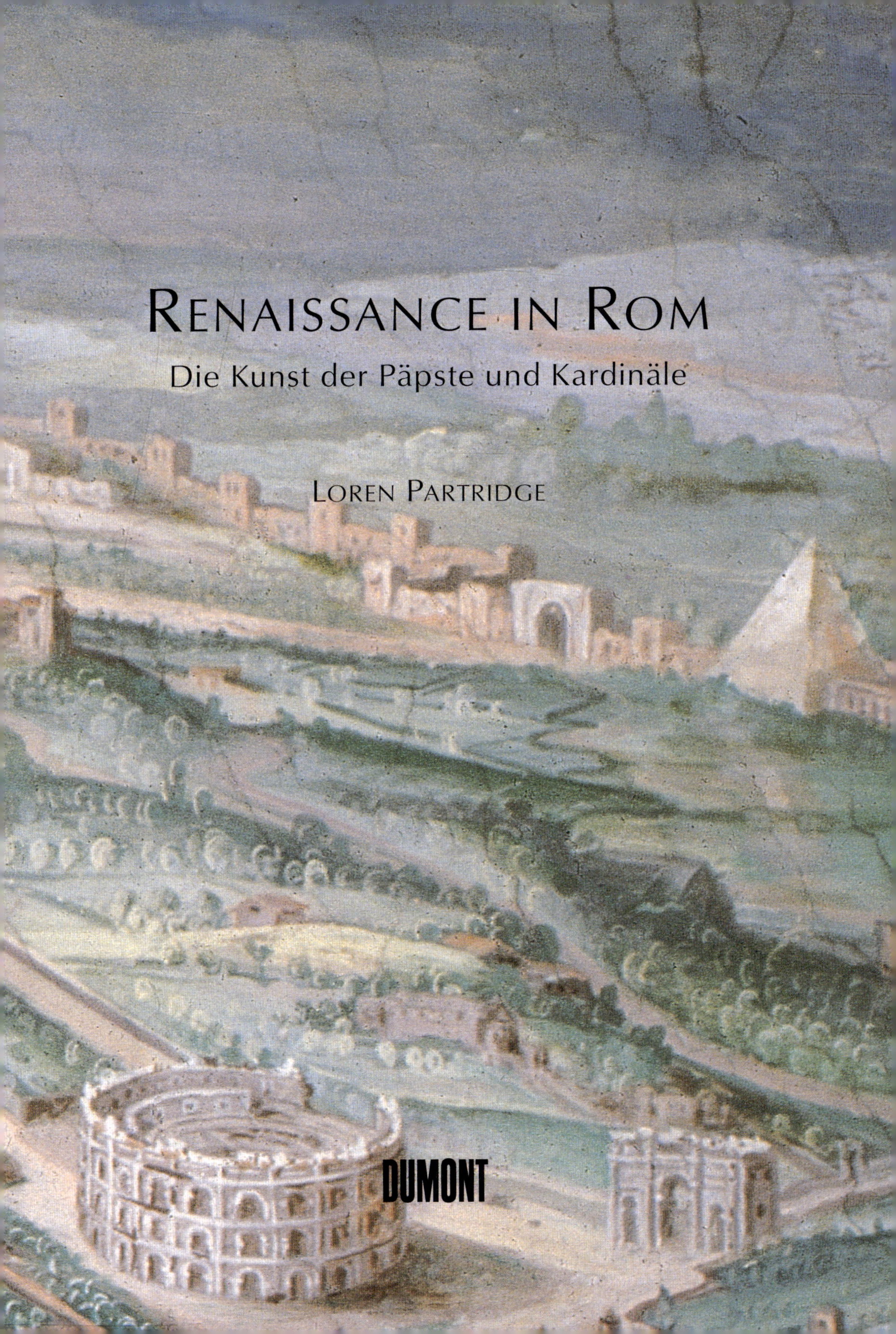

Renaissance in Rom

Die Kunst der Päpste und Kardinäle

Loren Partridge

DUMONT

Umschlagvorderseite: **Raffael,** *Die Vertreibung des Heliodor* (Detail der Abb. 102)
Umschlagrückseite: **Peterskirche,** Tambour, Kuppel und Laterne (Abb. 21) und
Raffael, *Sixtinische Madonna* (Abb. 55)
Frontispiz: **Ansicht von Rom** mit den städtebaulichen Veränderungen unter Sixtus V., um 1588 (Detail der Abb. 17)

Danksagung

Mein Dank gilt Leslie Martin, Wendy Partridge und Regina Stefaniak, die das Manuskript gelesen und viele Verbesserungsvorschläge gemacht haben. Zudem war es mir ein Vergnügen, mit Jacky Colliss Harvey, der Herausgeberin der Reihe, und Susan Bolsom-Morris, der Bildredakteurin, zusammenzuarbeiten.
Dieses Buch ist Leslie Martin in Liebe gewidmet.

Die Deutsche Bibliothek - CIP-Einheitsaufnahme

Renaissance in Rom
: die Kunst der Päpste und Kardinäle / Loren Partridge.
[Übers. aus dem Engl. von Ulrike Wasel und
Klaus Timmermann]. - Köln: DuMont, 1996
Einheitssacht.: The renaissance in Rome 1400 - 1600 <dt.>
ISBN 3-7701-3802-3
Partridge, Loren; Wasel, Ulrike [Übers.];EST

Übersetzung aus dem Englischen von Ulrike Wasel und Klaus Timmermann

Produktion und Design: Calmann & King Ltd, London
Series Consultant: Tim Barringer (Birkbeck College, London)

Satz der deutschen Ausgabe: DuMont Buchverlag, Köln
Druck und buchbinderische Verarbeitung: South China Printing Co., Hongkong
ISBN 3-7701-3802-3

Printed in Hongkong

Inhalt

ROM ZUR ZEIT DER RENAISSANCE

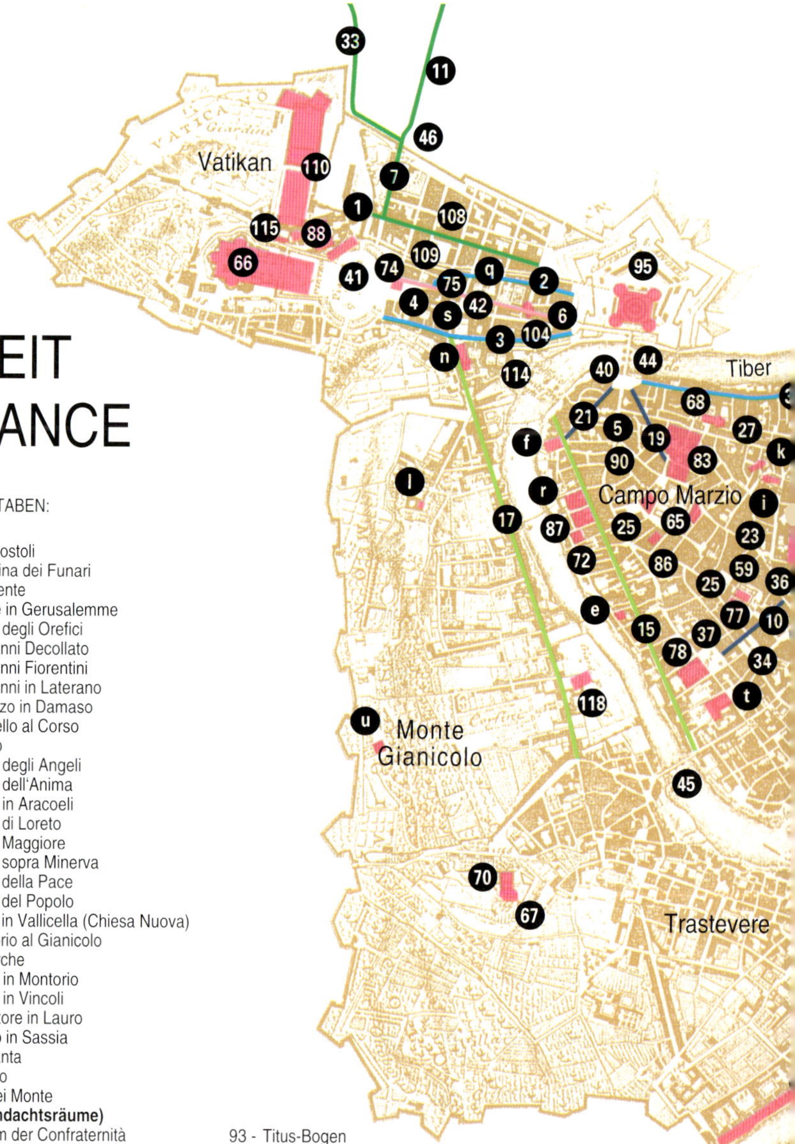

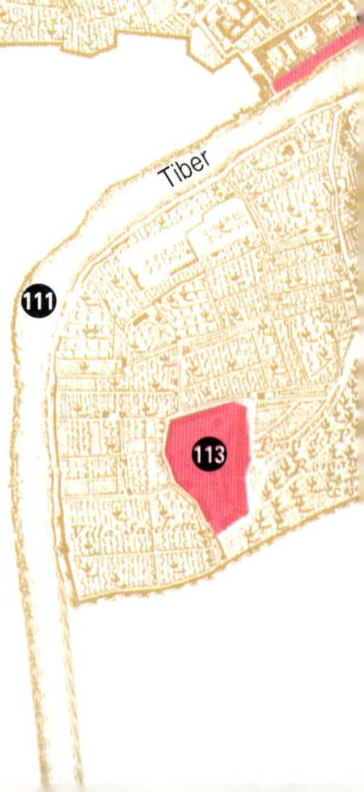

ERKLÄRUNG DER KARTENNUMMERN UND -BUCHSTABEN:

Straßen
1 - Borgo Pio
2 - Borgo Sant'Angelo
3 - Borgo Santo Spirito
4 - Borgo Vecchio/Via Sacra
5 - Canale di Ponte
6 - Via Alexandrina
7 - Via Angelica
8 - Via Appia Antica
9 - Via d'Aracoeli
10 - Via dei Baullari
11 - Via Cassia
12 - Via Clementia
13 - Via del Corso
14 - Via Felice
15 - Via Giulia
16 - Via Leoina
17 - Via della Lungara
18 - Via Merulana
19 - Via di Panico
20 - Via Panisperna
21 - Via Paola
22 - Via Paolina Trifaria
23 - Via Papale
24 - Via del Paradiso
25 - Via del Pellegrino
26 - Via Pia
27 - Via Recta
28 - Via di S. Giovanni in Laterano
29 - Via di S. Gregorio
30 - Via S. Lorenzo
31 - Via Sistina
32 - Via Trinitatis
33 - Via Triumphale

Plätze
34 - Campo dei Fiori
35 - Piazza del Campidoglio
36 - Piazza della Cancelleria
37 - Piazza Farnese
38 - Piazza Navona
39 - Piazza del Popolo
40 - Piazza S. Celso
41 - Piazza S. Pietro
42 - Piazza Scossacavalli
43 - Piazza Venezia

Brücken
44 - Engelsbrücke
45 - Ponte Sisto

Tore
46 - Porta Angelica
47 - Porta Pia
48 - Porta del Popolo
49 - Porta S. Lorenzo
50 - Porta S. Paolo
51 - Porta S. Sebastiano

Binnenhäfen
52 - Porto di Ripa Grande
53 - Porto di Ripetta

Kirchen
54 - Il Gesù
a - Madonna dei Monti
b - S. Agostino
c - Santi Apostoli
d - S. Caterina dei Funari
55 - S. Clemente
56 - S. Croce in Gerusalemme
e - S. Eligio degli Orefici
57 - S. Giovanni Decollato
f - S. Giovanni Fiorentini
58 - S. Giovanni in Laterano
59 - S. Lorenzo in Damaso
g - S. Marcello al Corso
60 - S. Marco
h - S. Maria degli Angeli
i - S. Maria dell'Anima
j - S. Maria in Aracoeli
61 - S. Maria di Loreto
62 - S. Maria Maggiore
63 - S. Maria sopra Minerva
k - S. Maria della Pace
64 - S. Maria del Popolo
65 - S. Maria in Vallicella (Chiesa Nuova)
l - S. Onoforio al Gianicolo
66 - Peterskirche
67 - S. Pietro in Montorio
m - S. Pietro in Vincoli
68 - S. Salvatore in Lauro
n - S. Spirito in Sassia
69 - Scala Santa
70 - Tempietto
71 - Trinità dei Monte

Oratorien (Andachtsräume)
72 - Oratorium der Confraternità del Gonfalone
73 - Oratorium S. Giovanni Decollato

Paläste
o - Palazzo Baldassini
74 - Palazzo Branconio d'Aquila
p - Palazzo Capranica
75 - Palazzo Caprini
q - Palazzo Adriano Castellesi
76 - Konservatorenpalast (Kapitol)
77 - Palazzo della Cancelleria
78 - Palazzo Farnese
79 - Lateranpalast
80 - Palazzo Massimo alle Colonne
81 - Palazzo Medici
82 - Palazzo Nuovo (Kapitol)
83 - Palazzo Orsini
84 - Quirinalpalast
r - Palazzo Ricci
s - Palazzo Domenico della Rovere
85 - Senatorenpalast (Kapitol)
t - Palazzo Spada
86 - Palazzo della Cancelleria Vecchia
87 - Palazzo dei Tribunale
88 - Vatikanpalast
89 - Palazzo Venezia
90 - Palazzo della Zecca

Monumente des Altertums
91 - Konstantins-Bogen
92 - Triumphbogen des Septimius Severus
93 - Titus-Bogen
94 - Maxentius-Basilika
95 - Engelsburg
96 - Circus Maximus
97 - Ehrensäule Marc Aurels
98 - Ehrensäule Trajans
99 - Kolosseum
100 - Forum Romanum
101 - Pantheon
102 - Augustus-Mausoleum
103 - Pyramide des Cestius'
104 - Vatikan-Pyramide
105 - Teatro di Marcello
106 - Caracalla-Thermen

Verschiedenes
107 - Baptisterium S. Giovanni in Fonte
108 - Civitas Pius
109 - Corridoio
110 - Cortile del Belvedere
111 - Tiber
112 - Moses-Brunnen
113 - Monte Testaccio
114 - Ospedale di S. Spirito
115 - Sixtinische Kapelle
116 - Torre delle Milizie
117 - Torre dei Conti
118 - Villa Farnesina
u - Villa Lante
v - Villa Medici
119 - Villa Montalto

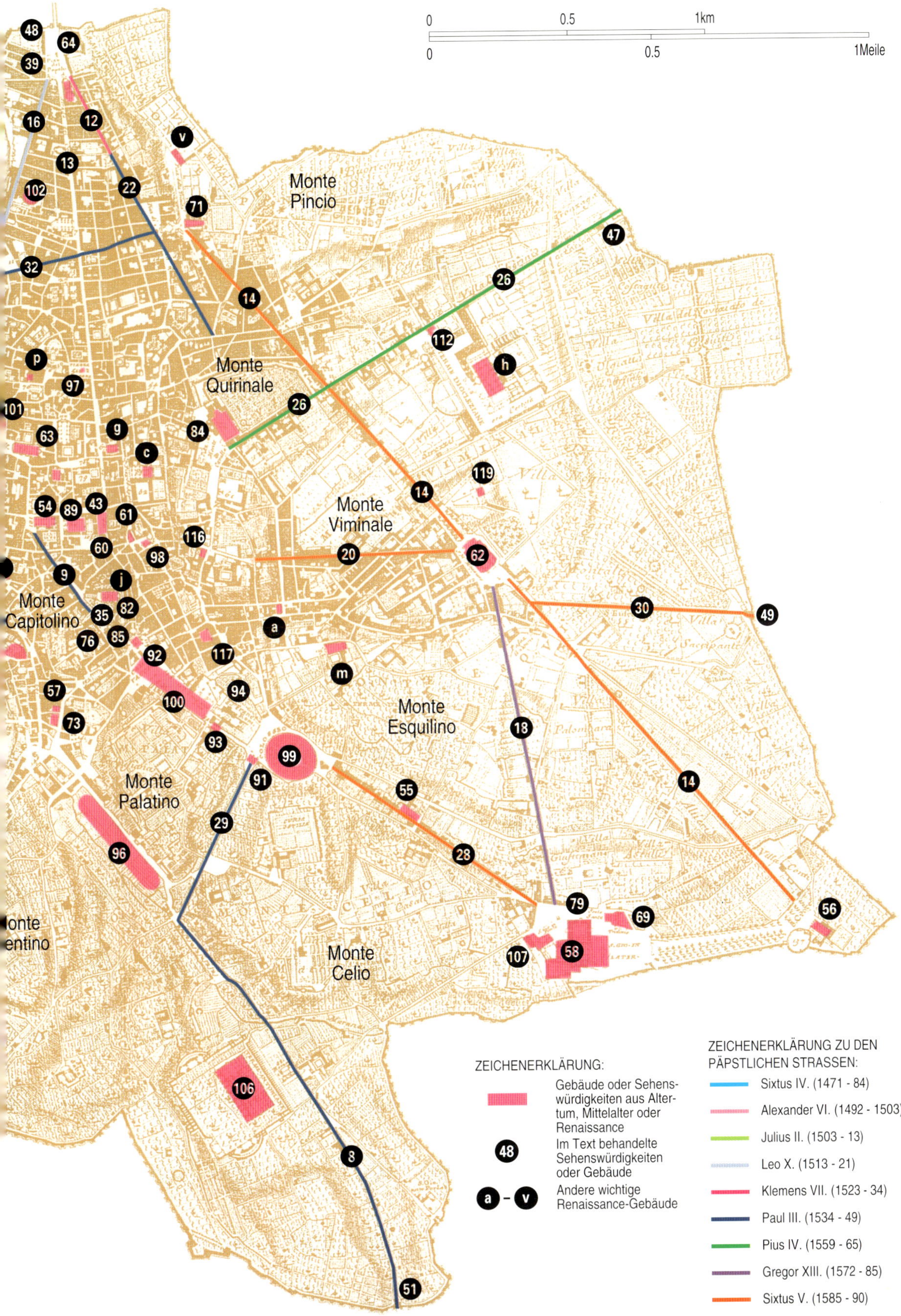

0
0.5
1km
0
0.5
1Meile
Monte Pincio
Monte Quirinale
Monte Viminale
Monte Capitolino
Monte Esquilino
Monte Palatino
Monte Celio
onte entino
ZEICHENERKLÄRUNG:
Gebäude oder Sehenswürdigkeiten aus Altertum, Mittelalter oder Renaissance
48
Im Text behandelte Sehenswürdigkeiten oder Gebäude
a – v
Andere wichtige Renaissance-Gebäude
ZEICHENERKLÄRUNG ZU DEN PÄPSTLICHEN STRASSEN:
Sixtus IV. (1471 - 84)
Alexander VI. (1492 - 1503)
Julius II. (1503 - 13)
Leo X. (1513 - 21)
Klemens VII. (1523 - 34)
Paul III. (1534 - 49)
Pius IV. (1559 - 65)
Gregor XIII. (1572 - 85)
Sixtus V. (1585 - 90)

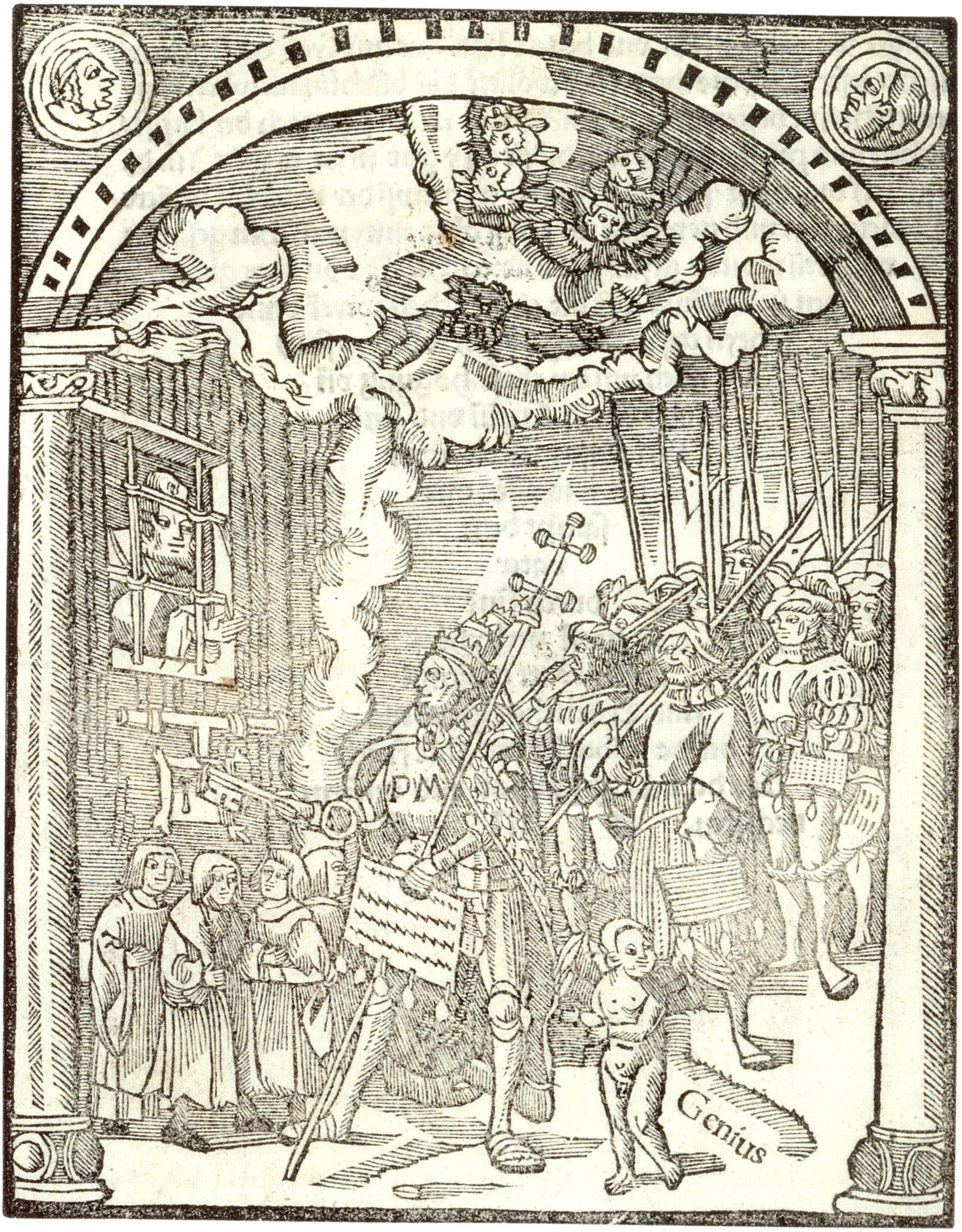
PM
Genius

Päpste als Mäzene: Heilige oder Sünder?

1. Frontispiz der deutschen Ausgabe von Desiderius Erasmus, *Julius vor der verschlossenen Himmelstür,* 1523 (erste lateinische Ausgabe 1517), Holzschnitt, 14,7 x 12,3 cm, Bayerische Staatsbibliothek, München.

Julius II. - begleitet von jungen Geistlichen, seinem bösen Geist und seiner Armee - trägt eine Rüstung und hält in den Händen einen Schlüssel, ein Prozessionskreuz und eine päpstliche Bulle mit zahlreichen Siegeln. Die Buchstaben PM auf seinem Brustharnisch sind die Abkürzung von »Pontifex Maximus« (oberster Priester). Nach den Worten des hl. Petrus zu urteilen, der während des Dialogs mit Julius hinter der verschlossenen Tür zum Paradies steht und durch ein Fenster auf die Szene blickt, könnten die Buchstaben auch für »Pestilentia Maxima« stehen!

Der Holzschnitt in Abbildung 1 zeigt den Papst als Sünder, das Fresko in Abbildung 2 porträtiert ihn als Heiligen. Diese vollkommen unterschiedlichen Darstellungen sind beredte Zeugnisse des Papsttums und der Kunstförderung durch Päpste in der römischen Renaissance. In dem Fresko wird Sixtus IV. (1471-84), bekleidet mit Tiara und Amtstracht, vom hl. Petrus zu einem Turm geleitet, der die Inschrift PARADISVS trägt. Die lateinische Originalinschrift unter dem Fresko lautet übersetzt: »Als Belohnung für seine Frömmigkeit führt der hl. Petrus Sixtus IV. ins Paradies [mit den Worten]: ›Christus, für den du eine Heimstatt für die Armen auf Erden bereitet hast [das Ospedale di Santo Spirito], schenkt dir diese im Himmel.‹«

37 Szenen mit Darstellungen aus dem Leben von Papst Sixtus IV. untermauern im Ospedale di Santo Spirito seinen Anspruch auf die himmlische Belohnung. Einige Szenen zeigen die prophetische Vision seiner Mutter von der religiösen Berufung ihres Sohnes und seine wunderbare Genesung von Krankheiten, um zu belegen, daß Sixtus IV. bereits als Kind in der Gunst Gottes stand. Andere Szenen stellen seinen Eintritt in den Franziskanerorden dar, seine berühmten Predigten, seine erfolgreichen theologischen Dispute und seine steile Karriere in der Kirchenhierarchie mit seiner Ernennung zum Kardinal und schließlich zum Papst. Als Papst sieht man ihn bei der Heiligsprechung von Bonaventura (1221(?)-74), beim Empfang von Monarchen aus aller Welt und bei der Unterstützung eines Kreuzzuges gegen die Türken. Seine wohl verdienstvollsten Taten, wie man anhand der Anzahl der ihnen gewidmeten Szenen folgern kann (zwölf), waren seine städtebaulichen Projekte in Rom: Er ließ die Straßen, Plätze, Stadtmauern, die Wasserversorgung und den Binnenhafen erweitern; er ließ eine Brücke über den Tiber bauen, zahlreiche Kirchen restaurieren und errichten; er ließ das Ospedale di Santo Spirito für Findelkinder, Arme und Geisteskranke wieder aufbauen und gründete die Vatikanische Bibliothek.

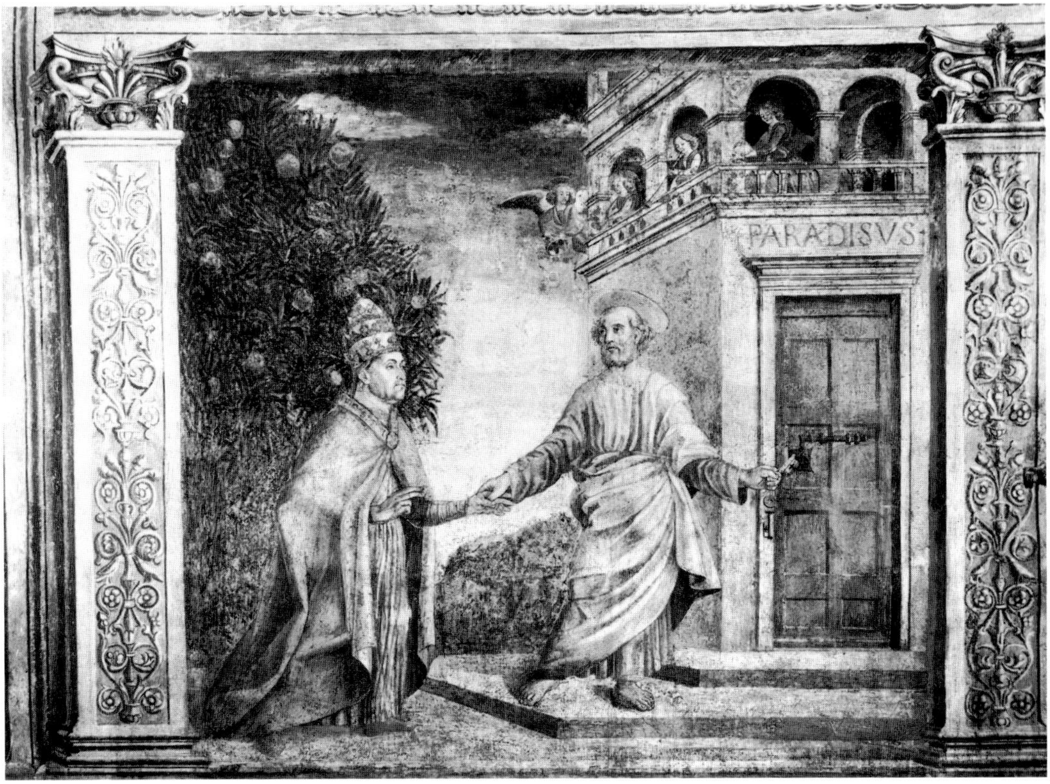

2. Anonym, *Sixtus IV. wird vom hl. Petrus ins Paradies geführt,* 1473-83, Fresko, Ospedale di Santo Spirito, Rom.

Der Orangenbaum hinter Sixtus IV. ist ein Symbol der Erlösung, weil der Baum im tiefsten Winter Früchte trägt. In einer offenen Loggia über der Tür zum Paradies blasen Engel für Sixtus eine Fanfare.

Der Holzschnitt ist eine Illustration aus der Schrift *Julius vor der verschlossenen Himmelstür (Dialogus, Iulius exclusus e coelis)* des holländischen Theologen Desiderius Erasmus (1466(?)-1536), bekannter als Erasmus von Rotterdam, und zeigt einen Dialog zwischen dem hl. Petrus und Papst Julius II. (1503-13) an der Pforte zum Paradies:

Petrus: ... o unsterblicher Gott, was für ein Gestank steigt in meine Nase!... Wer bist du? (S. 7)...

Julius: ... höre in wenigen Worten, damit du erkennst, welchen Fürsten du verachtest (S.17)... Auf keine Weise ließ ich ab, Geld anzuhäufen (S. 21)... Das von den Bentivogliern beherrschte Bologna habe ich dem Heiligen Stuhl zurückgegeben. In einem Kriegszug habe ich das vorher nie besiegte Venedig zermalmt... Ein schismatisches Konzil habe ich durch ein Scheingegenkonzil köstlich verhöhnt und... [s]chließlich habe ich die Franzosen, die damals ein Schrecken für den ganzen Erdkreis waren, gänzlich aus Italien verjagt (S. 23)... Außerdem habe ich, obwohl ich ein großes Heer hielt, großartige Triumphe abgehalten... an sehr vielen Orten Bauten errichtet, dennoch bei meinem Tod fünf Millionen Dukaten hinterlassen (S. 25)...

Petrus: Du Wahnsinniger! Bis jetzt vernehme ich nur einen Herrscher, keinen kirchlichen, sondern einen heidnischen, ja einen, der ein ärgerer Verbrecher ist als die Heiden (S. 87/88)... Du sollst mir aber sagen, wer als erster von allen die Kirche... belastet hat, die Christus... ohne alle Belastung haben wollte.

Julius: ... es heißt, daß ein Konstantin die gesamte Würde seines Reiches dem römischen Papst Sylvester übertragen habe...

Petrus: Dann ist das doch wohl ein Märchen?

Julius: Das vermute ich persönlich auch... Dennoch paßte es mir sehr, es zu glauben...

Petrus: Bis jetzt habe ich nichts als Weltliches gehört. (S. 91)

Julius: Du träumst wohl noch immer von jener alten Kirche, in der du... warst Papst nur dem Namen und Titel nach. Was, wenn du jetzt die vielen aus den Schätzen der Könige erbauten Kirchen sehen könntest, überall Tausende von Priestern, die meisten mit reichlichem Besitz, die vielen Bischöfe, die an Waffen und Schätzen den Königen gleichkommen, die vielen herrlichen Paläste der Geistlichkeit... was würdest du da sagen?

Petrus: Daß ich einen höchst weltlichen Tyrannen sehe, einen Feind Christi, das Verderben der Kirche. (S. 93)

Julius: Du würdest anders sprechen! Wenn du nur einen meiner Triumphzüge gesehen hättest... die Pferde, die Reihen der Soldaten in Waffen, den Schmuck der Feldherrn... die Pracht der Traggestelle, den Prunk der Bischöfe, den Stolz der Kardinäle, die Trophäen, die Beute, die zum Himmel hallenden Zurufe des Volkes und der Soldaten... den alles übertönenden Beifall, den Klang der Hörner, das Dröhnen der Trompeten... das Blitzen der Kanonen, das unter das Volk gestreute Geld und schließlich mich wie eine erhabene Gottheit einziehen (S. 95)... mit schönen Worten verherrlichten sie mich, sie priesen mich als Jupiter, der mit seinem Blitz das All erschüttert, sie nannten mich... das Heil des ganzen Erdkreises (S. 105)... Du schließt also nicht auf?

Petrus: Jedem Beliebigen eher als solch einem Unhold... du selbst bist ein guter Bauherr; errichte dir ein neues Paradies... (S.107)

[Erasmus von Rotterdam, Julius vor der verschlossenen Himmelstür, ein Dialog, Darmstadt 1990.]

In beiden Darstellungen werden Päpste als große Bauherren und Kunstmäzene vorgeführt, und in der Tat entstand ein großer Teil der in diesem Buch erörterten Kunstwerke im Auftrag von Päpsten oder hohen Kirchenmännern, die deren Beispiel folgten. Davon abgesehen, könnten die Darstellungen nicht unterschiedlicher sein.

3. Melozzo da Forli,
Papst Sixtus IV. ernennt Platina zum Präfekten der Vatikanischen Bibliothek,
1476-77, Fresko, Vatikanische Pinakothek, Rom.

Die Szene des Freskos, das ursprünglich für die von Sixtus IV. gegründete Vatikanische Bibliothek gemalt wurde, zeigt von rechts nach links: Sixtus IV.; Raffaele Riario, Apostolischer Protonotar, seit 1477 Kardinal, Erbauer des Palazzo della Cancelleria; Kardinal Giuliano della Rovere, der zukünftige Papst Julius II.; Platina; Girolamo Riario, Graf von Imola und Forli; Giovanni della Rovere, Präfekt von Rom. Von Platina abgesehen sind alle Personen Verwandte des Papstes. Die Inschrift lautet übersetzt: »Rom, einst schmutzig und verwahrlost, verdankt Dir, Sixtus, seine Tempel, sein Findelhaus, seine Plätze, Bürgersteige, Brücken, die Acqua Vergine am Trevi-Brunnen, den Hafen für Seefahrer, die Festungen auf dem Vatikan-Hügel und nun diese gefeierte Bibliothek.«

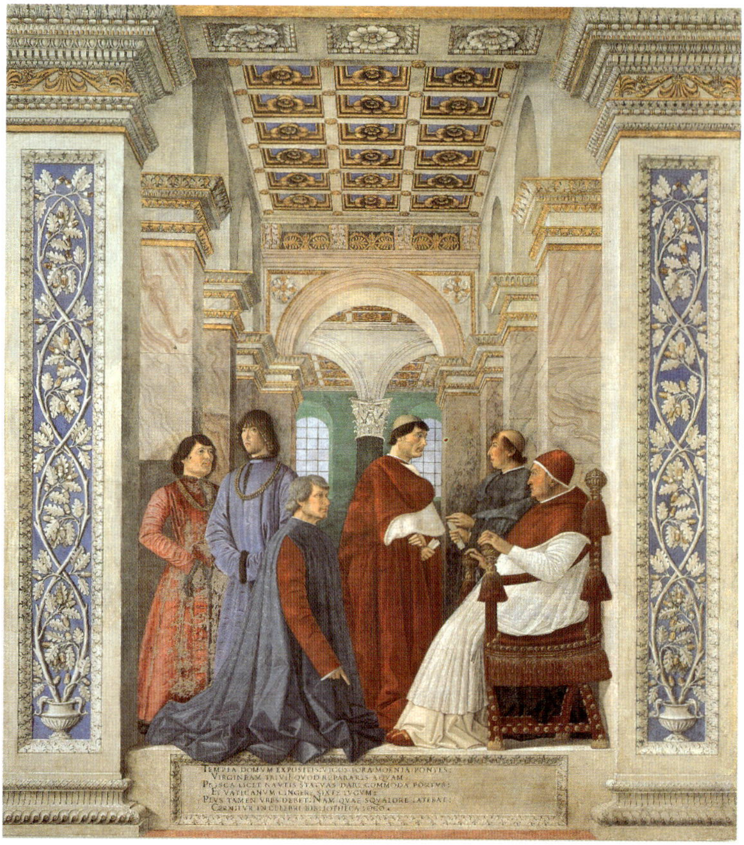

In den Fresken der Vatikanischen Bibliothek wird Sixtus IV. als weiser Prediger, gelehrter Theologe, glänzende Führungspersönlichkeit und kompetenter Verwalter dargestellt (Abb. 3). Er übte seine geistliche Macht als Statthalter Christi aus, indem er Rechtschaffene errettete und Ungläubige verdammte. Die Völker der Erde beugten sich ihm gehorsam und befolgten seinen Willen, denn er war zudem mit allumfassender weltlicher Macht ausgestattet. Als Hirte der Herde sorgte er sich um die Armen und Bedürftigen und, was das Wichtigste war, er erneuerte Rom zur Ehre der Kirche.

Indem Erasmus die frühchristlichen Ideale wie Frömmigkeit, Demut, Armut und Selbstaufopferung als Maßstab für die Beurteilung des Papstes heranzog, charakterisierte er Julius II. als Verkörperung pietätloser Weltlichkeit, egozentrischer Tyrannei, selbstsüchtiger Habgier und heidnischer Vorliebe für Reichtum und militärische Macht. Zu Recht vermutete Erasmus bei den Renaissance-Päpsten eine weltliche Orientierung. Die Leitung der größten internationalen Institution Europas, die Finanzierung der Kurie und des päpstlichen Hofes mit seinen Tausenden von Höflingen, die Unterhaltung und Erweiterung von

Einrichtungen erforderten Unsummen. Die Lossagung der Protestanten von der katholischen Kirche in der ersten Hälfte des 16. Jahrhunderts und die Konfiszierung von kirchlichen Ländereien durch die revoltierenden Nationalstaaten jenseits der Alpen hatten zur Folge, daß Rom aus Nordeuropa weniger Steuern bezog. Dadurch war das Papsttum stärker auf den Kirchenstaat in Mittelitalien als Einnahmequelle angewiesen. Sogar die meisten Militäraktionen des Papsttums, so zum Beispiel die Feldzüge Julius' II. gegen die Bentivogli in Bologna oder gegen die Franzosen und Venezianer in Oberitalien, dienten in erster Linie dem Ziel, den Kirchenstaat auszudehnen und zu konsolidieren. Die Päpste traten zunehmend als weltliche Fürsten, autokratische Kriegsherren und verhaßte Steuereintreiber auf.

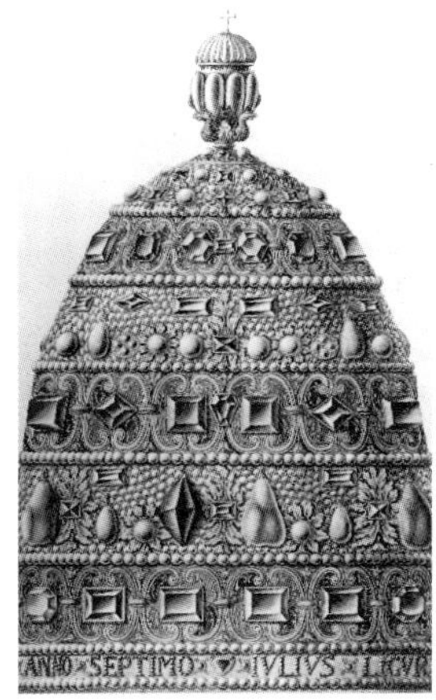

4. Päpstliche Tiara, entworfen von Caradosso (Cristoforo Foppa, ca. 1452-1527) für Papst Julius II.

Um die Macht der Päpste zu festigen, die Bürokratie und das diplomatische Korps leistungsfähiger zu machen und die Durchschlagskraft der päpstlichen Armee zu erhöhen, verwandelte sich die Kirche während der Renaissance zudem allmählich von einer internationalen in eine fast rein italienische Institution, was Personal und Zielsetzungen betraf. Gleichzeitig spielte das Papsttum auf der europäischen Bühne eine immer unbedeutendere Rolle, da die Grafen von Valois in Frankreich und die Habsburger in Österreich, Deutschland und Spanien ihre Macht vergrößern konnten. Die Verwüstung und Plünderung Roms im Jahre 1527 beim *Sacco di Roma* durch die Söldnertruppen des Habsburgers Karl V. (1500-58), der sich schließlich vom Papst zum Kaiser des Heiligen Römischen Reiches krönen ließ, machte den Anspruch des Papsttums auf die Weltherrschaft zunichte.

Die Renaissance-Kirche war nicht nur weltlich, sondern auch korrupt. Päpste beriefen in der Regel Familienangehörige in hohe Ämter (Nepotismus) und verwandelten kirchliche Ländereien in kleinstaatliche Familiendynastien (Alienation). Priester waren schlecht ausgebildet, undiszipliniert und nahmen es mit ihren Gelübden nicht so genau. Es war gang und gäbe, geistliche Ämter zu kaufen und zu verkaufen (Simonie), und nicht selten bezogen Geistliche gleichzeitig Einkünfte aus verschiedenen Ämtern und Pfründen (Ämterhäufung), ohne den damit verbundenen Pflichten nachzukommen (Absentismus). Die zunehmende Frömmigkeit breiter Bevölkerungsschichten in Europa fand bei der elitären Kirche kaum Beachtung, und gegen eine kleine ›Spende‹ wurde jedem Sünder Ablaß gewährt. Kein Wunder, daß der Papst in den Augen etlicher Reformatoren, z.B. Martin Luthers (1483-1546), der wahre Antichrist war und Rom ein Babylon. Sogar ein von Papst Paul III. (1534-49) ernanntes Sonderkomitee von Kardinälen und hohen Prälaten äußerte 1537 die Auffassung, daß die Kirche bedrohlich ins Wanken geraten sei und kurz vor dem endgültigen Zusammenbruch stehe. Nach Ansicht des Komitees trug der Papst mit seinen übersteigerten Machtansprüchen die Hauptverantwortung für den Mißstand.

Die Päpste betrachteten die Kirche meist als Monarchie, die päpstliche Macht - die geistliche wie die weltliche - war für sie allumfassend, überragend und absolut. Der Konziliarismus sah als Gegenmodell vor, daß die höchste Kirchengewalt bei regelmäßig einberufenen Bischofsversammlungen lag, wobei auch die Päpste deren Beschlüssen unterworfen waren. Aufgrund der Tatsache, daß eine Kirchenreform dringend erforderlich war, kamen die Päpste der Renaissance nicht umhin, einige Konzilien einzuberufen. Doch da sie selbst die Konzilien leiteten, waren sie meist in der Lage, ernsthafte Angriffe auf ihre Primatialgewalt abzuwehren.

Die Macht des Papstes wurde aber auch von den römischen Adligen, Kaufleuten und dem städtischen Beamtentum bedroht, die es nicht gern sahen, daß der Papst sich in das gesellschaftliche, wirtschaftliche und politische Leben der Stadt einmischte. In der Frührenaissance wagten die Römer nicht selten den Versuch, einen Papst während der Prozession *(possesso)*, die nach altem Brauch im Anschluß an seine Krönung stattfand und von der Peterskirche quer durch die Stadt zum Lateranpalast führte, vom Pferd zu stoßen. Sie versuchten sogar, Päpste abzusetzen, ins Exil zu schicken oder zu ermorden. Nach dem Tod eines Papstes entweihte der Pöbel häufig seine bildlichen Darstellungen, plünderte seinen Besitz und übernahm die Kontrolle der Stadt, bis ein neuer Papst gewählt war. Noch in der Spätrenaissance, als die Päpste die alleinige Macht in Rom besaßen, trieben unzufriedene Adlige auf dem Lande als Banditen ihr Unwesen und machten Händlern und Bauern das Leben schwer.

Doch die wohl größte Gefahr für die päpstliche Macht ging von den Protestanten in Nordeuropa aus, da sie letztlich die Kirche in ihrer Gesamtheit ablehnten. Aufgrund ihrer Überzeugung, daß alle Menschen im Grunde Sünder seien und nur durch den Glauben allein von ihrer Sündenschuld freigesprochen würden, waren in ihren Augen Reue, Beichte, Buße, gute Taten und selbst die heilige Messe für die Erlösung nicht erforderlich. Sie lehnten die Hierarchie der Priesterschaft ab, den Papst eingeschlossen, und ersetzten sie durch die universelle Priesterschaft aller Gläubigen. Da die Bibel für die Protestanten die einzig gültige Autorität darstellte, hinterfragten sie die gesamte Kirchengeschichte, und damit die Grundlage vieler katholischer Überzeugungen und Lehren.

In diesem von Zweifel und Veränderung geprägten Klima vertrat das Papsttum vehement die Traditionen der Kirche. Die Päpste unterstützten darüber hinaus die in ganz Italien einsetzende Wiederbelebung der Antike, die von Zeitgenossen *rinascita* (Wiedergeburt) genannt wurde - dieser Begriff bildet den Ursprung des bei uns gebrauchten Wortes Renaissance. Das taten sie zum Teil, weil die zahllosen Ruinen in Rom die Antike ganz besonders lebendig erscheinen ließen. Zugleich schienen die literarischen und künstlerischen Formen des alten, vor allem kaiserlichen Roms, wie sie von Humanisten (Gelehrten und Lehrern der klassischen Welt) wiederentdeckt wurden, aber auch besonders geeignet, den päpstlichen Anspruch auf universelle Macht zu untermauern.

Grundlage dieser ideologischen Nutzung der römischen Vergangenheit war die Überzeugung, daß die *pax romana*, also der Weltfrieden unter Kaiser Augustus (63 v. Chr.-14 n. Chr.), von Gott als Vorbereitung auf die *pax Christi*, das geistliche Reich Christi, geschaffen worden war, da Christus zur Zeit der Herrschaft von Augustus geboren wurde. Als Kaiser Konstantin (280(?)-337 n. Chr.) Anfang des 4. Jahrhunderts zum Christentum konvertierte, vereinigte sich die Kirche mit dem Römischen Reich. Als Konstantin den Kaisersitz von Rom nach Byzanz (Konstantinopel) verlegte, glaubte man, er hätte die Stadt Rom, das westliche Kaiserreich und die kaiserlichen Insignien dem Papst zum Geschenk gemacht. Tatsächlich bewies Lorenzo Valla (1407-57) im Jahre 1440, daß es sich bei jener Urkunde, die diese berühmte Schenkung beglaubigte, um eine Fälschung aus dem 8. Jahrhundert handelte. Aber wie Julius in der Darstellung des Erasmus mit Zynismus bemerkt, gereichte es ihm durchaus zum Vorteil, an deren Echtheit zu glauben, denn es rechtfertigte seinen Anspruch, ein neuer Kaiser zu sein. Als Päpste und hohe Geistliche Roms Straßen und Plätze nach antiken Gestaltungsprinzipien erneuern sowie Kirchen und Paläste errichten und nach klassischen Motiven ausschmücken ließen, verfolgten sie damit in erster Linie das Ziel, angesichts der vehementen Angriffe auf ihre Macht ideologische Ansprüche geltend zu machen.

Rom hatte eine gut entwickelte Landwirtschaft, war aber im Gegensatz zu Florenz, Venedig oder Mailand kein Zentrum für Banken, Handwerk, Handel oder Transportwesen. Statt dessen füllte Rom seine Stadtkasse mit Einnahmen, die es von Bediensteten des Papstes und von Pilgern bezog; davon abgesehen gab es kaum lukrative Einnahmequellen. So kam es, daß sich während des sogenannten Avignonschen Exils (1309-76) - der Aufenthalt der Päpste in Avignon als Vasallen der französischen Könige - und während des großen abendländischen Schismas (1378-1417) - von unterschiedlichen Konklaven und Konzilien wurden insgesamt acht Päpste gewählt, so daß immer mindestens zwei oder drei gleichzeitig von ihren zumeist außerhalb Roms liegenden Residenzen Machtansprüche stellten - die Bevölkerung Roms von zirka 35.000 auf 17.000 Einwohner dezimierte. Die Stadt war damit zu Beginn des 15. Jahrhunderts bedeutend kleiner als Florenz, Mailand oder sogar Siena.

Als die Päpste nach dem Ende der Kirchenspaltung auf Dauer nach Rom zurückkehrten, erlebte die Stadt einen wirtschaftlichen Aufschwung, der auch die Bevölkerungszahlen wieder ansteigen ließ. Ein großer Dienstleistungsbereich versorgte die Pilger, die erneut in Scharen in die Stadt strömten, um Ablaß zu suchen und ihre

5. Raffael, *Papst Julius II.*, ca. 1511-12, Öl auf Holz, 108 x 80,7 cm, National Gallery, London.

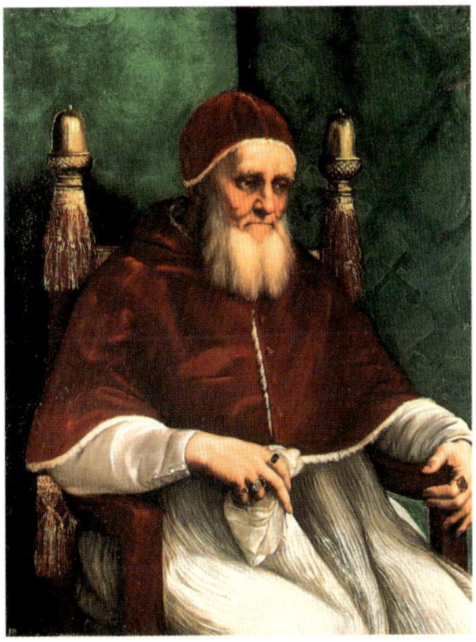

Seelen zu stärken - in der Regel etwa 30.000 pro Jahr und über 100.000 im Jubeljahr oder Heiligen Jahr, das alle 25 Jahre stattfand. Der expandierende päpstliche Hof förderte den Bau von Kirchen, Palästen und Villen, die allerorts aus dem Boden wuchsen. Im Jahre 1600 hatte Rom bereits 100.000 Einwohner und zählte neben London und Paris zu den größten Städten Europas.

Wissenschaft und Künste schienen noch zu Beginn des 15. Jahrhunderts in einem unaufhaltsamen Niedergang begriffen, doch in der Renaissance entwickelte sich Rom zu einem der größten Kulturzentren Europas, und zwar vor allem, weil die kirchliche Förderung Möglichkeiten schuf, die einige der hellsten Köpfe und besten Künstler aus ganz Italien anlockten (Abb. 5). Es war das Papsttum, das die Kirche durch den langsamen und schmerzvollen Reformprozeß leitete. Mit neuer Energie verfolgte das Papsttum seine Mission, die Welt zu versöhnen, zu zivilisieren und zu christianisieren, um sie auf die Rückkehr Christi vorzubereiten. So setzte sich der Papst auch nachdrücklich für den Frieden zwischen den Valois und den Habsburgern ein, die im Streit über Herrschaftsansprüche ganz Italien in ein Schlachtfeld verwandelt hatten. Solange sie in eigene kriegerische Auseinandersetzungen verwickelt waren, weigerten sich nämlich die meisten europäischen Regenten, den Papst bei seinen Feldzügen gegen Protestanten und Türken zu unterstützen (Abb. 6). Überdies nahm das Papsttum seine missionarischen Aktivitäten in aller Welt wieder auf, insbesondere in der kurz zuvor entdeckten Neuen Welt. Einzelne ›Triumphe‹ - die Flotte der Heiligen Liga besiegte 1571 die Türken bei Lepanto, in Frankreich wurden 1572 Tausende von Hugenotten in der Bartholomäusnacht ermordet - sowie eine neue Flut von Frischbekehrten und Märtyrern bestärkten viele in der Überzeugung, daß die Feinde des Papsttums schließlich doch besiegt werden würden und daß die Kirche wieder den frühchristlichen Idealen eines Erasmus gerecht werden und bald wahrhaft universell und siegreich sein würde.

Die ständigen Angriffe auf die Kirche und die unentwegten Erneuerungen innerhalb der Kirche lösten große Widersprüche und Spannungen aus. Entschärfend wirkte dabei häufig die traditionelle Prophezeiung des Tausendjährigen Reiches Christi, der Glaube, daß der Rückkehr Christi und dem Jüngsten Gericht sowohl eine Zeit der Unruhen als auch eine Zeit der Erneuerung von Religion, Gelehrsamkeit, Frieden und Wohlstand vorausgehen würde. Da sowohl die Unruhen als auch die Erneuerungen während der römischen Renaissance nicht zu übersehen waren, entstand bei den Menschen schnell das Gefühl, daß sie am Rande von Raum und Zeit lebten, daß Verdammnis oder Erlösung unmittelbar bevorstanden. Die Kunst der römischen

6. Francesco Salviati,
Karl V. und Franz I. schließen den Frieden von Nizza (1538),
ca. 1552-55, Fresko,
Teil der Südostwand,
Sala dei Fasti Farnese,
Palazzo Farnese, Rom.

Diese Porträts von Franz I. von Frankreich und dem Habsburger Kaiser Karl V. befinden sich links von Paul III.

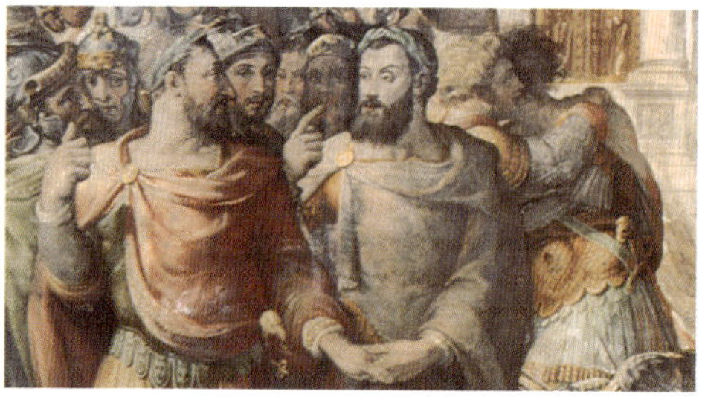

Renaissance spiegelte diese gegensätzliche Welt der glanzvollsten und grausamsten Zeit nicht nur wider, sie gestaltete sie auch.

In Rom gibt es mehr bedeutende Monumente aus allen Epochen - von der Antike bis zur Gegenwart - als in irgendeiner anderen europäischen Stadt. Die städtebaulichen Anlagen und Monumente der verschiedenen Jahrhunderte stehen unmittelbar nebeneinander, und die meisten sind verändert worden (häufig drastisch), und zwar durch Vernachlässigung, Vandalismus oder aus geschmacklichen sowie funktionalen Gründen. Ich habe darum möglichst oft Kartenmaterial und zeitgenössische Graphiken herangezogen, um die ursprüngliche Gestalt anschaulich zu machen. Viele der Altarwerke, die ich in Kapitel vier bespreche, befinden sich nicht mehr über den Altären, für die sie vorgesehen waren, und obwohl die Fresken, die ich in Kapitel fünf und sechs behandele, zwangsläufig noch an Ort und Stelle sind, wurden die Kapellen und Säle selbst vielfach verändert.

In jedem Kapitel stelle ich ein große Auswahl von Arbeiten vor, um einen Eindruck von den Entwicklungen der Kunst im Laufe von zwei Jahrhunderten zu vermitteln. Dennoch sah ich mich aufgrund des begrenzten Umfangs dieses Buches gezwungen, viele bedeutende Beispiele auszusparen. Aus demselben Grund habe ich zu meinem Bedauern verschiedene Bereiche - Villen und Villenausschmückungen, Gärten, Grabskulpturen, Porträts und Kunsthandwerk - entweder gar nicht berücksichtigen oder nur kurz behandeln können.

Wenngleich ich die gebräuchlichen Kategorien der Kunstgeschichte in diesem Buch anschaulich erläutern werde - Frührenaissance, Hochrenaissance, Manierismus und Spätrenaissance bzw. Kunst der Gegenreformation -, ist es doch vor allem meine Absicht, einige Arbeiten im Hinblick auf Funktion, Mäzenatentum, Symbolik und päpstliche Ideologie besonders genau zu untersuchen und aufzuzeigen, wie die Kunst die oben skizzierten kulturellen Bedingungen geprägt hat und durch sie geprägt wurde.

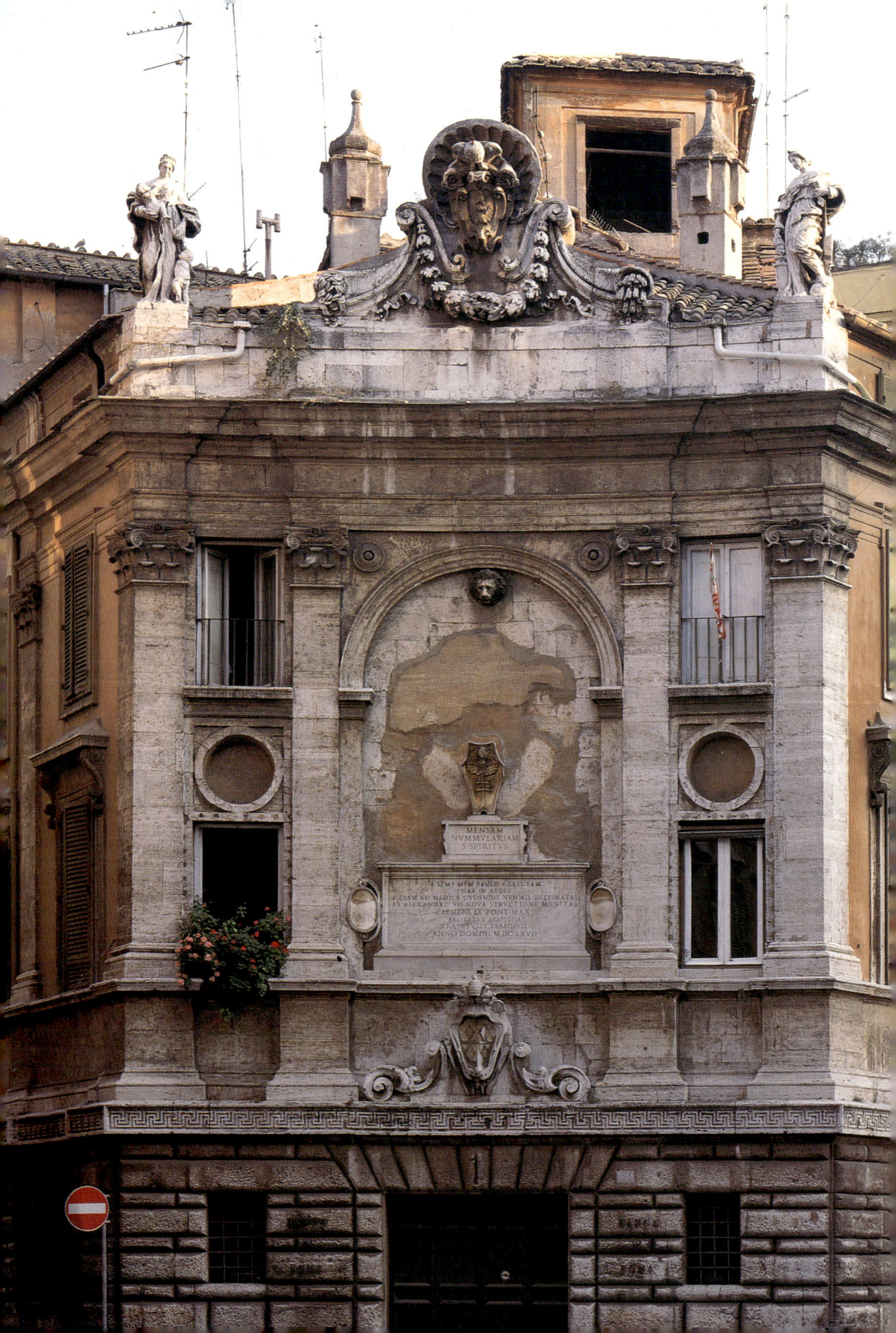
MENSAM
NVMMVLARIAM
S·SPIRITVS
A SEMP MEM PAVLO V ERECTAM
HAS IN AEDES
A CLEM VII MEDICE CVDENDIS NVMMIS DESTINATAS
AB ALEXANDRO VII NOVA STRVCTIONE MVNITAS
CLEMENS IX PONT MAX
FELICIBVS AVSPICIIS
TRANSTVLIT STABILIVIT
ANNO DOMINI M DC LXVII
1

Kapitel 1

Urbanisierung: »Verwesende Kadaver« und das »Neue Jerusalem«

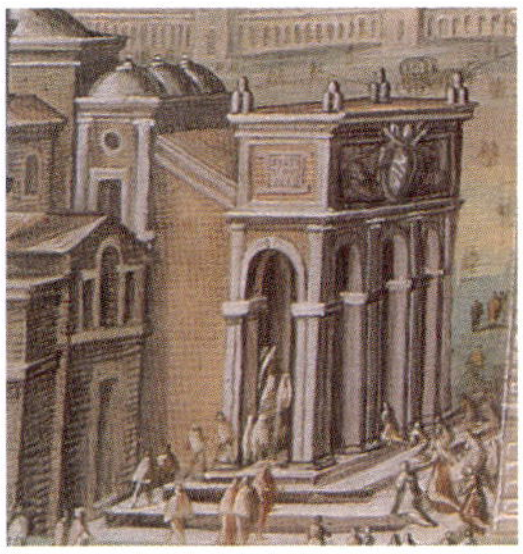

7. Antonio da Sangallo d.J., *Zecca* (päpstliche Münzprägestelle), ca. 1525, Rom.

Die konkave Fassade des an der Kreuzung der Via Papale und der Via del Pellegrino stehenden Gebäudes scheint nahezu dem Druck der näher kommenden Papstprozessionen nachzugeben. Sie greift die Form eines antiken Triumphbogens auf und verkündete früher augenscheinlich den Triumph von Klemens VII., dessen Wappen einst an auffälliger Stelle eingefügt war.

Mit der Wahl von Papst Martin V. (1417-31) im Jahre 1417 fand das große abendländische Schisma sein Ende und das Papsttum kehrte nach Rom zurück. Als Martin V. sein Amt antrat, »fand er Rom so verfallen und verlassen vor«, schreibt Platina (1421-81) in seinem *Leben der Päpste*, »daß es kaum noch Ähnlichkeit mit einer Stadt hatte. Häuser waren nur noch Ruinen, Kirchen waren verfallen, ganze Viertel menschenleer; in der Stadt herrschte Hungersnot und Armut.« Die alten Aquädukte, welche die Hügel von Rom mit Wasser versorgt hatten, waren seit langem eingestürzt, und die meisten Bewohner dieser wirtschaftlich am Boden liegenden Stadt mußten in der Niederung *(abitato)* zwischen den drei Biegungen des Tiber leben (Abb. 8). In einer Bulle (einem päpstlichen Erlaß) aus dem Jahre 1425 schrieb Martin V., daß im *abitato*

»viele Einwohner Roms... Eingeweide, Köpfe, Füße, Knochen, Blut und Haut sowie verdorbenes Fleisch und Fisch, Abfälle, Exkremente und sonstige stinkende und verwesende Kadaver auf die Straße geworfen und unerlaubterweise dort versteckt haben... und dreist und frevelhaft, sowohl in kirchlicher als auch in weltlicher Hinsicht, Straßen, Gassen, Plätze, öffentliche und private Gebäude an sich gerissen, verwüstet und ihrem eigenen Nutzen unterworfen haben.«

Modernisierungspläne

Zur Beseitigung dieser Mißstände mußte das Papsttum einen legalen Rahmen schaffen, innerhalb dessen städtebauliche Maßnahmen durchgeführt werden konnten. Unter Martin V. wurden die beiden städtischen Inspektoren, die für die Straßen zuständig waren, der päpstlichen Autorität unterstellt. Nikolaus V. (1447-55) nahm sich das Recht, sie zu ernennen, und erweiterte ihren Zuständigkeitsbereich. In Erlässen von 1475 und 1480 sicherte

8. Rom um 1400,
zu Beginn der Renaissance.

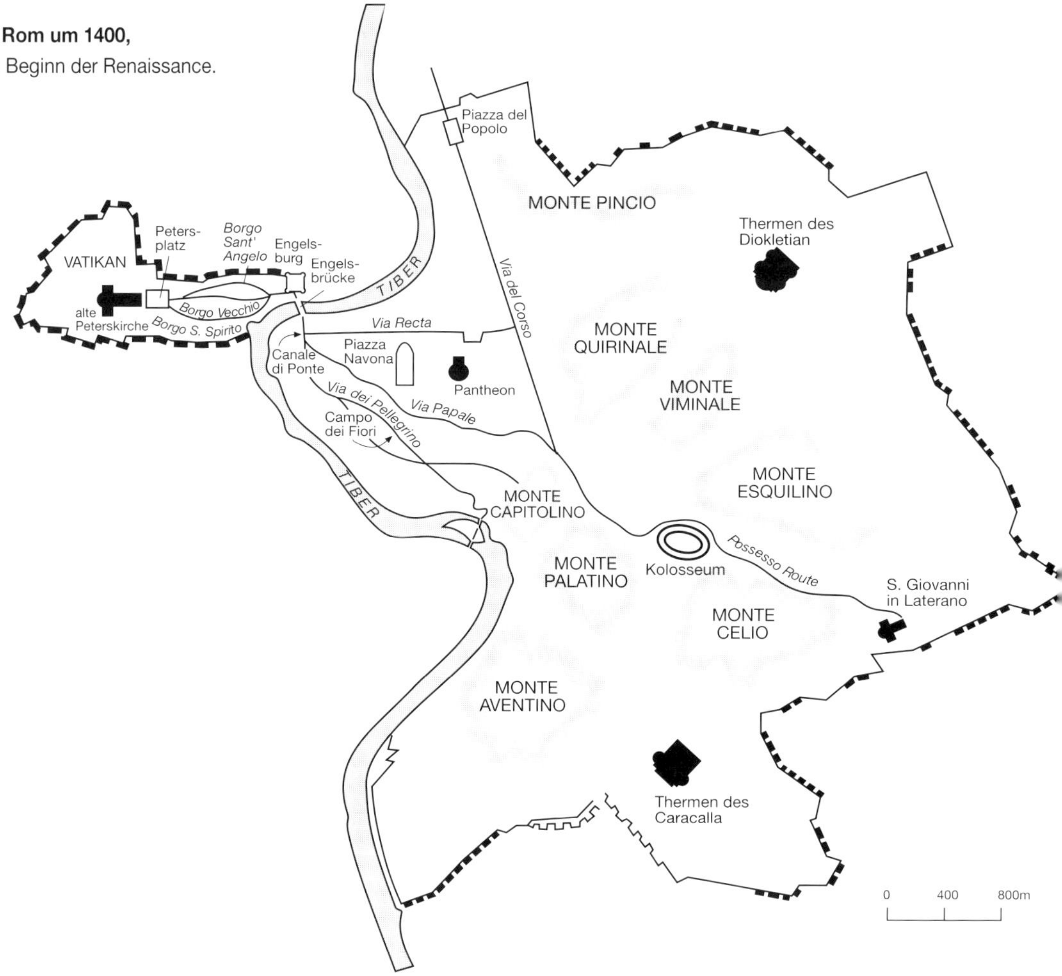

ihnen Sixtus IV. (1471-84) ein festes Gehalt zu und erteilte ihnen die Befugnis, Privatbesitz gegen Entschädigung zu enteignen; außerdem beauftragte er sie, dem Pilgerstrom Priorität einzuräumen. Im 16. Jahrhundert wurde die Amtsdauer der Inspektoren von einigen Monaten auf Lebenszeit verlängert, und sie mußten noch enger mit päpstlichen Baumeistern zusammenarbeiten. Schließlich, im Jahre 1587, erhöhte Papst Sixtus V. (1585-90) die Zahl der Inspektoren auf zwölf, während er ihren Aufgabenbereich gleichzeitig auf die Straßeninstandhaltung beschränkte. Er verschärfte die Enteignungsgesetze und legte die Planung und Ausführung von päpstlichen Bauprojekten in die Hände seines Baumeisters Domenico Fontana (1543-1607). So sehr die päpstliche Kontrolle auch zunahm, sie war niemals absolut. Die Rechte und Interessen von Eigentümern - ob sie nun über einen großen oder kleinen Besitz verfügten, der weltlichen oder kirchlichen Sphäre angehörten, in oder außerhalb der Stadt wohnten - bewirkten häufig, daß päpstliche Projekte abgeändert oder eingestellt werden mußten.

Ein grundlegendes Motiv, Rom zu modernisieren und neuzugestalten, formulierte Nikolaus V. erstmals 1455 auf dem Totenbett in einer Rede an seine Kardinäle. Sein Städtebauprogramm, sagte er, diene »der Vergrößerung der Macht des Heiligen Stuhls in der gesamten christlichen Welt«, denn »prachtvolle Bauwerke sind ewige Monumente und Zeugnisse, scheinbar von Gottes Hand geschaffen«, sie beweisen, daß »die Autorität der römischen Kirche die größte und höchste ist.« Somit sehen sich die Ungebildeten, deren Glaube »auf schwachen Füßen steht«, solange »sie nicht vom Anblick gewisser außergewöhnlicher Dinge ergriffen werden, in ihrem Glauben durch prachtvolle Bauwerke unaufhörlich bestätigt und tagtäglich bekräftigt...« Sein konsequent verfolgtes Ziel war es, Rom zu einem Abbild des himmlischen Jerusalems zu machen.

Sixtus IV. schwebte dagegen ein kaiserliches Rom vor, als er die Stadt als »Hauptstadt der Welt [caput mundi]« bezeichnete, die »bedingt durch den Thron des hl. Petrus vor allen anderen Vorrang« hatte. Und nach Ansicht des Kurialen (Amtsträger der Kurie oder des päpstlichen Hofes) Raffaello Maffei (1451-1537) gab es bei der Urbanisierung unter Sixtus IV. tatsächlich Parallelen zur Antike, denn Sixtus hatte »Rom von einer Stadt aus Ziegeln zu einer Stadt aus Stein gemacht, genau wie Augustus ehedem die Steinstadt in eine Marmorstadt verwandelt hatte.« Eine Inschrift auf der Via Papale aus dem Jahre 1512 erinnerte an die Städtebaumaßnahmen unter Julius II. und implizierte, daß er seinen Onkel noch übertroffen hatte, indem er sozusagen fast ein neuer Augustus geworden war.

Die Wiederherstellung des glanzvollen antiken Roms und die Schaffung eines Abbildes des himmlischen Jerusalems spiegelten als Visionen den Anspruch der Päpste auf universelle weltliche und geistliche Macht. Die urbane und politische Realität blieb zwar hinter diesen Wunschvorstellungen zurück, doch stets wurde die Stadt unter dem Vorzeichen der kirchlichen Ideologie von den Päpsten der Renaissance als Ganzes, als Kunstwerk betrachtet. Das bewirkte, wie wir noch sehen werden, daß die städtebaulichen Pläne immer einheitlicher und in optischer Hinsicht ausgewogener ausfielen.

Der Bau und die Erneuerung von Festungsanlagen, Straßen, Plätzen und Brunnen hatte auch praktische Gründe. Die Veränderungen gewährleisteten einen besseren Schutz vor Eindringlingen, eine bessere Überwachung und politische Kontrolle der Einwohnerschaft, größere Bewegungsfreiheit für die Menschen und raschere Beförderung von Gütern, eine Steigerung des Handels und höhere Steuereinnahmen durch verstärkte Besiedlung und Bautätigkeit sowie nicht zuletzt auch verbesserte Hygienebedingungen. Ein starkes, sicheres, in wirtschaftlicher und kultureller Hinsicht blühendes und gesundes Rom wurde als mikrokosmisches Abbild der harmonischen und friedlichen Christenheit begriffen.

Die ersten Projekte: Nikolaus V. - Paul III.

Die ästhetischen Prinzipien, nach denen Rom neugestaltet wurde, orientierten sich zunehmend an der klassischen Antike, doch ihre Form verdankte die Stadt in erster Linie dem Umzug Nikolaus' V. vom Lateranpalast, der über tausend Jahre als päpstliche Residenz gedient hatte, in den Vatikanpalast, den die Päpste bis dahin gelegentlich als vorübergehenden Wohnsitz genutzt hatten. (s. Karte von Rom auf Seite 6 und 7 mit sämtlichen im Text genannten Straßen, Plätzen und Monumenten.) Der Lateran im Osten der Stadt war in einem schlechten baulichen Zustand, er lag entlegen und war deshalb recht unsicher. Der im Westen gelegene Vatikanpalast dagegen befand sich in größerer Nähe zum *abitato* und wurde durch den Tiber, die befestigte Engelsburg (Castel Sant'Angelo) und durch die Vatikanmauern geschützt, die Leo IV. (847-55) hatte errichten lassen. Die Nähe des päpstlichen Wohnsitzes zur Peterskirche, der Stätte der Papstkrönung und dem Grab des Apostels Petrus, verstärkte außerdem die päpstliche Legitimität. Doch S. Giovanni in Laterano blieb die Kathedrale des römischen Bischofs, so daß der Papst in seiner bischöflichen Funktion nach dem Umzug in den Vatikan genötigt war, sich mit seinem Gefolge zwischen den beiden Orten über die Via Papale hin und her zu bewegen.

Die erste und bedeutendste dieser Prozessionen, die alle Päpste veranstalteten, fand unmittelbar nach der Papstkrönung statt und wurde *possesso* genannt (Abb. 9). Die Reihenfolge, in der Priester, Diplomaten, Adlige und Laien an dieser Prozession teilnahmen, führte der Stadt das päpstliche Ideal der kirchlichen und gesellschaftlichen Hierarchie vor Augen. Indem der Papst

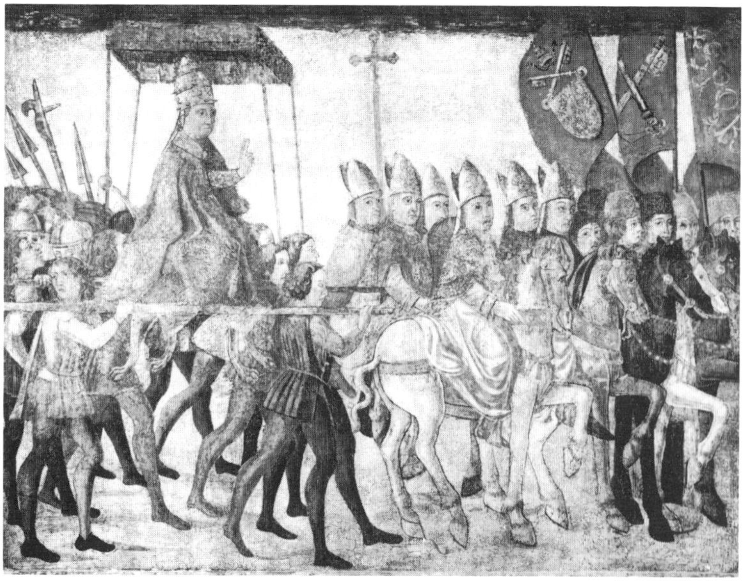

9. Anonym, *Possesso von Sixtus IV. im Jahre 1471*, 1473-83, Fresko, Ospedale di Santo Spirito, Rom.

Teilnehmer der Prozession sind eine bewaffnete Garde, Sixtus IV. in einer von jungen Adligen getragenen Sänfte mit Baldachin, der das Volk segnet, berittene Bischöfe, die das Prozessionskreuz tragen, und römische Adlige und Stadtverordnete als Träger von Bannern mit dem Wappen von Sixtus' Familie della Rovere, den päpstlichen Insignien Tiara und Schlüssel und dem Leitspruch der Stadt SPQR (Senatus Populusque Romanus: Senat und Volk von Rom).

das Gebiet der Adligen und städtischen Patrizier durchquerte, die Ehrerbietungen der städtischen Honoratioren entgegennahm, die heiligen Bücher der Juden ablehnte, durch Triumphbögen ritt und Geldmünzen unter das Volk warf, erhob er den Anspruch, die Stadt zu vereinen und zu beherrschen, was häufig gewalttätige Krawalle auslöste.

Nach ihrer Umsiedlung in den Vatikan beauftragten die Päpste die Straßeninspektoren, den drei mittelalterlichen, von Ost nach West verlaufenden Straßen, die über den Canale di Ponte und die Engelsbrücke (Ponte Sant'Angelo) zum Vatikan führten, besondere Aufmerksamkeit zu widmen. In der Mitte lag die Via Papale. Im Norden lag die Via Recta, eine alte römische Straße, die über die Piazza Navona (nach 1477 Lebensmittelmarkt) zur Via del Corso führte. Im Süden lag die Via del Pellegrino, die zum Campo de'Fiori (dem Viehmarkt) und weiter zum Kapitol verlief.

Nikolaus V. plante, korrespondierend zu diesen Straßen, drei gerade, neue Straßen im Vatikan anzulegen, welche die Engelsburg mit der Peterskirche und dem Vatikanpalast verbinden sollten. Der Plan wurde nicht ausgeführt, doch drei bestehende, uneinheitliche, mittelalterliche Straßenzüge erfüllten den gleichen Zweck: der Borgo Vecchio (oder Via Sacra) in der Mitte, der Borgo Santo Spirito im Süden und der Borgo Sant'Angelo im Norden, der von Sixtus IV. umgebaut wurde. Diese Straßen liefen an der Engelsbrücke zusammen, wo das erste bedeutende städtebauliche Projekt der Renaissance verwirklicht wurde.

Im Jubeljahr oder Heiligen Jahr 1450 kam es auf der Engelsbrücke zu einem gefährlichen Gedränge von Pilgern, die zum Vatikan strömten oder sich auf dem Rückweg befanden. Ein bockender Esel löste in der Menge Panik aus, und über zweihundert Pilger stürzten in den Tiber und ertranken. Als Sühnezeichen und Sicherheitsmaßnahme ließ Nikolaus V. von 1450 bis 1453 das ganze Areal erneuern, was einen geregelten Eingang zum Vatikan ermöglichte und zugleich dem Handel förderlich war (Abb. 10). Die Geschäfte verschwanden von der Brücke; die Piazza S. Celso wurde vergrößert; um den Anfang der Brücke zu markieren und zum Gedenken an die tödlich verunglückten Pilger wurden zwei achteckige Kapellen gebaut. Die Engelsburg war ursprünglich als Mausoleum für Kaiser Hadrian (76-138 n.Chr.) errichtet worden, nun wurde sie um drei runde Bastionen, ein Wachhaus mit zwei Türmen und Räumlichkeiten für den Papst erweitert. Oberhalb der päpstlichen Gemächer wurde eine Bronzestatue vom hl. Michael, der sein Schwert zurück in die Scheide steckt, errichtet. Sie sollte daran erinnern, daß der Erzengel im Jahre 590 Papst Gregor dem Großen (590-604) erschienen war, um ihm zu bedeuten, daß die damals herrschende Pestepidemie bald enden würde.

Nikolaus V. strebte eine Zusammenarbeit mit der Stadtverwaltung und der Bevölkerung an, um zu verdeutlichen, wie wichtig ihm ein harmonisches Verhältnis der treibenden Kräfte

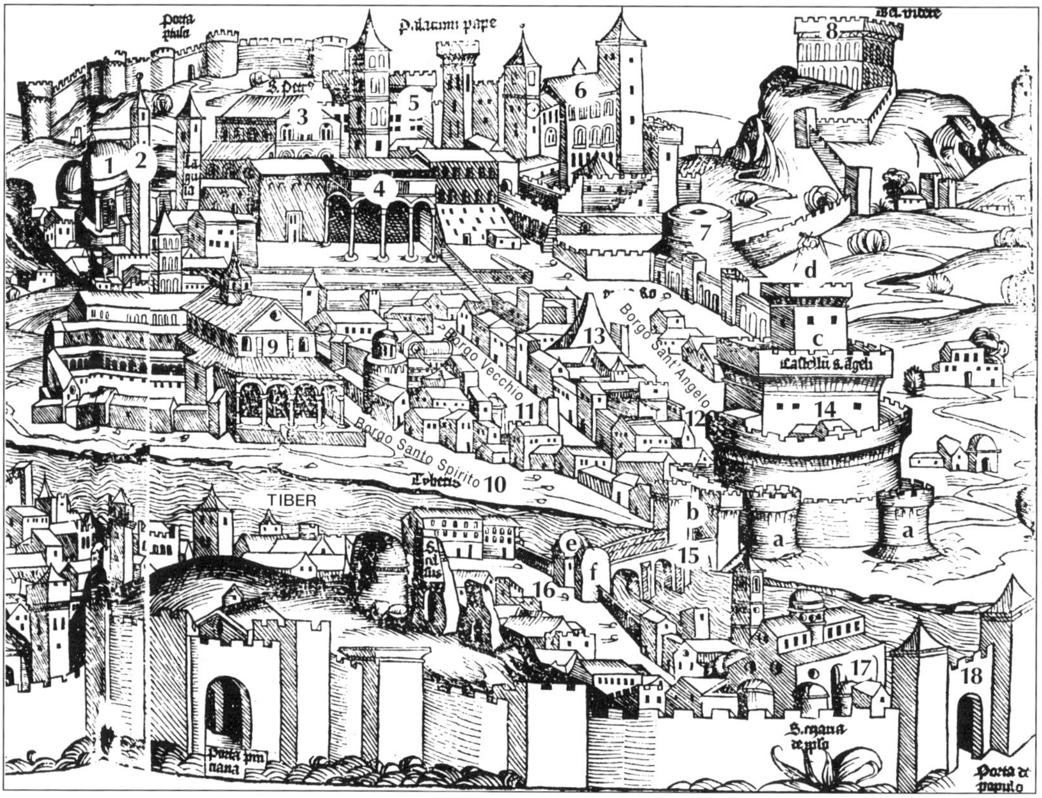

war. Doch die Piazza und die Brücke zeugten unübersehbar von der päpstlichen Vorherrschaft. Der hl. Michael, die Verkörperung göttlicher Strafe und Gnade, symbolisierte die geistliche Macht des Papstes zu erlösen und zu verdammen. Die Engelsburg, einst Festung der mächtigen Familie Orsini, war zu einer päpstlichen Bastion und Residenz umgebaut worden und stellte somit ein Sinnbild der weltlichen Macht des Papstes dar.

Diese Macht wurde mit dem kaiserlichen Rom gleichgesetzt, denn die antiken Formen, die die ursprüngliche städtebauliche Gestaltung der Grabstätte Kaiser Hadrians auszeichneten, wurden hier erstmals in der römischen Renaissance gezielt eingesetzt. Dazu zählen *Axialität* (die Verbindung von Piazza und Festung durch die Brücke als Achse), *Symmetrie* (das ausgewogene Verhältnis der Kapellen und Wachhaustürme auf beiden Seiten der Zentralachse), *Lenkung des Blickes* (die Betonung des Weges zum Vatikan durch die wuchtige Festung am Nordende der Zentralachse), *Hierarchie* (die Anordnung von Piazza, Kapellen, Bastionen, päpstlichen Gemächern und göttlicher Erscheinung nach ihrer jeweiligen Bedeutung) und *Einheit* (die optische Kohärenz aller Elemente entlang der Zentralachse).Die meisten Pilger betraten Rom von Norden kommend an der Porta del Popolo und gingen weiter nach Süden über die Via del Corso, eine alte römische Straße, die zum Kapitol führte. Um eine direktere Pilgerstrecke zwischen der Piazza del Popolo und der Engelsbrücke zu erzielen - und auch um den Handel in der Umgebung des stromaufwärts gelegenen Hafens (Porto di Ripetta) anzukurbeln - ließ Sixtus IV. (1471-1484) die Via Sistina anlegen. Damit es nicht wieder zu einer ähnlichen Katastrophe kam, wie sie 1450 auf der Engelsbrücke geschehen war, ließ er für das Jubeljahr 1475 auch die Ponte Sisto errichten. Sie war die erste neue Tiber-Brücke seit der Antike und ermöglichte einen südlichen Umgehungsweg über die Via della Lungara zum Vatikan.

Für das Jubeljahr 1500 ließ Papst Alexander VI. (1492-1503) die alte Vatikan-Pyramide, das sogenannte »Grab des Romulus«, abreißen, um Platz für die Via Alexandria zu schaffen, die vom Vatikanpalast zur Engelsburg führte. Sie eignete sich hervorragend für Triumphzüge wie den *possesso* und andere wichtige Papstprozessionen sowie als Pilgerweg. Julius II. (1503-1513) leistete seinen Beitrag für die Pilger, indem er seinen Architekten Donato Bramante (1444-1514) beauftragte, die Via della Lungara zu verbreitern und zu begradigen und auf der anderen Seite des Tibers eine Parallelstraße zu bauen. Die Via Giulia traf als längste gerade Straße seit der Antike an einem Ende auf die Ponte Sisto und am anderen auf eine geplante, aber noch nicht fertiggestellte Brücke, die Ponte Triumphale.

Leo X. (1513-21) verbesserte durch den Bau der Via Leonina die Verbindung zwischen der Piazza del Popolo, dem Porto di Ripetta, der Via Recta und dem Vatikan, wenn er dabei auch nicht an die Pilger dachte, sondern an die Möglichkeit, seinen (nie vollendeten) Familienpalast unweit der Piazza Navona in einer pompösen Prozession erreichen zu können.

Vermutlich brachte der musterhafte Verlauf jener drei Straßen im Vatikan und jener im *abitato*, die an der Engelsbrücke zusammentrafen, Papst Klemens VII. (1523-34) auf die Idee, Antonio da Sangallo d. J. (1483-1546) damit zu beauftragen, die Via Clementia zu bauen, eine dritte Straße, die auf die Piazza del Popolo stieß. Angeregt durch die Präzision antiker Stadtplanung, legte Sangallo die Via Clementia in genau dem Winkel zur Via del Corso an, den er zwischen Via del Corso und Via Leonina vorgefunden hatte. Der geometrisch genaue Zusammenlauf dieser drei Straßen stellte das erste *trivium* bzw. den ersten Dreiweg dar, ein Planungsschema mit bedeutenden Auswirkungen auf spätere Baumaßnahmen in Rom. Klemens VII. war es auch, der Antonio da Sangallo d. J. beauftragte, für das Jubeljahr 1525 die Fassade der von Julius II. auf der Via Papale gegründeten päpstlichen Münzprägestelle zu verschönern. Er erzielte damit die wohl eindrucksvollste der zahlreichen Ausschmückungen der Straße während der Renaissance (siehe Abb. 7, S. 18).

Paul III. (1534-49) verlängerte die Via Clementia und nannte sie in Via Paolina Trifaria um. Diese Straße ließ er durch die Via Trinitatis mit den uns bereits vertrauten Via del Corso, Via Leonina und Via Sistina verbinden. Außerdem veranlaßte er den

10. Michael Wolgemut,
Ansicht des Vatikans;
aus Hartmann Schedel,
Liber Chronicarum,
Nürnberg 1493, Holzschnitt.

1) S. Petronilla
2) Obelisk
3) Peterskirche
4) Benediktionsloggia
5) Sixtinische Kapelle
6) Papstpalast
7) Turm von Nikolaus V.
8) Villa von Innozenz VIII.
9) Ospedale di Santo Spirito
10) Borgo Santo Spirito
11) Borgo Vecchio (Via Sacra)
12) Borgo Sant'Angelo
13) Pyramide
(gen. »Grab des Romulus«)
14) Engelsburg
a) Bastionen
b) Wachhaus
c) päpstliche Gemächer
d) Erzengel Michael
e) Kapelle der Unschuldigen
f) Kapelle Maria Magdalenas
15) Engelsbrücke
16) Piazza S. Celso
17) S. Maria del Popolo
18) Porta del Popolo

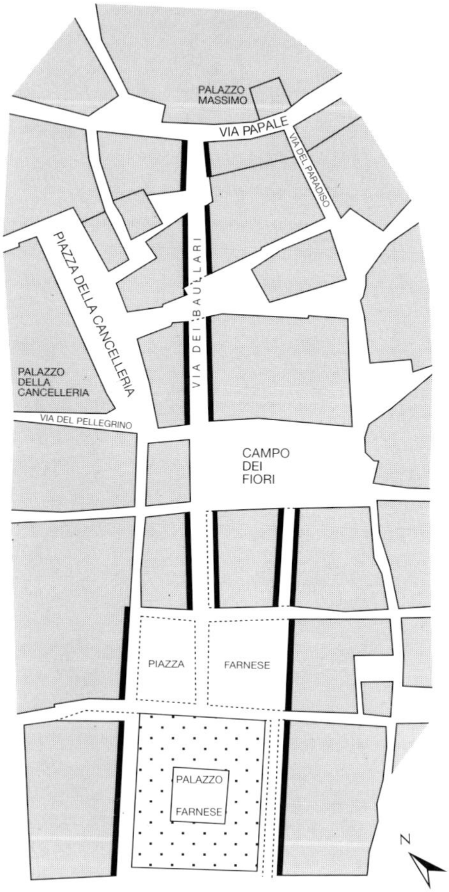

11. Lageplan der Piazza Farnese und der Via dei Baullari, entstanden unter Paul III. zwischen 1530 und 1550 in Verbindung mit dem Bau des Palazzo Farnese.

Die gepunkteten Linien bezeichnen Wohnbereiche, die für den Bau des Platzes und der Straße abgerissen wurden; die dunklen Linien bezeichnen neue Fassaden. Der Plan zeigt auch den Standort des Palazzo Massimo alle Colonne.

Bau von zwei weiteren Straßen, Via Paolo und Via di Panico, die als Verbindungen zwischen der Engelsbrücke und der Via Giulia beziehungsweise der Via Papale fungieren sollten. Zusammen mit dem Canale di Ponte bildeten diese Straßen ein zweites römisches *trivium*. Für den Papst, der von seinem renovierten Domizil in der Engelsburg (wird in Kapitel sechs behandelt) einen ausgezeichneten Blick auf diesen Dreiweg hatte, stellte das Straßenkonzept einen Abglanz des kaiserlichen Roms und des himmlischen Jerusalems dar.

Im Jahre 1514 hatte Alessandro Farnese (1468-1549) noch als Kardinal mit dem Bau eines Palastes nach Enwürfen von Antonio da Sangallo d. J. begonnen. Nachdem er 1534 Papst Paul III. geworden war, ließ er den Palast seinem höheren Status gemäß ausbauen (wird in Kapitel drei behandelt). Die neuen Pläne erforderten den Abriß von zwei Häuserzeilen, um Platz für die fast rechteckige Piazza Farnese zu schaffen, sowie den Teilabriß von drei weiteren Hausreihen für den Bau der Via dei Baullari, eine Straße, die auf das Zentrum des Palazzo Farnese zulief (Abb. 11). Die eher nach ästhetischen denn nach praktischen Aspekten gestaltete neue Straße sollte in erster Linie den Palast zur Geltung bringen und der Familie Farnese nicht nur einen weiten Blick ermöglichen, sondern sie auch ins rechte Licht rücken. Die nach antiken Gestaltungsprinzipien angelegte Piazza Farnese und die Via dei Baullari brachten die Familie Farnese in einen Zusammenhang mit Rationalität und Ordnung der Antike. Darüber hinaus zeugten sie von der rücksichtslosen Macht eines gebieterischen Papsttums, das seine Untertanen enteignete und dem übervölkerten Stadtzentrum seinen Willen aufzwang.

Kaiser Karl V. triumphiert

1536, ein Jahr nach dem Sieg über die Türken in Tunesien, zog Kaiser Karl V. mit seinem Heer durch Italien, um der Halbinsel seine Macht zu demonstrieren. Paul III. (1534-49) versuchte, die Situation zu seinem Vorteil auszunutzen und inszenierte für Karl V. einen triumphalen Einzug im Stil der Antike, der an der Basilika S. Paolo fuori le Mura begann. Obwohl die Prozessionen von Julius II., die Erasmus erwähnt, nach dem Vorbild römischer Triumphzüge gestaltet wurden, war es das erste Mal, daß ein Sieger, und noch dazu ein Kaiser mit weltweiter Macht, in Rom einzog, und er wäre durchaus imstande gewesen, die Stadt erneut in Schutt und Asche zu legen. Paul III. ließ die alte Via Appia von der Porta S. Sebastiano im Südosten bis hinter die Ruinen der Caracalla-Thermen räumen. Die Route führte dann nach Norden über eine neue Straße - die Via di S. Gregorio -, die durch den Konstantinsbogen zum Kolosseum führte. Über zweihundert Häuser wurden auf dem Forum Romanum abgerissen, damit die Prozession über die alte Via Sacra durch die Triumphbögen des Titus und des Septimius Severus ziehen konnte. Es steht nicht eindeutig fest, ob die Prozession ursprünglich am Kapitol enden sollte, dem Ziel aller Triumphzüge im alten Rom. Tatsächlich wurde eine andere Route eingeschlagen und der siegreiche Kaiser huldigte keineswegs an dieser Stelle den Göttern, wie es in der Antike üblich gewesen war. Die Prozession zog um den Kapitolinischen Hügel herum, vorbei an der Ehrensäule des Kaisers Trajan, durch einen einstigen Bogen in der Nähe von S. Marco und dann weiter über die Via del Pellegrino zur Peterskirche.

Um den Unterschied zwischen dem Kaiserreich und der Kirche deutlich zu machen, passierte Karl zahllose antike Monumente, doch Ausgangs- und Endpunkt seines Zuges bildeten Denkmäler der Kirchengründer Paulus und Petrus. Ob er sich durch die ihm als Kaiser des Heiligen Römischen Reiches erwiesene Ehre geschmeichelt fühlte, muß dahingestellt bleiben, jedenfalls scheint Karl V. einen Vorteil darin gesehen zu haben, als Verteidiger der Kirche aufzutreten. In der Peterskirche brachte er dem Papst gehorsam und vorbildlich die übliche Ehrerbietung entgegen, indem er ihm die Füße küßte.

Schon bald nach diesem symbolreichen Auftritt gab Paul III. Michelangelo (1475-1564) den Auftrag zur Neugestaltung des Kapitols (Monte Capitolino), wohl um den Anspruch des Papstes auf die Vorherrschaft in Rom und in der ganzen Welt erneut Geltung zu verschaffen. Das Projekt war 1566 so weit fortgeschritten, daß die päpstliche Prozession künftig stets an der Jesuitenkirche Il Gesù (wird in Kapitel zwei behandelt) abbiegen, zum Kapitol ziehen, Michelangelos neues kapitolinisches ›Forum‹ durchqueren und dann den Hügel hinab und über die Via Sacra weiterziehen konnte, die für Karl V. geräumt worden war. Eindrucksvoller als je zuvor konnte der Papst sich nun als Hoherpriester und Kaiser rituell in Szene setzen.

Die Neugestaltung des Kapitols begann im Jahre 1538, als Paul III. anordnete, das aus dem 2. Jahrhundert stammende bronzene Reiterstandbild des römischen Kaisers Marc Aurel auf einem von Michelangelo entworfenen ovalen Sockel aufzustellen. Die Form des Sockels deutet darauf hin, daß Michelangelo die ovale Platzgestaltung bereits im Sinn hatte (Abb. 12). Da die Statue jahrhundertelang in der Nähe des Lateranpalastes gestanden und den Ort markiert hatte, wo die päpstlichen Strafen verhängt wurden, sollte Marc Aurel als Sinnbild der päpstlichen Autorität dienen und das alte städtische Symbol der Gerechtigkeit ablösen, eine antike Skulptur mit einem Löwen, der ein Pferd angreift.

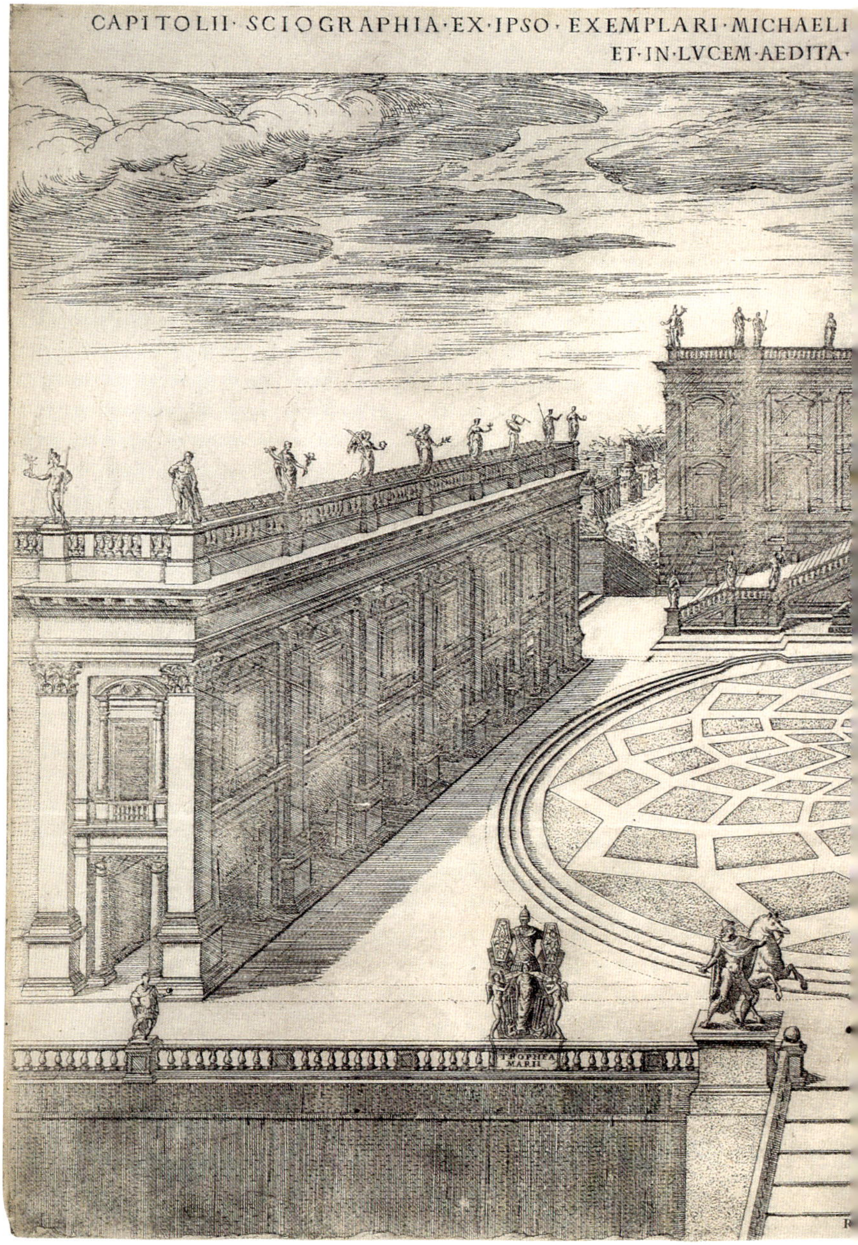

12. Étienne Dupérac, *Michelangelos Kapitolsentwurf*; aus *Speculum Romanae Magnificientiae,* herausgegeben von Antonio Lafréry, Rom 1549, Kupferstich, British Museum, London.

In diesem frühesten historischen Zeugnis von Michelangelos Plänen beherrscht der im Mittelalter erbaute Senatorenpalast die Mitte; rechts befindet sich der Konservatorenpalast aus dem 15. Jh. In beiden Gebäuden waren die städtischen Ämter der Verwaltung, Justiz, Legislative sowie des

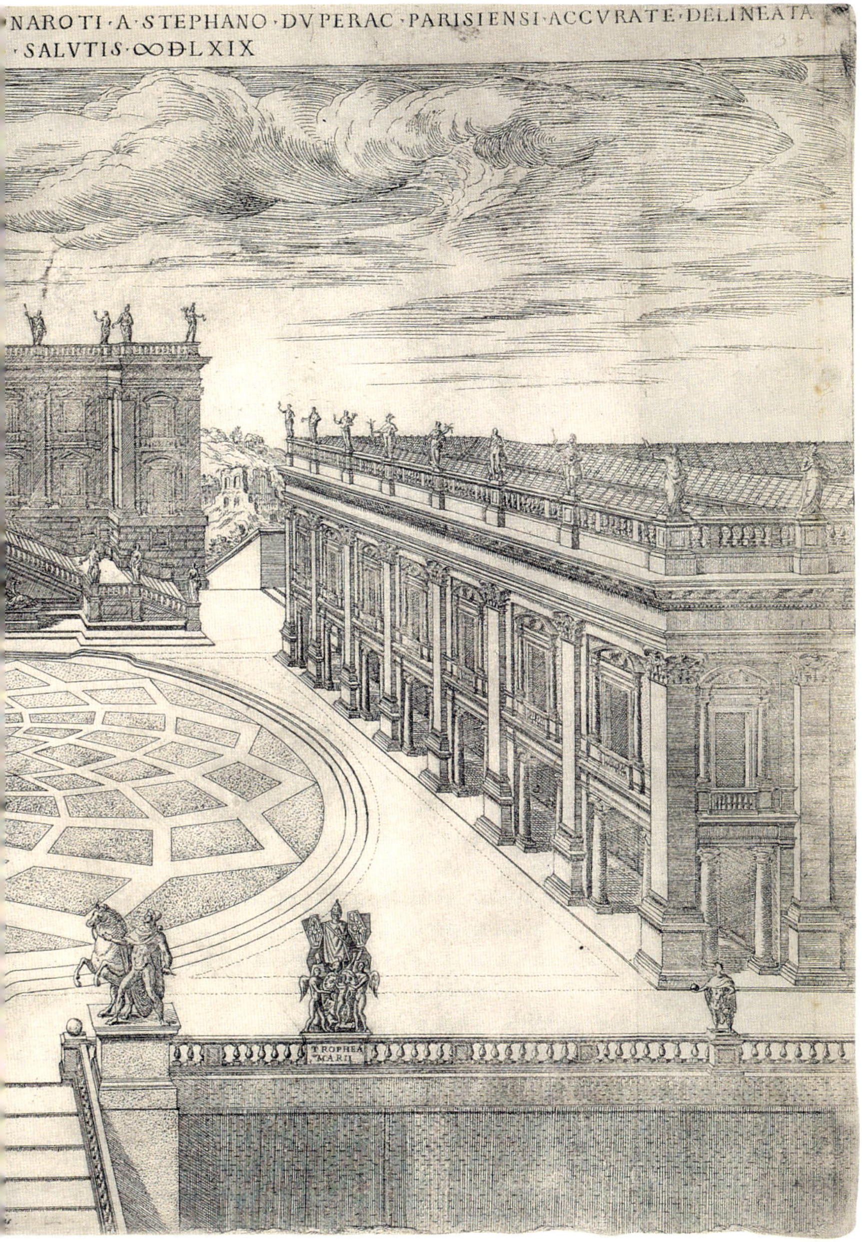

Handels untergebracht. Michelangelo entwarf neue Fassaden (erbaut 1545-1605) und plante den Palazzo Nuovo zur Linken (erbaut 1603-55) als ausgleichendes Element der Architektur. Er beherbergt heute das Kapitolinische Museum. Dupérac zeigt im Vordergrund die beiden Kolossalskulpturen der *Rossebändiger,* die aus den Konstantinsthermen stammen und ursprünglich an die Pferderampe des Kapitols versetzt werden sollten. Sie wurden statt dessen an der Via Pia aufgestellt.

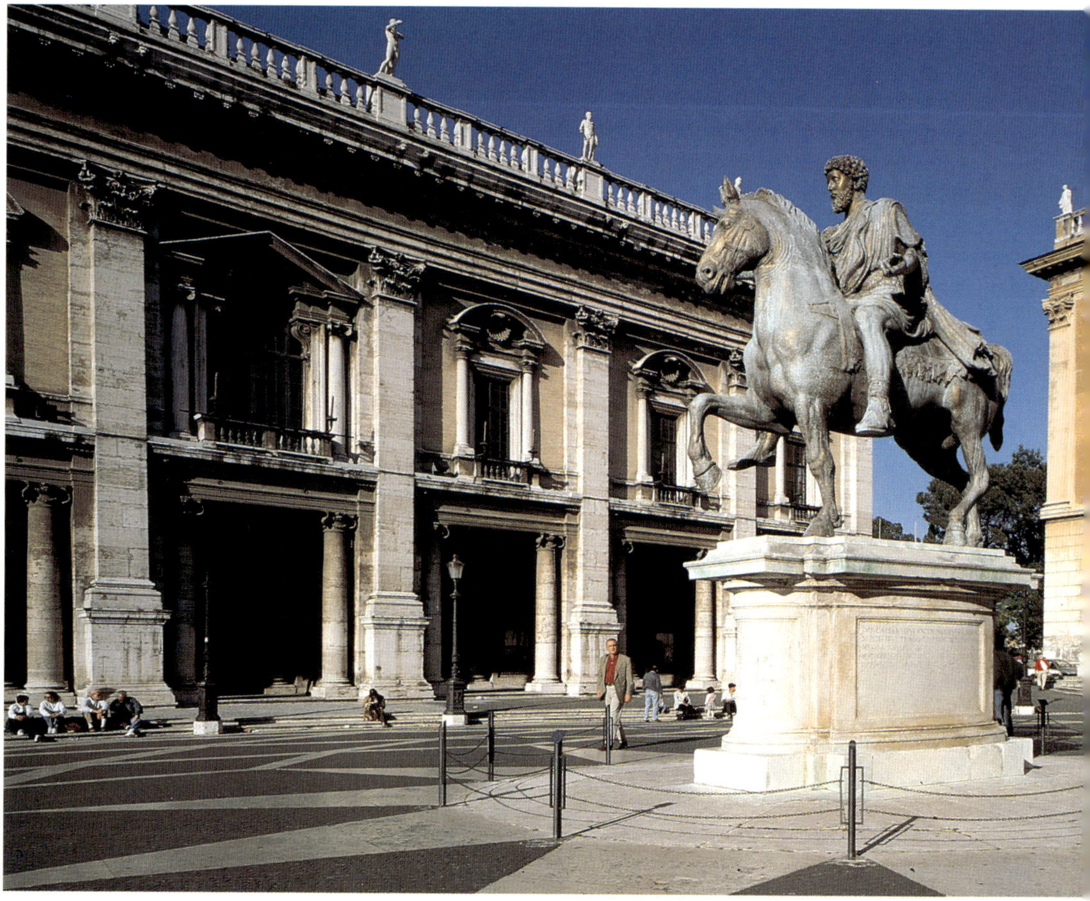

13. Michelangelo,
Kapitolinischer Hügel, gestaltet zwischen 1538 und 1564, Rom

Michelangelo fügte den dreigeschossigen Senatorenpalast in die Platzgestaltung ein, indem er für ihn eine zweistöckige Fassade entwarf, die dieselbe Anordnung der Pilaster und ein mächtiges Säulengebälk aufwies. Das Sternmuster im Bodenbelag des Platzes wurde erst 1940 unter Mussolini ausgeführt. Das Reiterstandbild des Kaisers Marc Aurel steht seit seiner Restaurierung im Palazzo Nuovo.

Michelangelo entwarf für den Kapitolinischen Hügel einen gewölbten ovalen Platz mit einem zwölfzackigen Stern, dessen Zentrum als Sonne erstrahlt (Abb. 13). Der gewölbte Boden evoziert die Erdkugel, dem römischen *caput mundi* entsprechend, während der Stern auf die Himmelskugel mit ihren Tierkreiszeichen anspielt. Die Sonne ist das klassische Symbol des antiken Sonnengottes Apollo, und da dieser in der Renaissance häufig als Metapher für Christus verstanden wurde, verweisen die Platzgestaltung und die Statue des Marc Aurel gemeinsam auf die weltliche und geistliche Universalität von Paul III., ein neuer römischer Kaiser und Statthalter Christi. Bei seinen Entwürfen für das Kapitol orientierte sich Michelangelo konsequenter denn je an den Gestaltungsprinzipien der Antike. Zu seiner Formenvielfalt - niedrigere Seitengebäude mit Kolonnaden, größerer mittlerer Bau mit Zugang über die Treppenrampe, die Aufstellung der Statue im Zentrum - wurde er durch antike Vorbilder inspiriert. Das Kapitol überzeugte in seiner Vollkommenheit als neues römisches Forum, das im Auftrag des Papstes entstanden war und seiner Macht unterstand.

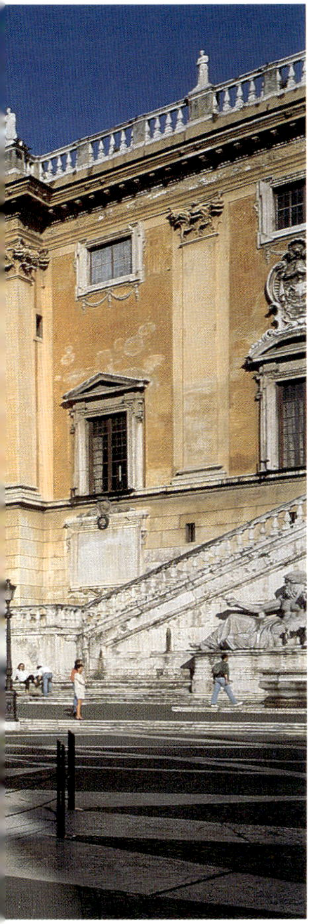

Michelangelos Architektur ist jedoch auch aufgrund ihrer beeindruckenden Dynamik einzigartig. Sie weist darin über antike Traditionen hinaus. Der Entwurf für den Konservatorenpalast ist ein wechselvolles bis ins Extreme getriebenes Spiel mit der Statik (Abb. 14). Die relativ dünnen und hohen korinthischen Pilaster erwecken den Anschein, als würden sie das schwere und weit vorspringende Kranzgesims stützen. Michelangelo hat die gewaltigen Pfeiler, die das Kranzgesims tatsächlich tragen (die Pilaster sind nur vorgeblendet), bewußt verdeckt, indem er sie in das untere Gebälk eingelassen hat, wodurch der Eindruck entsteht, daß sie eine nicht-tragende Umrahmung für die Joche bilden. Im Gegensatz dazu erwecken die vergleichsweise dicken, freistehenden ionischen Säulen im Erdgeschoß den Anschein, als würden sie allein das gesamte untere Steingebälk tragen. Ohne den bemerkenswerten Einsatz von versteckten Bögen, Gewölben und Eisenstäben, würde das Ganze tatsächlich einstürzen.

Dynamik wird von Michelangelo auch durch eine räumliche Illusion erzielt. Die beiden Paläste, die er bereits vorfand und in seine Planung einbeziehen mußte, also der Senatorenpalast (Palazzo Senatorio) und der Konservatorenpalast (Palazzo dei Conservatori), umstanden keinen rechtwinkligen Platz, sondern waren leicht zueinander gerichtet erbaut worden. Michelangelo wählte für den Palazzo Nuovo eine achsensymmetrische Anordnung und berücksichtigte den vorgegebenen Winkel, so daß ein trapezförmiger Raum enstand, der hinten größer war als vorn. In der optischen Wirkung scheint sich dadurch der Raum nach hinten auszudehnen. Damit ist eine Bewegungsrichtung gegeben, die an die päpstlichen Prozessionen erinnert, die über den Hügel und hinunter auf das Forum Romanum zogen.

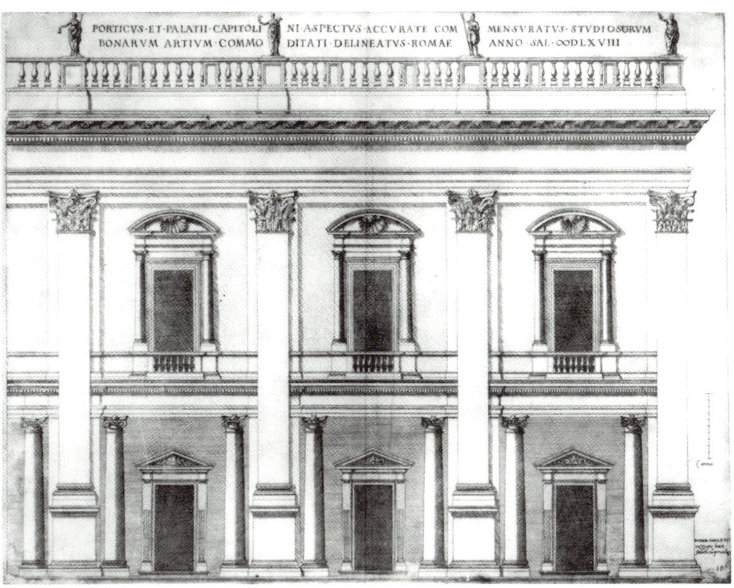

14. Bartolomeo Faleti, *Michelangelos Entwurf für die Fassade des Konservatorenpalastes,* 1568, Kupferstich.

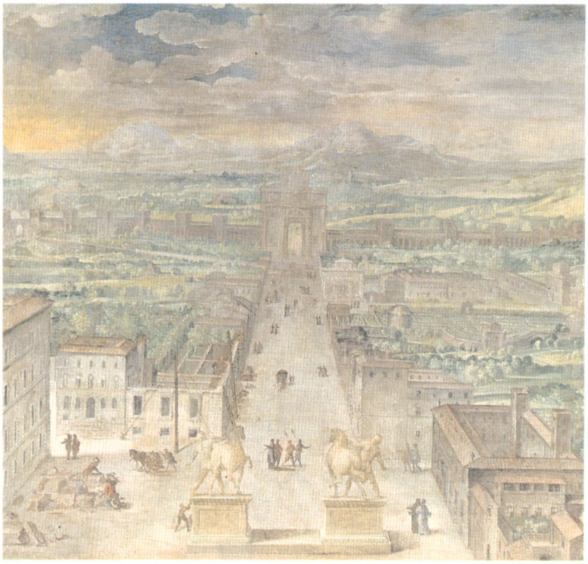

15. Ansicht der Via Pia, ca. 1588, Fresko, Sala dei Papi, Lateranpalast, Rom.

Am äußeren Ende ist Michelangelos unvollendete Porta Pia von 1561-65 zu sehen. Am vorderen Ende befinden sich die *Rossebändiger* (sie galten in der Renaissance als Darstellungen Alexanders des Großen mit seinem Pferd Bucephalus), die Sixtus V. 1586-87 von den nahegelegenen Konstantinsthermen am Quirinal herschaffen ließ. Dazwischen liegt der unter Sixtus V. von 1585-88 gebaute Moses-Brunnen. Links im Vordergrund sieht man den im Bau befindlichen Quirinalpalast.

Pius IV.

Ein Zeichen dafür, daß das Papsttum immer autokratischer wurde, war die stetig zunehmende Bürokratie. Papst Pius IV. (1559-65) erweiterte den Vatikan großflächig, um den gewachsenen Verwaltungsapparat unterbringen zu können. Er ließ eine Mauer mit Bastionen errichten, die die Nordseite des Cortile del Belvedere mit der Engelsburg verband, und die Burg durch pfeilköpfige, im Fünfeck angeordnete Bastionen verstärken. Innerhalb dieses zur Festung ausgebauten Areals zwischen der alten und der neuen Nordmauer forcierte Pius IV. den Bau von Kirchen, Klöstern und Palästen für das Kurienpersonal und die Kardinäle, vor allem entlang der Hauptstraßen - dem Borgo Pio und der Via Angelica.

Pius IV. leitete überdies eine der ersten Erschließungsmaßnahmen der Hügel Roms ein, indem er die gerade verlaufende und breite Via Pia auf dem Quirinal (Monte Quirinale) anlegen ließ, eine Villengegend, die vor allem von hochgestellten Kirchenvertretern bewohnt wurde (Abb. 15). Als krönenden Abschluß für das nördliche Ende der Straße gab Pius IV. bei Michelangelo den Entwurf für die Porta Pia in Auftrag. Die Frontfassade des schließlich errichteten Torbaus war überraschenderweise zur Stadt gewandt, und nicht schützend nach außen (Abb. 16). Als Sixtus V. die *Rossebändiger* 1586-87 zum Quirinal an das südwestliche Ende der Via Pia schaffen ließ, wurde die Straße mit ihren beiden monumentalen Endpunkten zu einem Gesamtkunstwerk, dem ersten in der römischen Renaissance.

Das »Neue Jerusalem« von Sixtus V.

In einer Bulle aus dem Jahre 1586 stellte Sixtus V. (1585-90) erstmals die Pilgerstrecke unter eine strenge und systematische Kontrolle des Papstes. Er ordnete an, daß praktisch alle Römer, insbesondere aber der Klerus, jedes Jahr zu festgesetzten Zeiten eine Pilgerfahrt unternehmen und an etwa dreißig Messen teilnehmen mußten. Rom sollte zu einer »religiösen Herberge« werden mit einem pulsierenden geistlichen Leben und so den Pilgern vor Augen führen, daß es das wahre religiöse Zentrum der Welt war, die Hauptstadt des Gebets, der Buße und der guten Taten, das lebendige neue Jerusalem. Damit sich die große Zahl von Pilgern ungehindert in der Stadt bewegen konnte, schuf

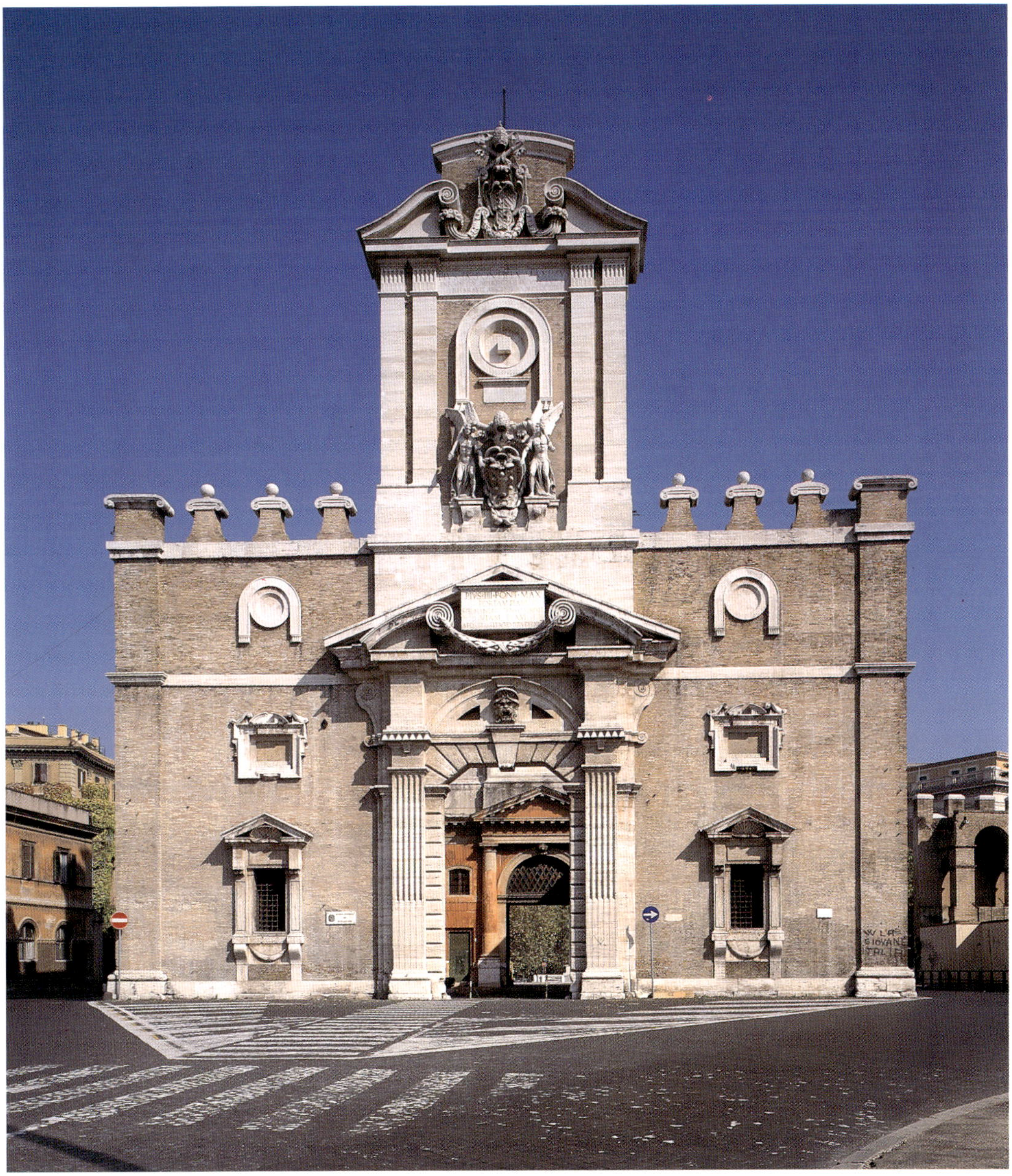

16. Michelangelo, Porta Pia, 1561-65, Rom.

Michelangelo gestaltete den unteren Teil des Torbaus mit unkonventionellen klassischen Motiven, die er kühn nebeneinander anordnete oder zueinander in einen verblüffenden Kontrast setzte, um seiner künstlerischen Freiheit Ausdruck zu verleihen und Veränderungen einzuleiten. Für den oberen Teil dagegen plante er als krönenden Abschluß die klassische Fassade eines antiken Tempels mit dreieckigem Ziergiebel (der heutige Giebel stammt aus der Mitte des 19. Jahrhunderts), die dem antiken Formenkanon entsprechen und geordnet sein sollte. Hier stellte er zwei Engel auf (eine Anspielung auf den Vornamen von Pius IV.: Angelo), die triumphierend das päpstliche Wappen tragen, flankiert von den sechs *palle* (Kugeln), die Verzierung des Medici-Wappens, die sich auf den Zinnen gegen den Himmel abheben.

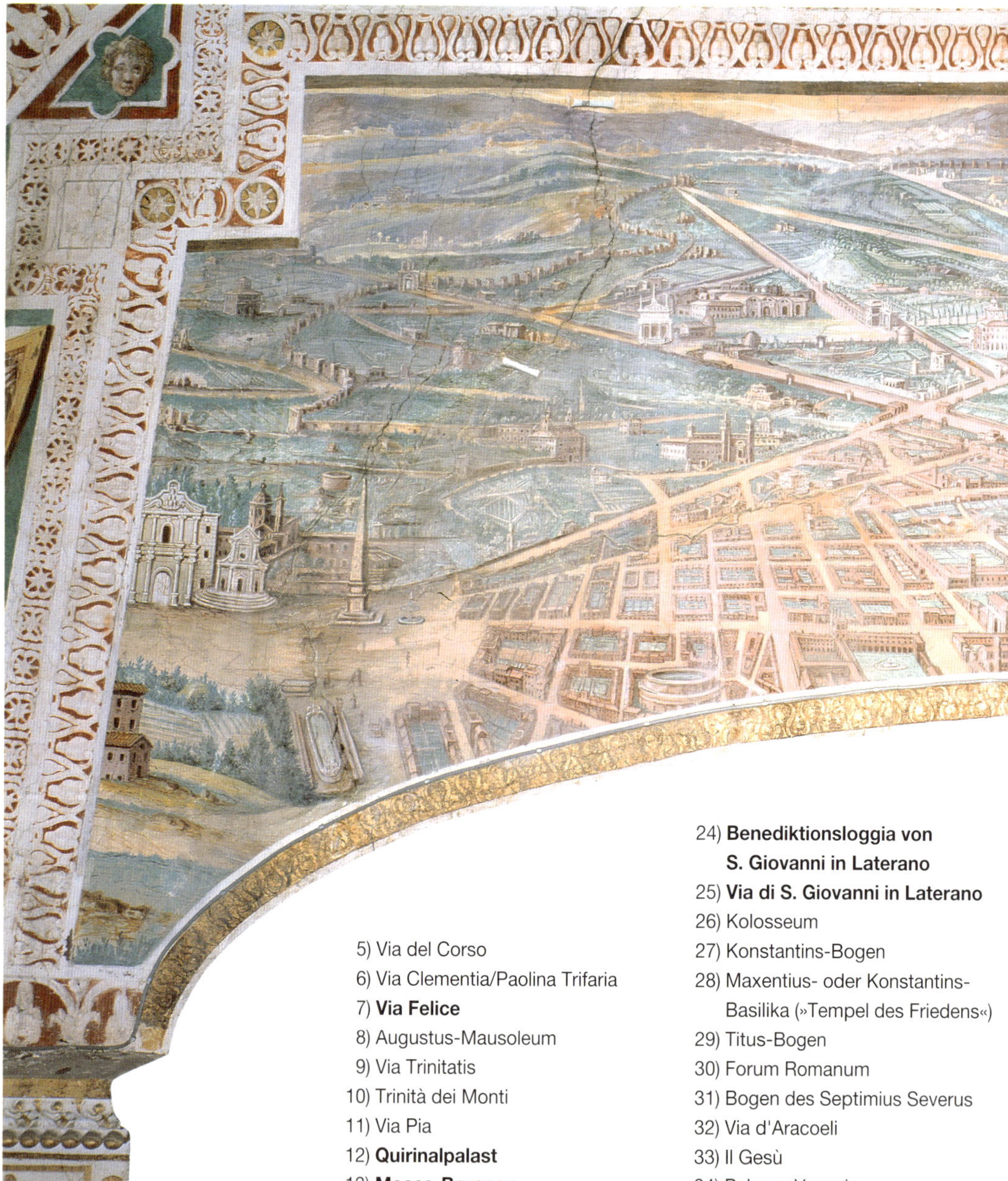

17. Ansicht von Rom mit den städtebaulichen Veränderungen unter Sixtus V., ca. 1588, Fresko, Salone Sistino, Vatikanische Bibliothek.

1) Porta del Popolo
2) S. Maria del Popolo
3) **Obelisk auf der Piazza del Popolo**
4) Via Leonina
5) Via del Corso
6) Via Clementia/Paolina Trifaria
7) **Via Felice**
8) Augustus-Mausoleum
9) Via Trinitatis
10) Trinità dei Monti
11) Via Pia
12) **Quirinalpalast**
13) **Moses-Brunnen**
14) Porta Pia
15) **Villa Montalto**
16) **Obelisk vor S. Maria Maggiore**
17) **S. Maria Maggiore**
18) **Via Panisperna**
19) **Via S. Lorenzo**
20) S. Croce in Gerusalemme
21) Via Merulana
22) **Lateran-Obelisk**
23) **Lateranpalast**
24) **Benediktionsloggia von S. Giovanni in Laterano**
25) **Via di S. Giovanni in Laterano**
26) Kolosseum
27) Konstantins-Bogen
28) Maxentius- oder Konstantins-Basilika (»Tempel des Friedens«)
29) Titus-Bogen
30) Forum Romanum
31) Bogen des Septimius Severus
32) Via d'Aracoeli
33) Il Gesù
34) Palazzo Venezia
35) S. Maria di Loreto
36) **Trajans-Säule**
37) **Marc-Aurel-Säule**
38) Torre delle Milizie
39) Torre dei Conti

S. Maria Maggiore befindet sich im Zentrum der Darstellung, die Bauprojekte von Sixtus V. (hier fett gedruckt) sind stark vergrößert.

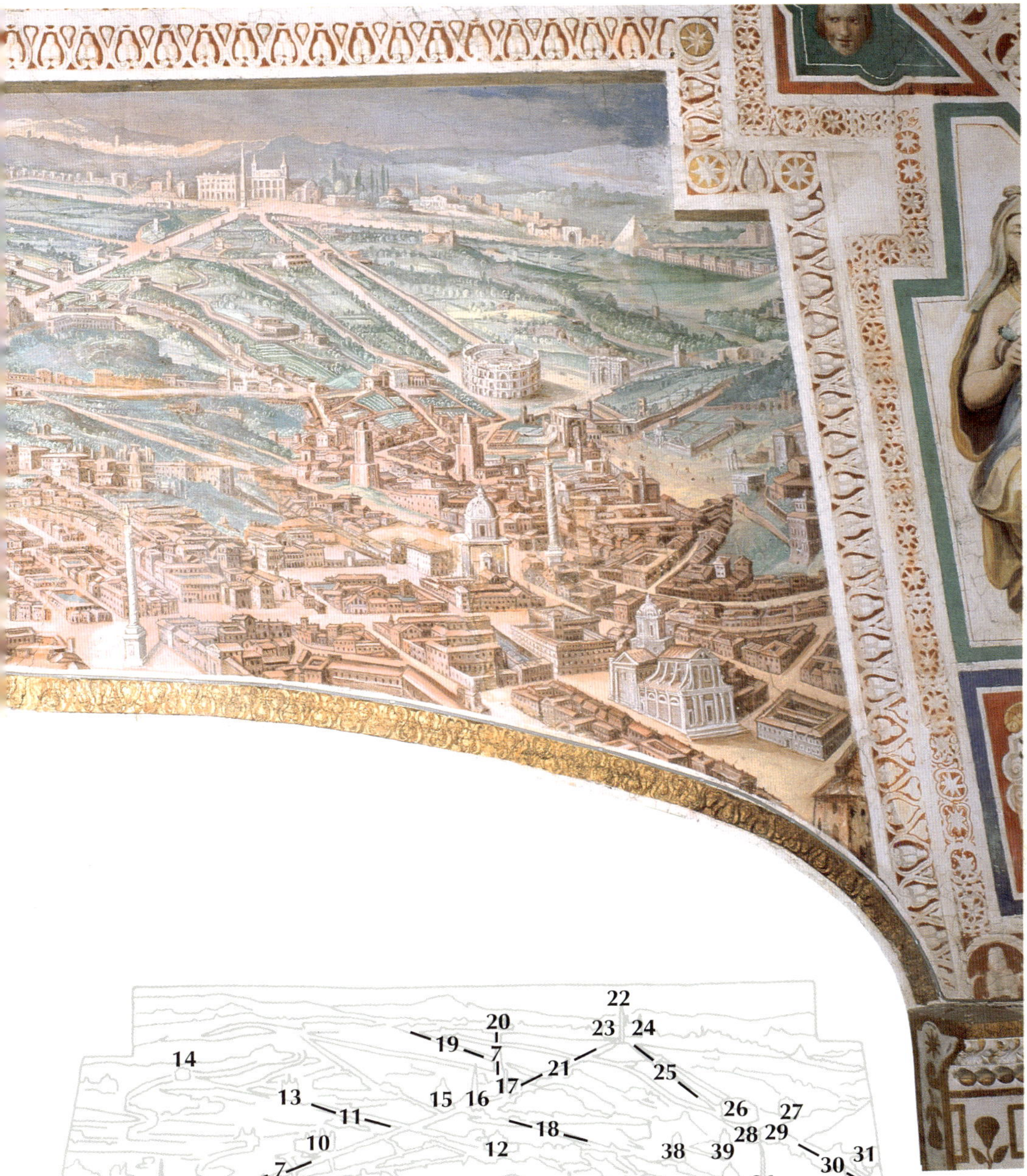

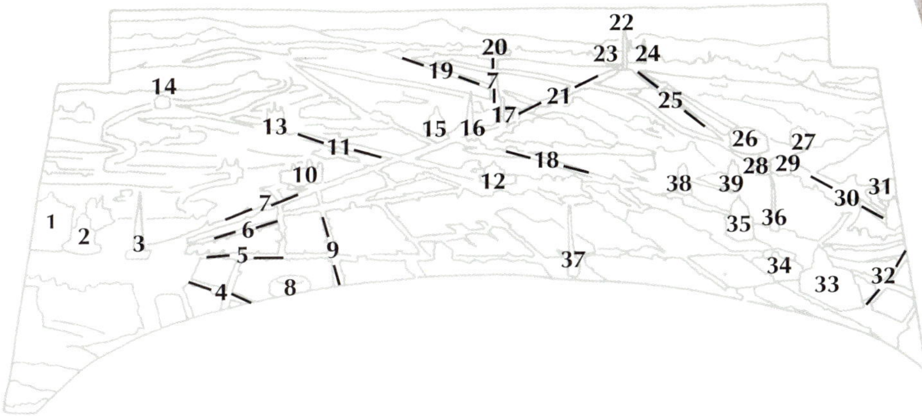
22
20
23 24
19
7
14
21
17
25
13
15 16
11
26 27
18
10
28 29
12
38 39
31
30
7
1
2
6
35 36
3
5
9
37
34
4
8
33
32

Sixtus V. zwischen den Pilgerkirchen ein neues Netz von geraden und breiten Straßen, die auch für die neuartigen Kutschen geeignet waren, das neueste Statussymbol in Rom. Das Zentrum der Marienverehrung in Rom war S. Maria Maggiore, die Grabeskirche von Sixtus V., die er von seiner Villa Montalto bequem erreichen konnte (Abb. 17).

Um das Ziel der Pilger zu markieren, wurde am Ende dieser Sraßen meist ein Obelisk aufgestellt. Obelisken symbolisierten für die Ägypter Sonnenstrahlen, und für die Kaiser, die sie nach Rom brachten, waren sie Siegestrophäen. In der Mitte des 15. Jahrhunderts hatte Nikolaus V. geplant, den vatikanischen Obelisken auf dem Petersplatz aufstellen zu lassen, und unter Leo X. hatte Raffael (1483-1520) einen Obelisken als Mittelpunkt für die Piazza del Popolo vorgeschlagen. Doch nur aufgrund der hartnäckigen Entschlossenheit von Sixtus V. und des überragenden technischen Verstandes seines Baumeisters Domenico Fontana (1543-1607) wurde der 25 Meter hohe und fast vierzig Tonnen schwere vatikanische Obelisk schließlich im Jahre 1586 an seinem heutigen Standort aufgestellt (Abb. 18). Aufgrund dieses erfolgreichen Unternehmens hielt man es für möglich, drei umgestürzte Obelisken zu restaurieren und andernorts wiederaufzustellen: Der erste wurde 1587 vom Augustus-Mausoleum zur Kirche S. Maria Maggiore versetzt; die anderen wurden in den beiden darauffolgenden Jahren vom Circus Maximus entfernt und am Lateran (1588) (Abb. 19) bzw. vor S. Maria del Popolo (1589) aufgestellt. Alle versah man oben mit Sinnbildern von Sixtus V. und einem Kreuz sowie mit neuen Inschriften, die auf Sixtus V. als den neuen Christus, Augustus und Konstantin verwiesen, der die christliche Welt siegreich vereinen und den Weltfrieden herbeiführen würde.

Die städtebaulichen Maßnahmen in Rom unter Sixtus V. wurden in nur fünf Jahren abgeschlossen - eine erstaunliche Leistung, die vollbracht werden konnte, weil die Hügel der Stadt kaum bewohnt waren. Doch Sixtus V. plante von Anfang an, die Hügel zu besiedeln und dort unter anderem eine Seidenmanufaktur, einen Viehmarkt und eine öffentliche Wäscherei anzusiedeln. Um die dafür erforderliche Wasserversorgung zu sichern, ließ er mit enormem Kostenaufwand von 1585 bis 1587 die Acqua Felice bauen, den ersten Aquädukt seit der Antike. Das Wasser lief am Ende in den Mosesbrunnen (siehe Abb. 20 und Abb. 15) abseits der Via Pia und speiste dann an die dreißig weitere Brunnen.

Eine überlebensgroße Moses-Figur, die den christlichen Darstellungstypus verkörpert, ragt in der Mitte des Mosesbrunnens auf. Der nach oben gewandte Blick und die Hörner auf seinem Kopf (symbolische Lichtstrahlen) sollen zeigen, daß Moses in Gegenwart Gottes die Gesetzestafeln empfing, die er nun unter dem linken Arm hält. Moses wird so zum Sinnbild päpstlicher Gerechtigkeit, was auf die Gesetzesreform von Sixtus V. anspielt und auf seine unbarmherzige Durchsetzung des Rechts.

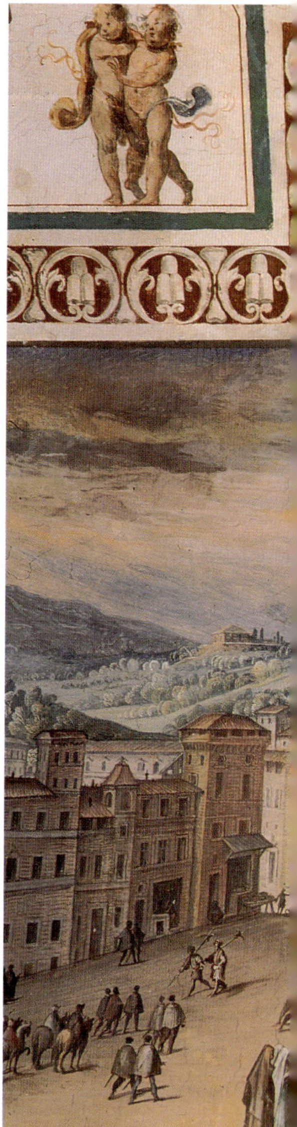

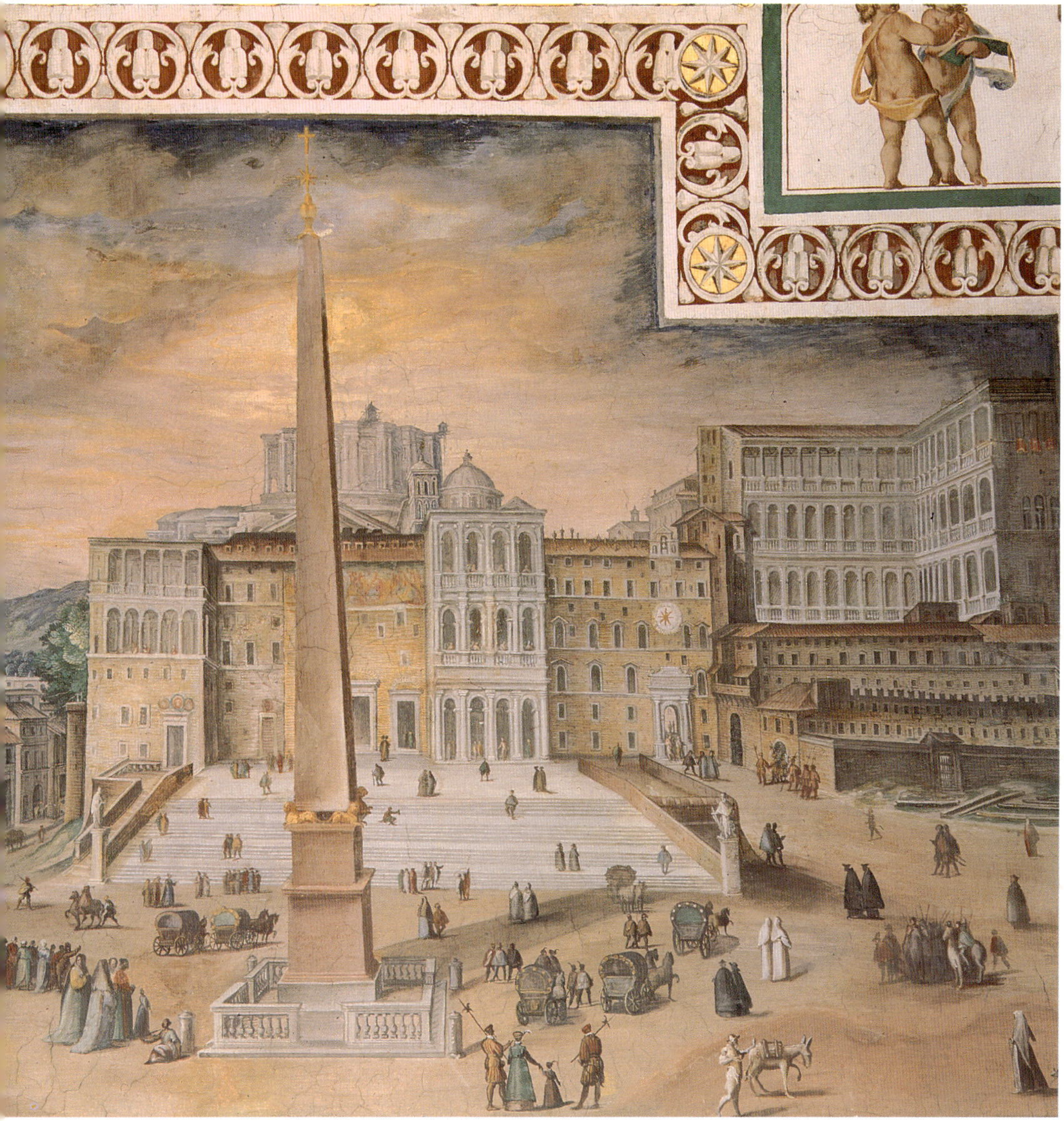

18. Ansicht des Petersplatzes, ca. 1588, Fresko, Salone Sistino, Vatikanische Bibliothek.

Der Vatikan-Obelisk wurde 1586 von Domenico Fontana für Sixtus V. auf dem Petersplatz aufgestellt. Hinter dem Obelisken ist Michelangelos unvollendete Kuppel der Peterskirche zu sehen. Rechts vom Obelisken sieht man die im 15. Jahrhundert erbaute Benediktionsloggia. Rechts außen befinden sich die von Bramante und Raffael im Auftrag von Julius II. errichteten Loggien des Papstpalastes, die Gregor XIII. durch einen rechtwinkligen Anbau erweitern ließ.

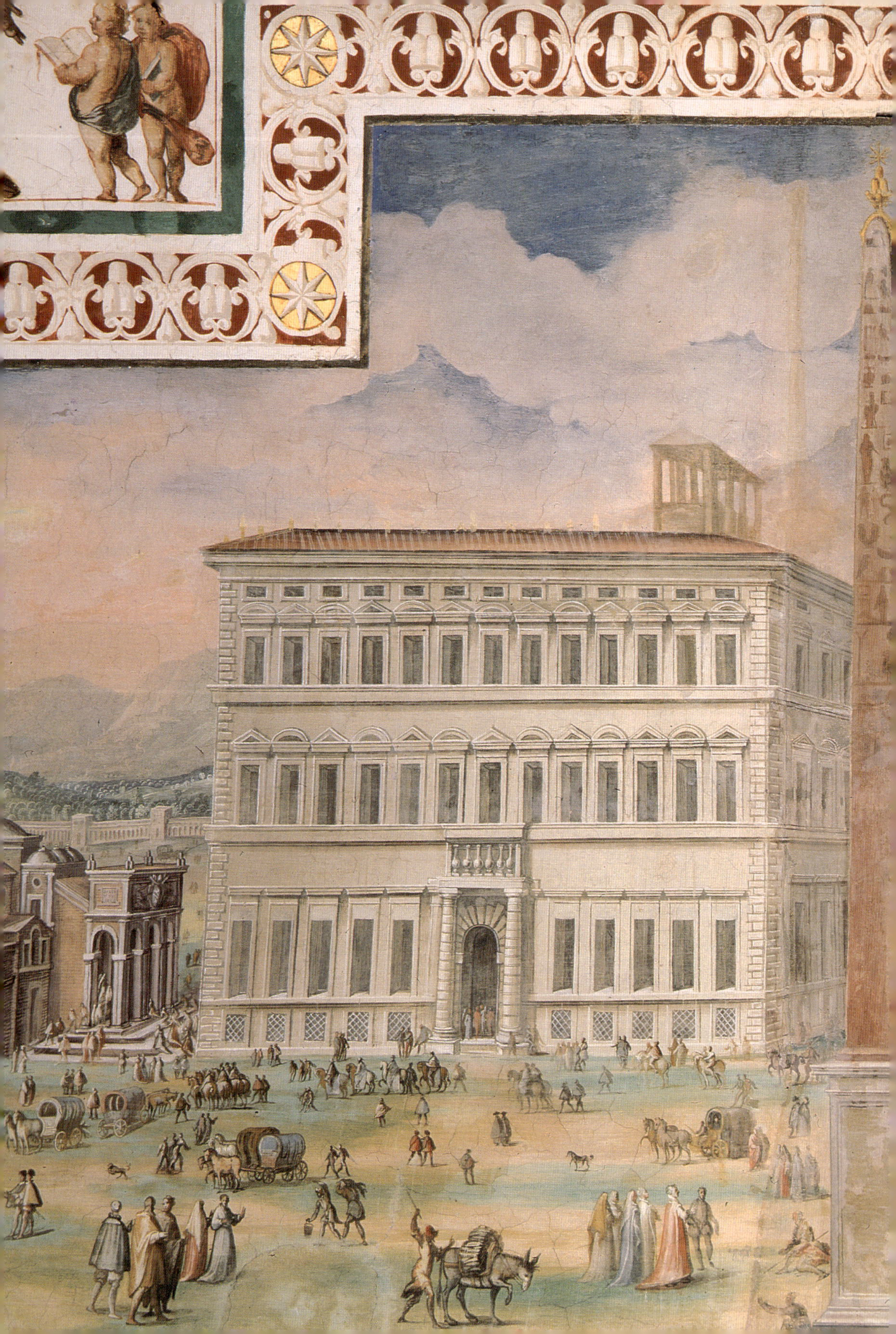

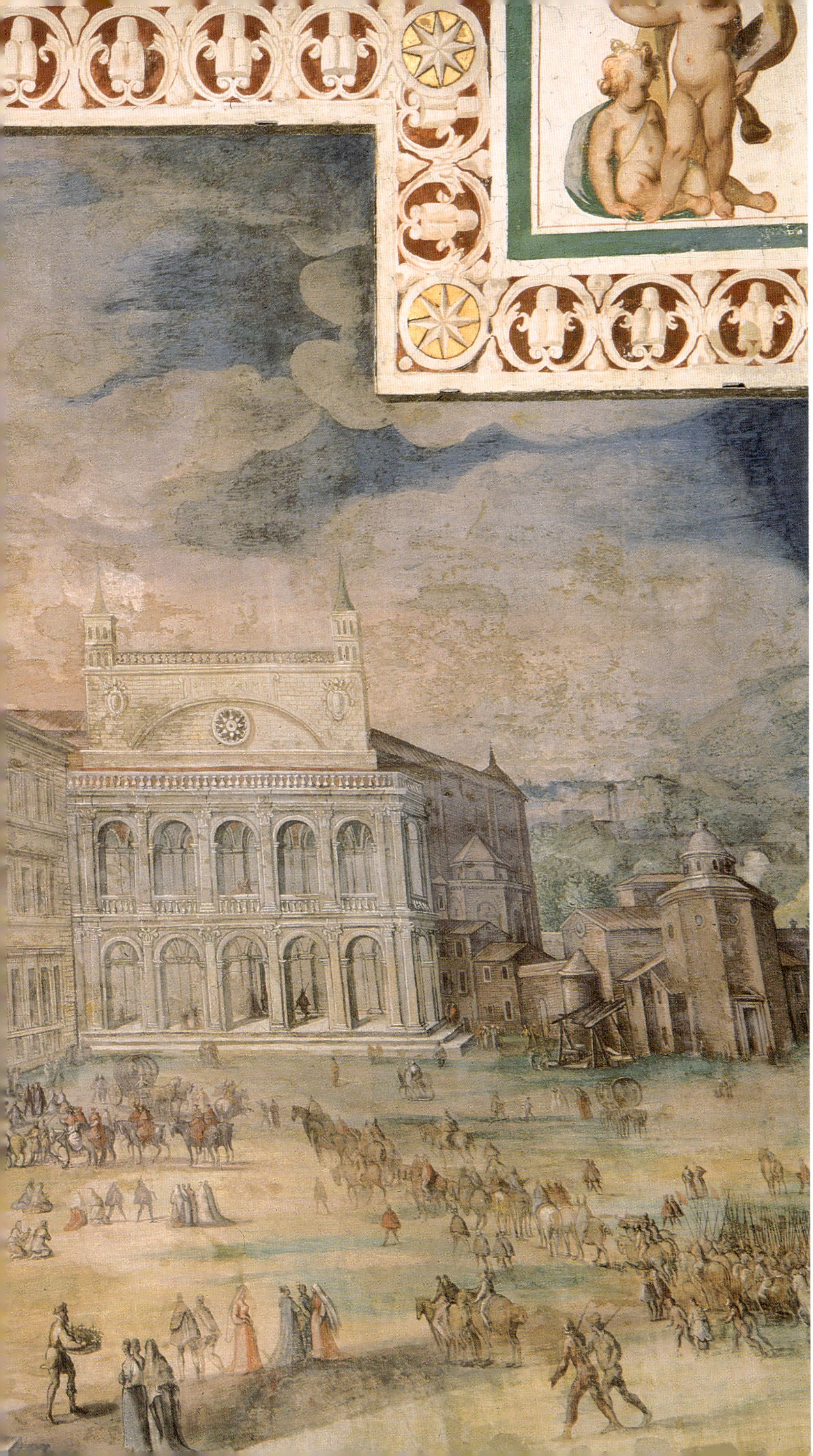

Vorherige Seiten
19. Ansicht der Piazza S. Giovanni in Laterano, um 1588, Fresko, Salone Sistino, Vatikanische Bibliothek.

Von links nach rechts sieht man die Sala Santa, den Lateranpalast und die Benediktionsloggia von S. Giovanni in Laterano, Bauwerke, die Domenico Fontana von 1585 bis 1590 für Sixtus V. errichtete. Den Konstantins-Obelisken stellte Fontana 1588 auf. Das Baptisterium San Giovanni in Fonte (rechts außen) entstand unter Kaiser Konstantin.

Gegenüber
20. Domenico Fontana, *Mosesbrunnen,* 1585-88.

Moses schlägt Wasser aus dem Stein in der Mitte der Skulptur von Leonardo Sormani und Prospero Bresciano. In dem linken Relief von Giovanni Battista della Porta gibt Aaron den Israeliten Wasser zu trinken, und in dem rechten Relief von Flaminio Vacca führt Josua die Israeliten über den Jordan, um Jericho zu besiegen. Die Inschrift lautet übersetzt: »Sixtus V. aus Picenum hat die reichen Ströme in der Nähe des Colonna-Besitzes links von der Via Prenestina gesammelt und 22 Meilen von der Quelle, 20 Meilen vom Reservoir über gewundene Aquädukte hierher geleitet. Der Aquädukt, der seinen Namen [Acqua Felice] trägt, wurde im ersten Jahr seines Pontifikates begonnen und im dritten Jahr, 1587, vollendet.«

Die gebieterische Geste des ausgestreckten rechten Armes erinnert an die Situation, als Moses das Wasser aus dem Felsen schlug. Das Wasser wiederum verweist auf den traditionellen Bezug zur Taufe und der Spalt im Stein auf die Wunde in Christi Seite. Diese Energie und Entschlossenheit ausstrahlende Figur mit der Macht zur Erlösung und Verdammnis ist ein treffendes Sinnbild für Sixtus V. Doch die überaus pathetische Darstellung spiegelt gleichzeitig den Machtverlust und die Schwächung des Papsttums in der neuen Weltordnung der Gegenreformation.

Als Sixtus V. 1590 starb, pries Pompeo Ugonio (gest. 1614), Kurial, Gelehrter, Griechisch- und Lateinprofessor, wortgewaltig die Ordnung und den Wohlstand im neuen Rom und neuen Jerusalem des Papstes. Rom, so sagt er,

»stöhnt unter der schweren Last seiner guten Taten. Jetzt ist es befreit von der Angst vor Mördern, erfüllt vom Licht des Friedens, vergrößert durch breitere Straßen, geschmückt mit Gebäuden, erfrischt durch Brunnen, bepflanzt mit gewaltigen Obelisken, die bis zum Himmel reichen... Wohin auch immer Rom sich dreht und wendet, es sieht sich zurückversetzt in ein neues goldenes Zeitalter, voller Gerechtigkeit, Stärke, Wachsamkeit, Liberalität, Herrlichkeit und durchdrungen von der Frömmigkeit seines größten Fürsten... Es hat jedoch Angst, daß es undankbar erscheint, denn niemals wird es diese unermeßlichen Wohltaten wiedergutmachen können.«

Rom hatte sich grundlegend verändert seit der Zeit der verwesenden Kadaver unter Martin V. Die Stadt war wieder zu einer funktionalen Einheit und einem ästhetischen Gesamtkunstwerk geworden, wie sie es in der Antike schon einmal gewesen war. Doch Ugonio verschwieg in seiner Lobrede nicht, welcher Preis dafür gezahlt werden mußte: Die »schwere Last« der autokratischen Herrschaft Sixtus' V. verlangte strikten Gehorsam und absolute Anpassung und erzeugte eine panische Angst davor, »undankbar« zu erscheinen.

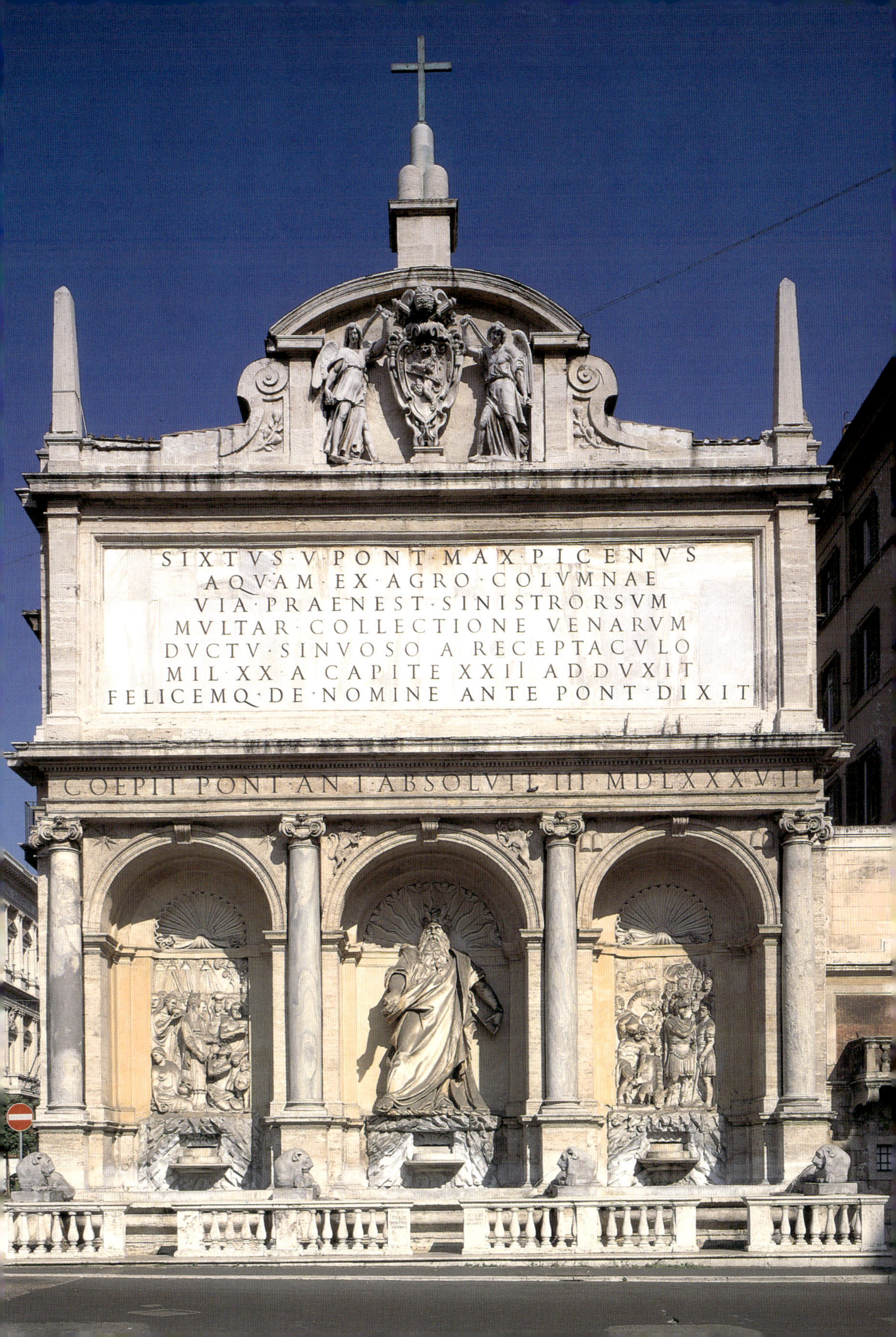
SIXTVS·V·PONT·MAX·PICENVS
AQVAM·EX·AGRO·COLVMNAE
VIA·PRAENEST·SINISTRORSVM
MVLTAR·COLLECTIONE VENARVM
DVCTV·SINVOSO A RECEPTACVLO
MIL·XX·A CAPITE XXII ADDVXIT
FELICEMQ·DE·NOMINE ANTE PONT·DIXIT
COEPIT PONT AN I ABSOLVIT III MDLXXXVII

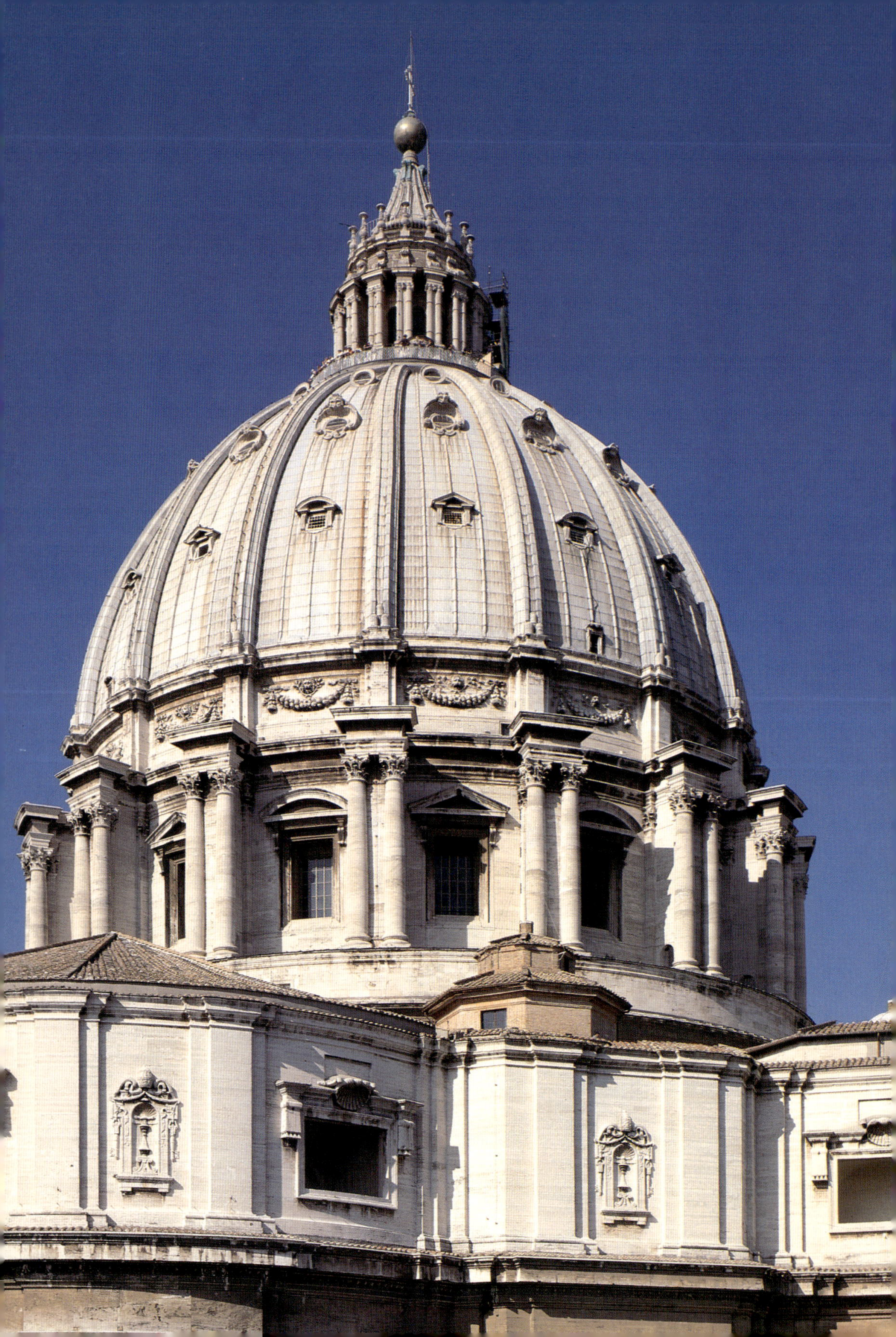

Kapitel 2

Kirchen: Harmonie der Sphären und irdische Entwurfsvielfalt

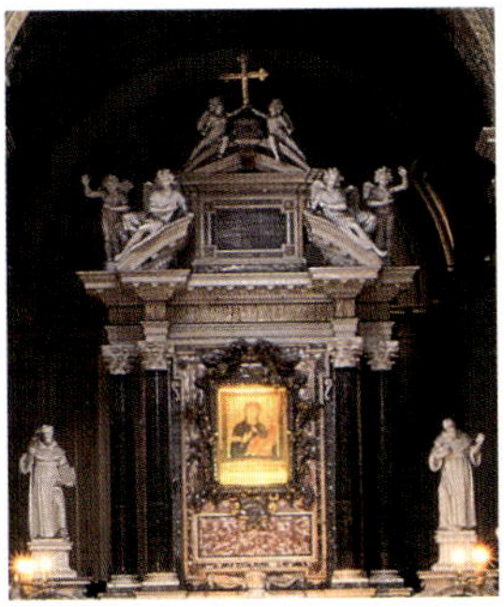

Im Rom der Renaissance gab es im Verhältnis zur Einwohnerzahl mehr frühchristliche und mittelalterliche Kirchen als in jeder anderen Stadt Europas. Allein die Pflege dieses Erbes war für den Papst eine so große finanzielle Belastung, daß in den ersten 75 Jahren des 15. Jahrhunderts nur wenige neue Kirchen errichtet wurden. Im Zuge der Wiederbelebung der antiken Kultur wurden jedoch neue architektonische Ideen für den Kirchenbau entwickelt, die der Vorstellung Nahrung lieferten, daß die älteren Kirchen die christliche Lehre nur noch unzureichend vermitteln konnten.

21. Peterskirche, Tambour, Kuppel und Laterne, Vatikan.

Michelangelo entwarf die Kuppel als Halbkugel, doch Giacomo della Porta (1540(?)-1602) erhöhte sie im Profil, damit sie aus der Ferne besser zu sehen war. Als jedoch Carlo Maderno (1556-1629) unter Paul V. (1605-21) die Peterskirche zu einem Zentralbau über dem Grundriß eines lateinischen Kreuzes machte, indem er das Hauptschiff um drei Joche nach Osten hin erweiterte, wurde die Wirkung der Kuppel vom Petersplatz aus betrachtet vermindert, weil sie von dem neuen Baukörper stets ganz oder teilweise verdeckt wurde.

Die Erneuerung der Peterskirche unter Nikolaus V.

Die in der Mitte des 15. Jahrhunderts unter Papst Nikolaus V. umgestaltete Peterskirche war die erste bedeutende Kirche der Renaissance in Rom, die in Anlehnung an die klassische Baukunst verändert wurde, und es ist mit an Sicherheit grenzender Wahrscheinlichkeit davon auszugehen, daß die von der Antike inspirierte Schrift *Zehn Bücher über die Baukunst (De re aedificatoria)* des großen Humanisten Leon Battista Alberti (1404-72) die Bauentwürfe beeinflußte.

Obwohl die Erneuerung nie vollendet wurde, läßt sich das Projekt Peterskirche anhand zeitgenössischer schriftlicher Beschreibungen und späterer Darstellungen der gewaltigen Kirchenfundamente teilweise rekonstruieren. Ziel der Baumaßnahmen war es, die Kirche so weit zu vergrößern, daß sich die Pilger ungehindert bewegen und die Priester am Hochaltar und vor dem Grab des hl. Petrus mehr Raum hatten, wenn sie Messen zelebrierten. Als Vorbilder für die Entwürfe dienten vermutlich die beiden einflußreichsten antiken Gebäude Roms, die Maxentius-Basilika, auch Konstantins-Basilika genannt (ca. 310-20), die in der Renaissance als »Tempel des Friedens« bekannt war, sowie das Pantheon (ca. 118-28).

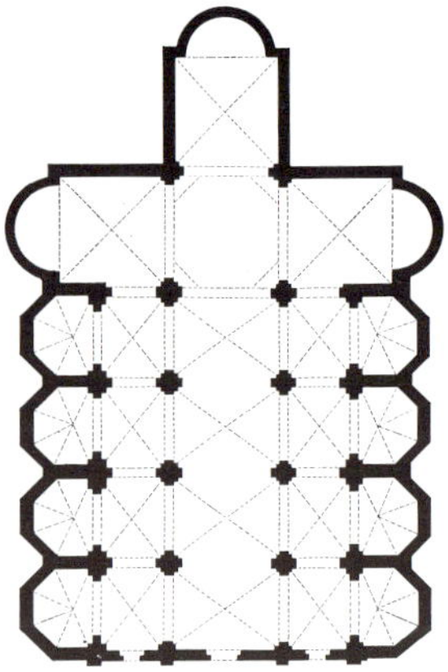

22. Grundriß, S. Maria del Popolo, 1472-78, Rom.

Nikolaus V. plante an der Westseite der Peterskirche eine monumentale Erweiterung durch neue Querschiffe mit Kreuzgewölben sowie einen Chor von etwa gleicher Länge (vermutlich befand sich dort zunächst nur eine Apsis). Eine Halbkugel sollte als Kuppel über der Vierung, dem Hochaltar und dem Petrusgrab errichtet werden. Der zentralisierte und baldachinartige Raum hätte den hl. Petrus und seine Nachfolger auf neue beeindruckende Art verherrlicht.

Allem Anschein nach wurden in dem Entwurf die Proportionen in Anlehnung an antike Theorien über die musikalische und kosmische Harmonie bestimmt. Pythagoras (6. Jh. v.Chr.) hatte entdeckt, daß harmonische Klänge durch einfache mathematische Verhältnisse entstehen, die auf kleinen ganzen Zahlen beruhen, so daß zwei straff gespannte vibrierende Saiten von ungleicher Länge, die zueinander in einem Verhältnis von 1:2 stehen, eine Oktave erzeugen; bei einem Verhältnis von 3:4 ergibt sich eine Quarte; bei 2:3 eine Quinte und so weiter. Platon (ca. 427-348 v.Chr.) glaubte, daß der Kosmos, da er vollkommen sein mußte, zwangsläufig nach mathematischen Verhältnissen konstruiert war, und er leitete aus diesen Überlegungen seine berühmte »Harmonie der Sphären« ab. Auch die Neuplatoniker versuchten, Gott und die Gesetze seiner Schöpfung mit Hilfe geometrischer Grundsätze zu erfassen: Der Kreis, der weder Anfang noch Ende hat und an jedem Punkt gleich weit von seinem Zentrum entfernt ist, galt als Symbol für Göttlichkeit und Geist; das stabile und feste Quadrat stand für Erde und Materie. Auf der Grundlage dieser Ideen, die Vitruv zum Teil überliefert hatte,

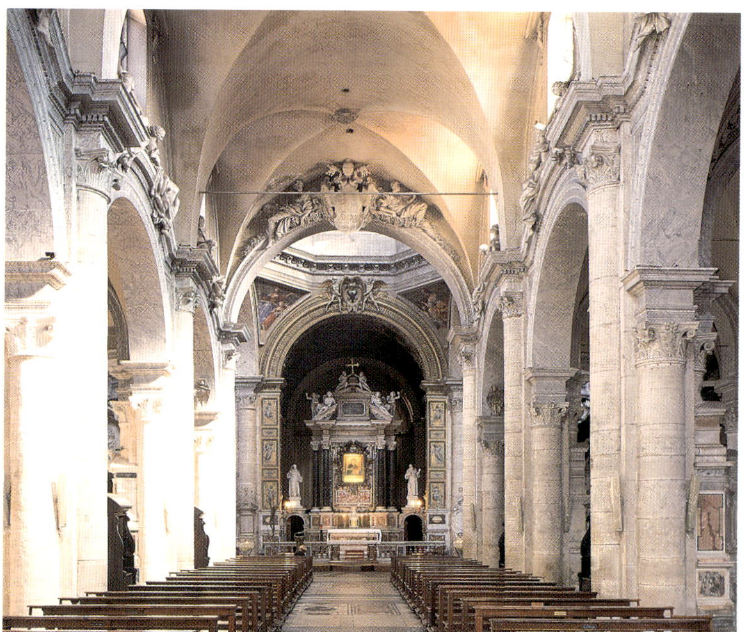

23. Innenansicht, S. Maria del Popolo, 1472-78, Rom.

Die fünf gleich hohen Kreuzgewölbe über dem Hauptschiff erzeugen eine optische Sogwirkung in Richtung auf die lichtüberflutete Vierung und den Hochaltar. Die Joche der Seitenschiffe, halb so breit wie die des Hauptschiffes, bilden separate Raumeinheiten, die sowohl mit den Seitenkapellen als auch mit dem Hauptschiff verbunden sind. Im 17. Jahrhundert wurden die Fenster des Hauptschiffes verändert und die Fensterbögen mit plastischen Ornamenten versehen.

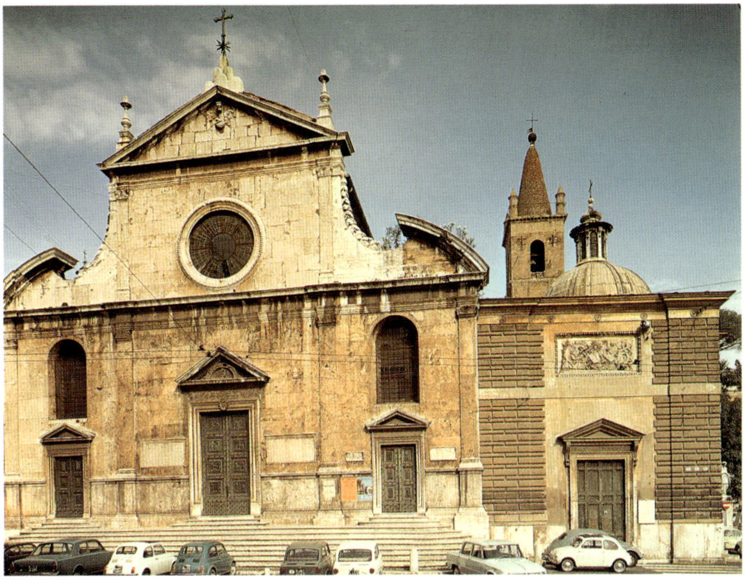

24. Fassade, S. Maria del Popolo, 1472-78, Rom.

Ursprünglich wurde die untere Tempelfront durch dreieckige Halbgiebel über den Seitenschiffen betont (die abgerundeten Teilgiebel und volutenförmigen Wandsegmente stammen aus dem 17. Jh.). Vier Pilaster, die vertikal über die gesamte Höhe verlaufen, verbinden die obere und die untere Tempelfront miteinander, sozusagen als Abbild des Hauptschiffes im Innern, während die Seitenschiffe durch die Außenjoche der unteren Tempelfront angedeutet werden.

sprachen sich Renaissance-Theoretiker wie zum Beispiel Alberti dafür aus, daß die Größe und der Grundriß einer Kirche mit Hilfe entsprechend einfacher mathematischer Verhältnisse und klarer geometrischer Formen im Einklang mit dem Kosmos berechnet und entworfen werden sollten.

S. Maria del Popolo und S. Pietro in Montorio

Die erste neue Kirche im 15. Jahrhundert, deren Bau die Erneuerung der Peterskirche unter Nikolaus V. angeregt hatte, war die unter Sixtus IV. entstandene S. Maria del Popolo auf der Piazza del Popolo. Der Grundriß läßt den zentralisierten Plan der Peterskirche mit den drei Apsiden erkennen (Abb. 22). Die von einer Kuppel überspannte Vierung, die Seitenschiffe mit den Kreuzgratgewölben und der Chor erheben sich über einem quadratischen Fundament. Die Kuppel, die erste der römischen Renaissance, ist achteckig und symbolisiert so die Auferstehung Christi am achten Tag nach seinem Einzug in Jerusalem. Der durch den Modul als kleinste Maßeinheit bestimmte Entwurf für den überwölbten Innenraum greift die strenge Kraft der antiken römischen Architektur überzeugender auf als jede frühere römische Kirche der Renaissance. Das Interieur bildet ein eindrucksvolles ›kaiserliches‹ Pantheon für die ewige Ruhe des della-Rovere-Clans, der Familie von Sixtus IV. (Abb. 23).

S. Maria del Popolo, die der Heiligen Jungfrau als Verkörperung der Kirche geweiht ist, sollte an der zur Stadt gelegenen Nordseite ein Hauptportal und eine imposante Fassade aufweisen (Abb. 24). Aufgrund des klassischen Innenraums verzichtete

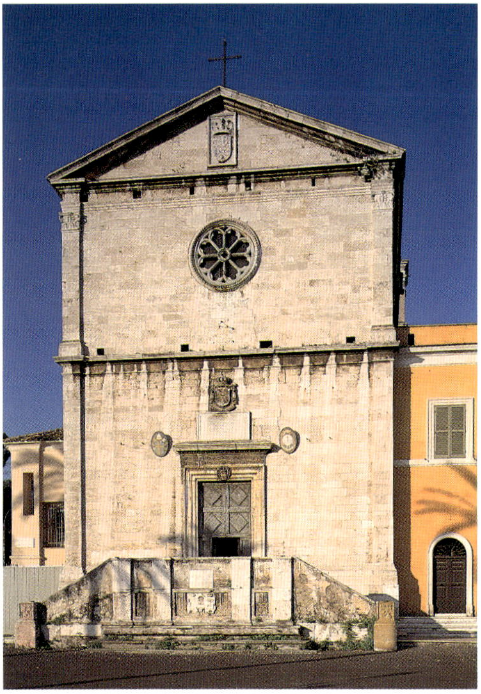

25. Fassade, S. Pietro in Montorio, 1482-1500, Rom.

man auf ein vorspringendes Portal im traditionellen römischen Stil der Frühchristenheit und entschied sich für eine flache Travertinsteinfassade nach dem Vorbild alter Tempelfronten. Typisch für die römische Tempelfassade war eine Säulenreihe, die ein geschlossenes Giebelfeld trug. Dieses Gestaltungsprinzip war jedoch als Eingang für eine christliche Kirche mit hohem Mittelschiff und niedrigeren Seitenschiffen ungeeignet. Die überraschende Lösung bestand in dem Übereinandersetzen von zwei ineinandergreifenden Tempelfronten. Das brachte jedoch in bezug auf die Regeln der klassischen Architektur viele Probleme mit sich: Die Pilaster sind schmal und stehen im ungleichen Abstand zueinander, die oberen Pilaster sind zu kurz, und die Spannweite des mittleren Gebälks ist zu groß. Doch dieses zaghafte Experiment, bei dem eine Grundidee auf eine vollkommen neue Situation übertragen wurde, wies den Weg zur Lösung eines Problems, das die Baumeister während der gesamten Epoche beschäftigen sollte.

Die turmhoch aufragende Travertinstein-Fassade der zwischen 1482 und 1500 entstandenen Kirche S. Pietro in Montorio, die keine Seitenschiffe besitzt, ist lediglich eine Abwandlung des Mittelteils von S. Maria del Popolo - größer, solider und massiver, aber auch etwas schwerfällig proportioniert (Abb. 25). Hinter der Fassade jedoch verbirgt sich eine Variante des Erneuerungsentwurfs für die Peterskirche, die einen der faszinierendsten Baupläne der Frührenaissance darstellt (Abb. 26). Zum erstenmal in der römischen Renaissance ist es dem Baumeister gelungen, vermutlich Baccio Pontelli (ca. 1450-92), etwas von der reichen Komplexität antiker Architektur aufzugreifen: plastische Wände, Pilaster mit strukturierender Kraft und eine abwechslungsreiche, aber einheitliche Folge von Innen- und Außenräumen (Abb. 27).

Die Kirche wurde von Sixtus IV. und seinem Freund und Beichtvater Amadeo Meñez de Silva (1431-82) in Auftrag gegeben, dem im Jahre 1472 für seinen spanischen Orden der reformierten Franziskaner, die Amadeistas, schon eine frühere Kirche zugewiesen worden war, die an dieser Stelle gestanden hatte. Die Anregung zum Bau einer so imposanten Kirche fanden sie in den Schriften des Humanisten und Kurialen Maffeo Vegio (1406-58). Dieser hatte behauptet, daß sich hier auf dem Janiculum (Monte Gianicolo) die Stelle befand, wo frühen Chroniken zufolge der hl. Petrus mit dem Kopf nach unten gekreuzigt worden war. In dem mittelalterlichen Pilgerführer Die Wunder von Rom und in anderen Quellen wurde behauptet, daß Noah mit

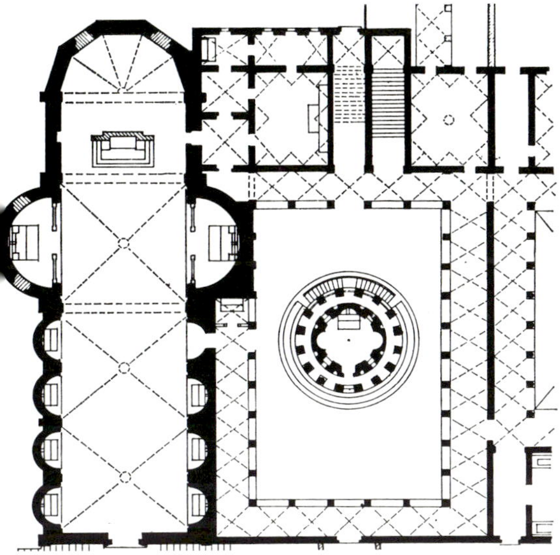

26. Grundriß, S. Pietro in Montorio, 1482-1500, Rom.

Über dem Hauptschiff befinden sich zwei Kreuzgewölbe, die Vierung wird von einem Pendentif-Gewölbe überdeckt. Der Chor hat ein einziges Kreuzgewölbe über dem Hochaltar und schließt mit einer polygonalen Apsis mit Schirmgewölbe ab. Kleinere halbkreisförmige Kapellen unterbrechen die Wände des Hauptschiffes, größere bilden Querschiffe.

27. Innenansicht, S. Pietro in Montorio, 1482-1500, Rom.

Das durchgehende, umlaufende, auf Pilastern ruhende Gebälk vereint die reiche Vielfalt der überwölbten Räume.

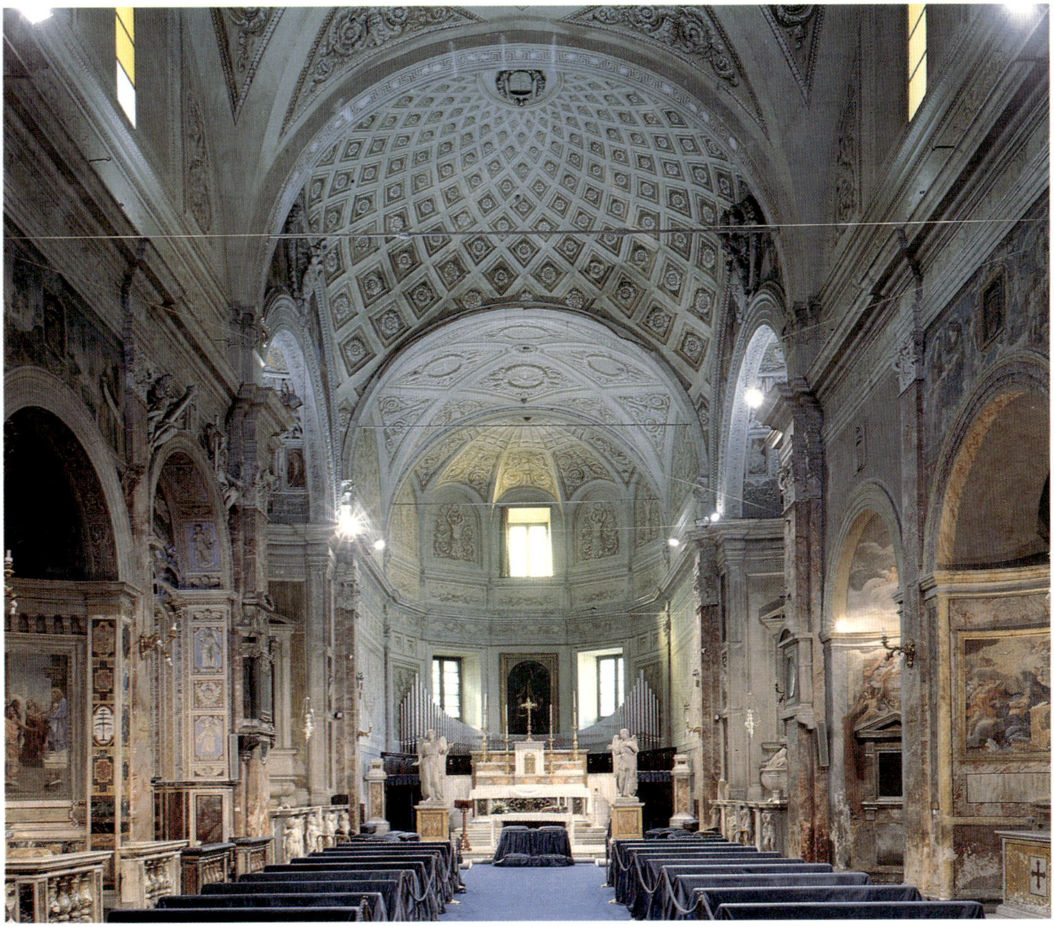

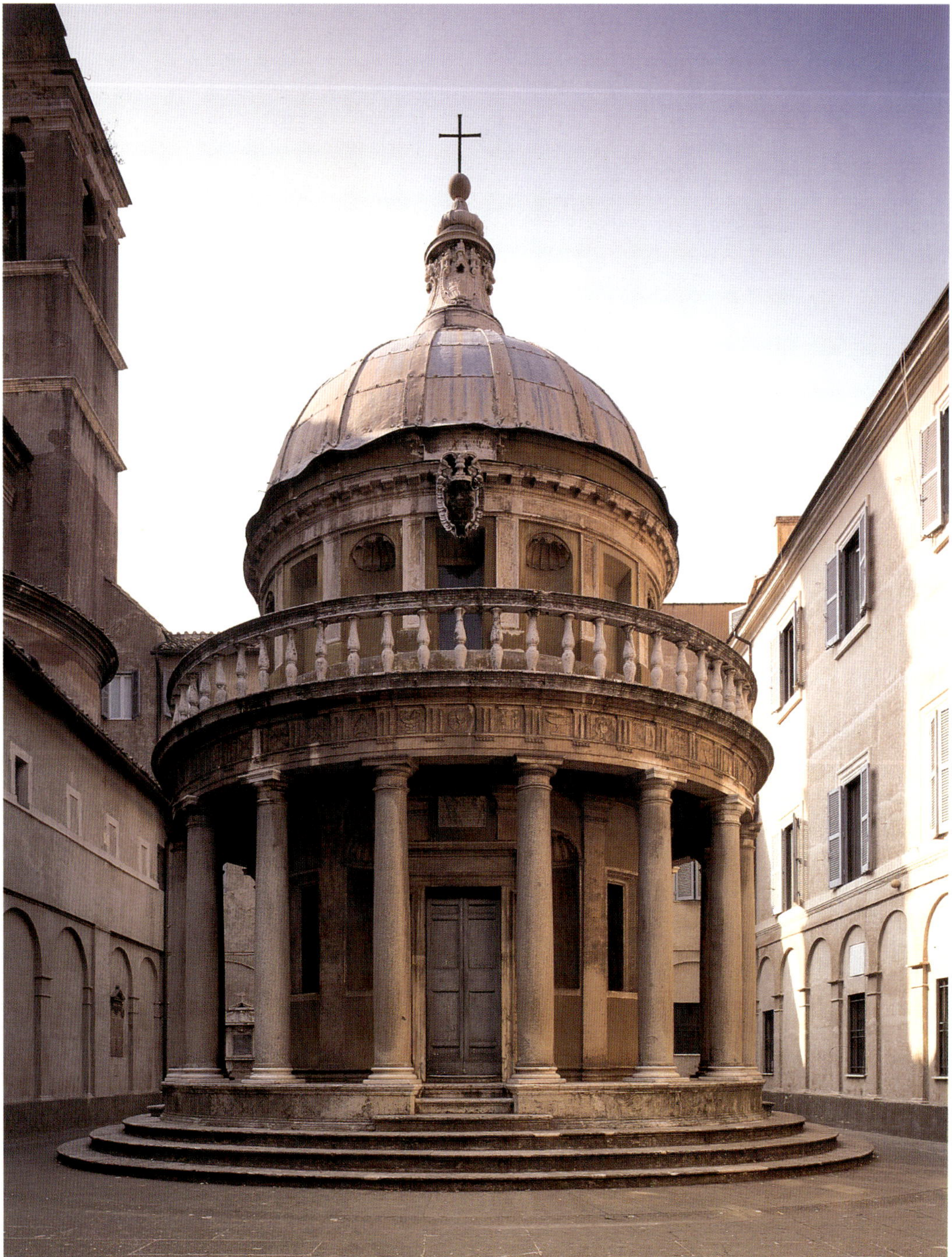

28. Bramante,
Tempietto, S. Pietro in Montorio, ca. 1502-10, Rom.

seiner Arche nach der Sintflut auf dem Janiculum landete, um eine neue Menschheit zu begründen, und man sah in dem römischen Gott Janus Noahs Sohn oder Enkel.

Der Tempietto entstand ca. 1502-10 im Auftrag von König Ferdinand und Königin Isabella, den Monarchen von Spanien, mit Unterstützung des spanischen Papstes Alexander VI. (1492-1503) für das Kloster S. Pietro in Montorio (Abb. 28). Mit diesem Bauwerk setzte Bramante die antiken Gestaltungsprinzipien überzeugender um denn je und darüber hinaus demonstrierte er auf glänzende Weise, wie sich die klassische Kunst wirkungsvoll in den Dienst der päpstlichen Ideologie stellen ließ.

Als Vorbild wählte Bramante den antiken Tempel des Siegreichen Herkules, der in Rom unter Sixtus IV. ausgegraben worden war und der einzige, damals bekannte runde Tempel mit einer Kolonnade aus 16 dorischen Säulen war. Für Bramantes Wahl gab es drei naheliegende Gründe: Eine als Zentralbau geplante Kirche diente traditionell der Märtyrerverehrung; Vitruv hatte in seinen Schriften hervorgehoben, daß die dorische Säulenordnung besonders geeignet sei, eine männliche Gottheit zu ehren; und Herkules, der Sterbliche, der durch seine aufopferungsvollen ›Arbeiten‹ Unsterblichkeit erlangte, wurde in der Renaissance häufig als Christus-Typus dargestellt.

Bramante hatte 16 antike römische Granitsäulen zur Verfügung und benutzte den Säulendurchmesser gemäß den Regeln der antiken Baukunst als Berechnungsmodul. So betrug der Abstand zwischen den Säulen ihren vierfachen Durchmesser, ihr Abstand zur Wand den zweifachen Durchmesser. Diese harmonischen Verhältnisse wurden durch Kreis- sowie Halbkreisformen ergänzt und griffen die vollkommene Zentralität der Peterskirche auf. Die geometrische Perfektion von Bramantes Architektur wäre noch besser zur Geltung gekommen, wenn sein Plan, einen kreisrunden Säulengang anzulegen, verwirklicht worden wäre (Abb. 29). Es hätte sich dadurch eine optische Spannung zwischen expandierendem Raum und verdichteter Form ergeben, wie er sie bei der halbkugelförmigen Kuppel erreichte, ein Symbol des Himmels, auf die er eine überdimensionale, schwere Laterne setzte. Die Konzentration auf einen felsartigen Kern war ein treffender architektonischer Ausdruck für Petrus, der *petra* (Felsen), auf dem die Kirche gebaut wurde (Matth. 16, 18-19); die Ausdehnung nach außen versinnbildlichte die missionarische Aufgabe der Kirche; die konzentrische Gestaltung, ihre Einheit und Universalität. Die 48 Metopen des Frieses verwiesen darauf, daß Christus und seine Statthalter als Vermittler zwischen der irdischen und der himmlischen Kirche fungierten.

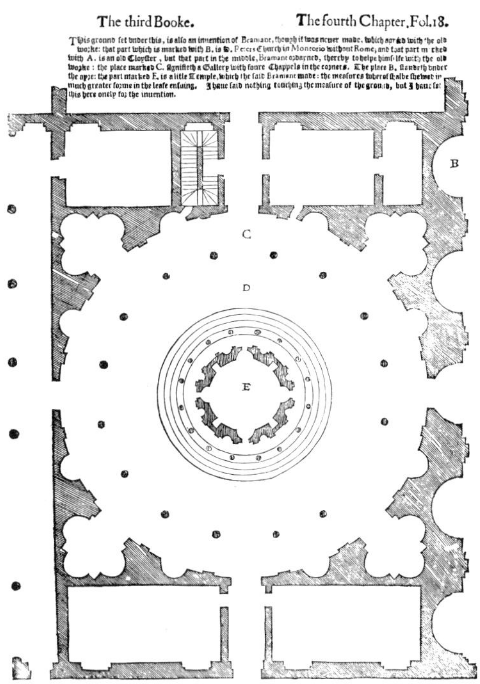

29. Grundriß des Tempiettos; aus Sebastiano Serlio, *Regole generali d'architettura,* Venedig 1537, Holzschnitt.

Bramante plante eine kreisförmige Kolonnade mit 16 Säulen, die größer als die 16 Säulen des Schreins waren, aber in ihren Proportionen identisch. Beim Rundgang durch die konzentrischen Kreise sollte die Illusion einer kontinuierlichen Raumerweiterung entstehen, bei der die Gläubigen zu einer immerwährenden Pilgerfahrt vorwärtsgezogen würden. Gleichzeitig sollte die Kolonnade die Aufmerksamkeit der Gläubigen auf das architektonische Zentrum, die kompakte Form, lenken.

Bramante und Michelangelo: Entwürfe für den Neubau der Peterskirche

Am 18. April 1506 legte Papst Julius II. den Grundstein für die neue Peterskirche. Das geistliche Zentrum der Kirche und Hauptziel der Pilger verwandelte sich in eine Baustelle, ein Zustand, der die nächsten 150 Jahre andauern sollte. Die über tausend Jahre alte Peterskirche war baufällig geworden und enthielt ein unübersichtliches Maß von beinahe hundert Gräbern, zahlreichen Altären und Kapellen, die im Laufe der Jahrhunderte hinzugekommen waren. Zunächst erwog Julius, an dem Plan von Nikolaus V. festzuhalten, doch dann faßte er statt dessen den kühnen Entschluß, die alte Peterskirche, die ehrwürdigste Kirche der Christenheit, abzureißen. Nach den jüngsten Idealen der Renaissance-Architektur sollte ein kolossaler neuer Zentralbau errichtet werden, dessen Mittelpunkt das Grab des hl. Petrus bilden sollte. Mit dem Neubau wollte Julius nicht nur das Problem des fehlenden Platzes um den Hochaltar für den päpstlichen Hof und die Pilger lösen, sondern er plante auch, in der Nähe des Petrus-Grabes in dem grandiosen Chor für sich ein gewaltiges Grabmahl zu errichten, das er bei Michelangelo in Auftrag gab.

Der einflußreichste von den zahlreichen Entwürfen Bramantes war der Plan eines Zentralbaus über dem Grundriß eines griechischen Kreuzes innerhalb eines quadratischen Außenbaus (Abb. 30). Das Kreuz war ein Symbol des sich opfernden Christus; das umgebende Quadrat die streitende Kirche. Die gewaltige Kuppel, ein Tempel im Himmel, symbolisierte die triumphierende Kirche. Die Laterne auf der Kuppel, das Fanal der göttlichen Erleuchtung, bildete einen symbolischen Blickpunkt der christlichen Welt, denn sie vereinigte Geist und Materie, vermittelte zwischen dem himmlischen Jerusalem und den Körpern Christi, Petri und Julius' II.

Sigismondo dei Conti (ca. 1440-1512), Sekretär und Chronist von Julius II., berichtete, daß Bramante »die Kuppel des Pantheons auf die Gewölbe des Tempels des Friedens setzen« wollte. In der Tat erinnert die Kuppel, die außen mit einer Treppe versehen ist und innen einen Durchmesser von ca. 40 m hat, an die ebenfalls mit Stufen versehene Kuppel des Pantheons mit ihren 42 m Durchmesser, das architektonische Symbol des römischen Kosmos und nun eines mächtigen Papsttums. Vorbild für den Zentralbau der Peterskirche war vermutlich der sogenannte »Tempel des Friedens«. Damit sollte die Verlagerung des Mittelpunktes der Christenheit von Osten nach Westen angedeutet werden, denn man nahm fälschlicherweise an, daß die Maxentius-Basilika von Kaiser Vespasian und seinem Sohn Titus im Gedenken an die Eroberung Jerusalems (ca. 70 n. Chr.) erbaut worden war. Da sie auf die Entwürfe byzantinischer und byzantinisierter Kirchen in Konstantinopel und Norditalien zurückging,

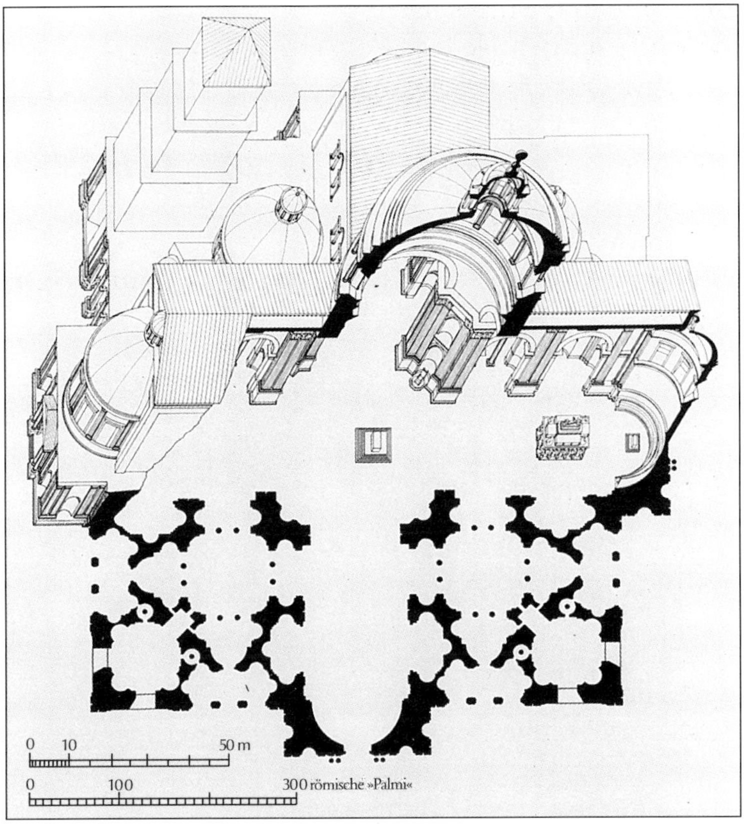

30. Bramante,
Peterskirche, axonometrische Rekonstruktion.

An den Ecken des Quadrates waren vier Türme vorgesehen, vielleicht Symbole der vier Evangelisten und der vier Evangelien; an jeder Gebäudeseite befanden sich drei Eingänge, es ergaben sich also ingesamt zwölf, die möglicherweise die zwölf Apostel und die zwölf Stämme Israels symbolisierten. In der Mitte jeder Fassade war eine Tempelfront mit halbkugelförmiger Kuppel geplant, wodurch die innere Form des Hauptschiffes, der Querschiffe und des Chors - ein Kreuz, das in Apsiden endete - außen reflektiert wurde. Der hohe Tambour über der Vierung erhöhte die Kuppel, so daß sie von außen weithin sichtbar wurde. Unter der Kuppel befand sich der Hochaltar über dem Grab des hl. Petrus; im westlichen Chor das von Michelangelo entworfene Grab Julius' II.

war die Anordnung von vier kleineren Kuppeln als optische Hinführung auf den räumlichen Höhepunkt der weiten Zentralkuppel ebenfalls eine Metapher für die Universalität der Kirche.

Die Symbolik der Peterskirche war konventionell, der Entwurf jedoch revolutionär. Zum erstenmal in der römischen Renaissance wurden Pfeiler winkelig gesetzt, was die Ecken abschrägte, und die Wände waren plastisch modelliert und gestaltet, was sie weniger flach erscheinen ließ. Die unregelmäßigen Wände, wie sie eigentlich nur in S. Pietro in Montorio andeutungsweise zu finden waren, begrenzten den Raum nicht bloß, sie gestalteten ihn aktiv; der Raum war nicht nur etwas, das sich zwischen den Wänden befand, sondern er interagierte mit ihnen. Reine geometrische Formen traten nur im Grundriß oder etwa in der Dachlinie hervor; der Baukörper wirkte aber vor allem durch dynamische Massivelemente und Räume, die sich erweiterten, vergrößerten und anstiegen. Angesichts einer solchen einfallsreichen Umsetzung klassischer Formen als Träger päpstlicher Ideologie, wurde nahezu jede Kirche, die danach in Rom bis zur Plünderung der Stadt gebaut oder geplant wurde, als Zentralbau nach dem Vorbild der neuen Peterskirche entworfen. Nach dem Tod Julius' II. im Jahre 1513 und Bramantes im Jahre 1514 wurden die Arbeiten an der neuen Peterskirche mit Unterbrechungen unter der Leitung von Raffael, Baldassare Peruzzi (1481-1536) und Antonio da Sangallo d. J. weitergeführt. Jeder der drei entwarf Alternativen mit stärkeren Wänden und Pfeilern als Träger der schweren Zentralkuppel, sie bevorzugten darüber hinaus als Grundriß meist das lateinische Kreuz, da es den liturgischen Erfordernissen am ehesten gemäß war. Nach der Plünderung Roms kamen die Bauarbeiten zum Erliegen, sie wurden erst 1538 unter der Leitung von Sangallo wiederaufgenommen, der ein großes und kostspieliges Holzmodell baute, um die Fertigstellung des Projekts zu steuern.

Als Sangallo im Jahre 1546 verstarb, wurde Michelangelo die Bauleitung übertragen. Er verwarf Sangallos Modell ohne Umschweife mit der spöttischen Bemerkung, es wäre »von unten bis oben voller dunkler Schlupfwinkel, geeignet für Verbrechen, um Geld zu fälschen, Nonnen zu vergewaltigen und ähnliche Schurkereien zu begehen.« Michelangelo ließ einen Teil der Bausubstanz, die Sangallo bereits errichtet hatte, wieder abreißen und schuf nach neuen Plänen ein außergewöhnlich helles, tonnengewölbtes griechisches Kreuz mit Apsiden an den Enden der Kreuzarme (Abb. 31). Es wurde von einem tonnengewölbten Wandelgang umgeben, mit vier kleineren Kuppeln an den Ecken, eine halbkugelförmige Kuppel schwebte über der Vierung, von wuchtigen Mauern und Pfeilern getragen.

Luftaufnahmen und Außenansichten der Peterskirche (Abb. 32 und 33) zeigen, daß das niedrige Dach und die Apsiden den Innenraum in der Form eines griechischen Kreuzes widerspiegeln; die rechtwinkligen Ecken, den Wandelgang; die Kuppel, den halbkugelförmigen Raum über der Vierung. Winklig gesetzte Außenpfeiler zwi-

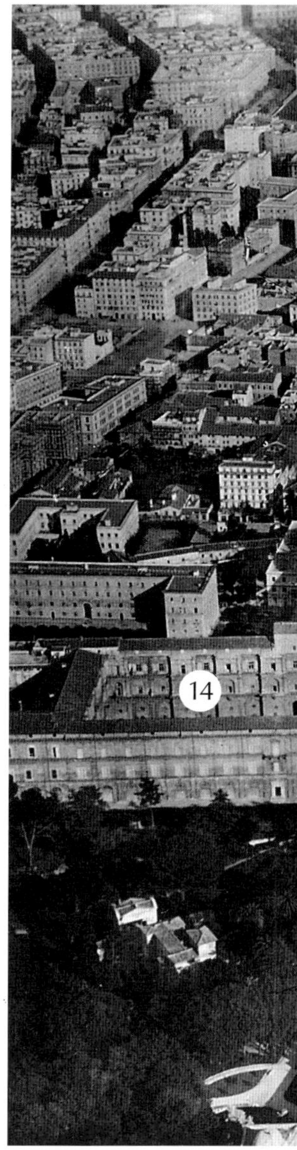

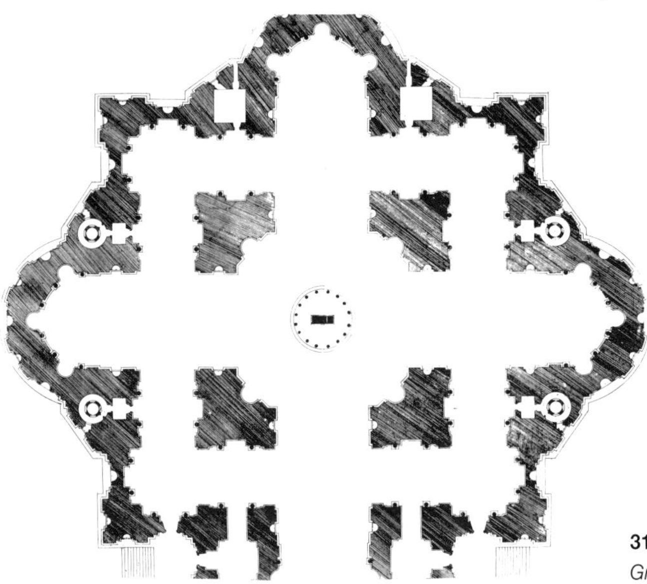

31. Étienne Dupérac (nach Michelangelo), *Grundriß der Peterskirche*, 1569, Kupferstich.

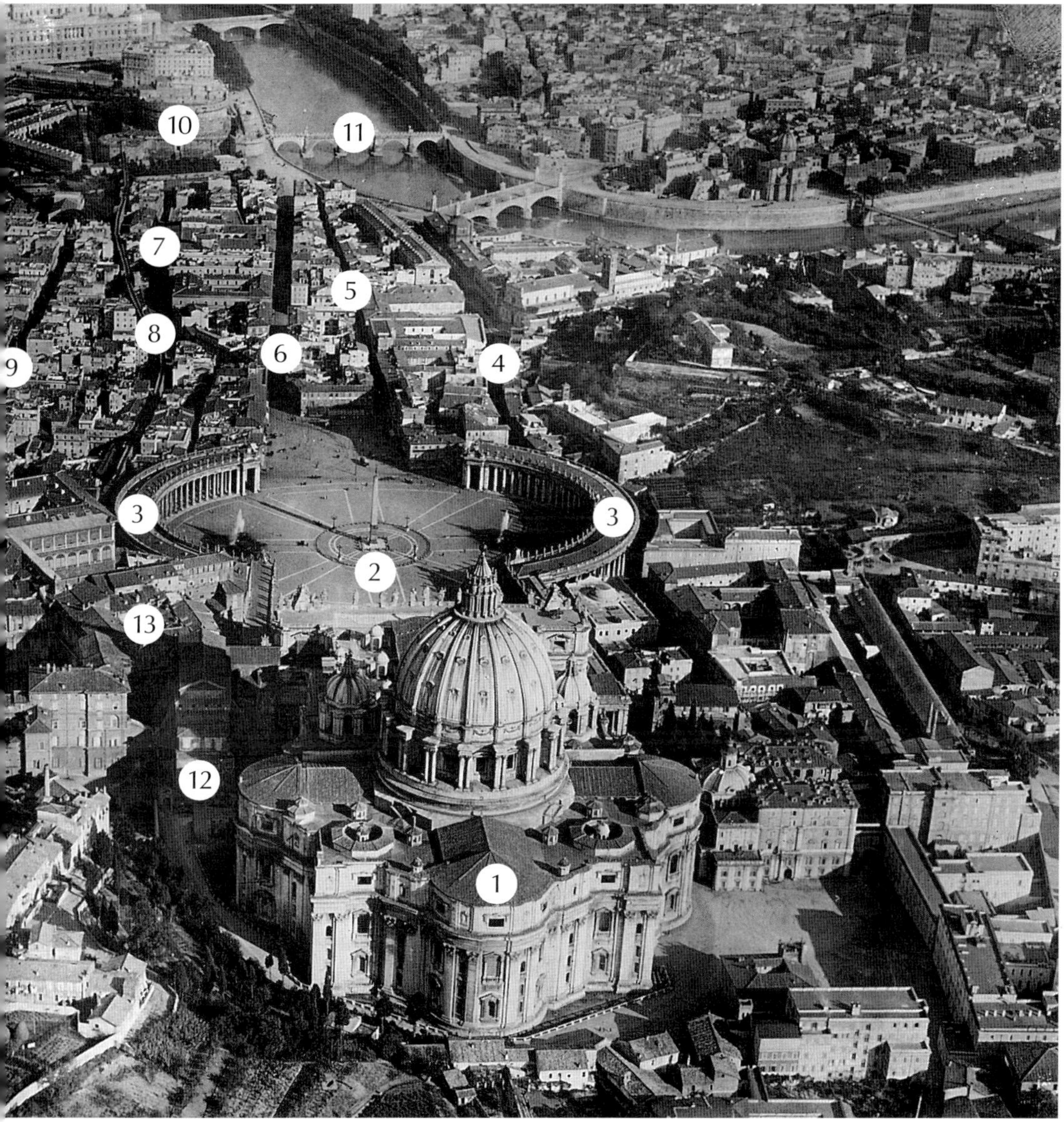

32. Luftaufnahme der Peterskirche und des Vatikans von Westen vor dem Bau der Via della Conziliazione im Jahre 1929.

Zwischen Engelsburg und Engelsbrücke (10-11) und den 1656-67 von Bernini (1598-1680) geschaffenen Kolonnaden (3) des ovalen Petersplatzes mit dem Vatikan-Obelisken (2) in der Mitte sieht man (von rechts nach links) Borgo Santo Spirito (4), Borgo Vecchio/Via Sacra (5), Via Alexandrina (6) und Borgo Sant'Angelo (7). Links von dem gebogenen Korridor, der den Papstpalast und die Engelsburg (8) miteinander verbindet, befindet sich der Borgo Pio (9). Sixtinische Kapelle (12), Papstpalast (13) und Cortile del Belvedere (14) liegen links der Peterskirche. 1929 begann man, das Gebiet zwischen Borgo Vecchio und Via Alexandrina für die heutige, 50 m breite Via della Conciliazione abzureißen, um einen freien Blick auf die Kuppel der Peterskirche zu ermöglichen. Dieses menschenfeindliche und sterile städtebauliche Projekt, das ausreichend Platz schuf für Armeeparaden und Armeen von Reisebussen, machte den Überraschungseffekt zunichte, der vorher dadurch gegeben war, daß man sich ganz plötzlich von den weiten Kolonnaden umgeben sah, dem Symbol der universellen Kirche.

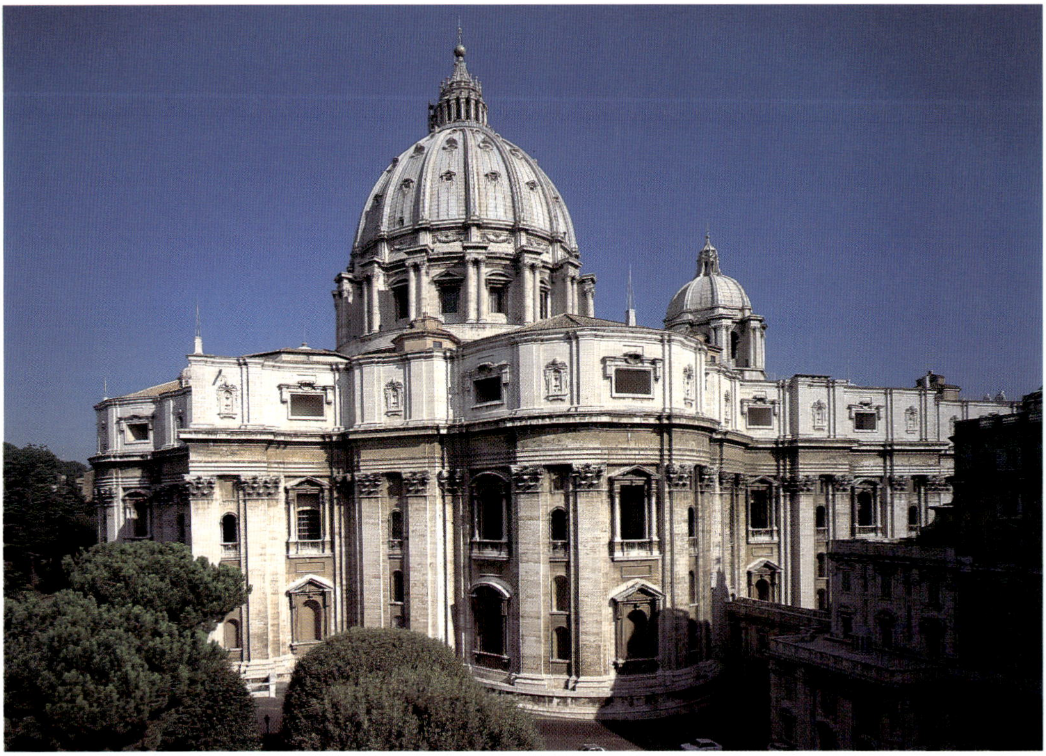

33. Kuppel und Südseite der Peterskirche, Vatikan.

Mächtige Pilaster, paarweise angeordnet und durch ein vorspringendes Gebälk verbunden, lassen den Komplex plastisch und solide erscheinen. Zwei Doppelpilaster schmücken die Apsiden, wiederum zwei Doppelpilaster die Ecken und ein Doppelpilaster die abgewinkelten Pfeiler zwischen Apsiden und Ecken - letztere werden zudem von einzelnen Pilastern betont, die deutlich in die Ecken eingepaßt sind. Alle Pilaster wurden Pfeilern vorgeblendet, wie die Übergänge zum Sockel und zum Gebälk erkennen lassen, wodurch sich in optischer Hinsicht zusätzliche vertikale Stützlinien ergeben.

schen den Apsiden und den Ecken stützen die Kuppel zusätzlich und greifen die winklig gesetzten Innenpfeiler auf, die die Kuppel tragen. Nie zuvor war der Innenraum eines Bauwerks so deutlich durch sein Äußeres zum Ausdruck gebracht worden. Nie zuvor war die Herrlichkeit Gottes im Himmel und auf Erden so unmittelbar und monumental durch Kreis und Quadrat, Halbkugel und Würfel symbolisiert worden.

Da die hohe Attika die Eckkuppeln verdeckt, ist es zudem beachtlich, wie sich die Kirche von außen betrachtet als ein einheitlicher, von einem Bildhauer geformter Block ausnimmt, als wäre sie aus einem einzigen Travertinberg geschlagen worden. Diese kompakte Massivität war zweifellos als Metapher für Christus als Fundament und Petrus als Felsen gedacht. Die Einheitlichkeit des Bauwerks sollte die Einheit zwischen dem Leib Christi und der Christenheit versinnbildlichen - genau zu dem Zeitpunkt, als zweifelsfrei feststand, daß es zu keiner Aussöhnung mit den Protestanten kommen würde.

Bei der Gestaltung des Außenbaus brach Michelangelo rigoros mit antiken Normen, spielte geschickt mit Licht und Schatten, setzte Veränderungen des Rhythmus' ein, wölbte Elemente nach außen und nahm andere zurück. Durch den vermehrten Einsatz vertikaler Formen erzeugte er den optischen Effekt von unruhiger Energie und unentschiedenem Kampf (Abb. 33).

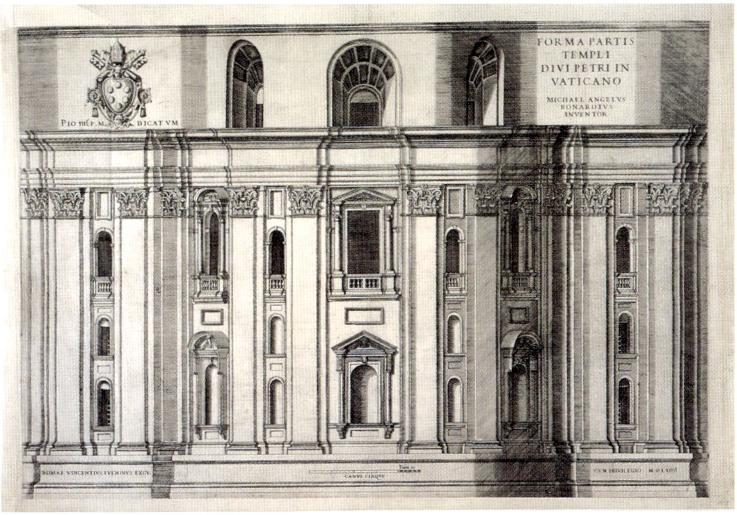

34. Vincenzo Luchini,
Die südliche Apsis von St. Peter in Rom nach dem Entwurf Michelangelos, 1564, Kupferstich, British Museum, London.

Michelangelos Entwurf für eine Attika mit schmucklosen Wänden belegen Zeichnungen von der im Bau befindlichen Peterskirche. Die unverzierten Fenster und streng abgewinkelten Felder erzeugten die perspektivische Illusion, daß die Attika noch dicker und massiver ist als in Wirklichkeit. Da Michelangelos Nachfolger seinen Entwurf nicht verstanden, wurde die Attika kurz nach seinem Tod in ihre heutige Form umgewandelt (siehe Abb. 33).

Doch im deutlichen Unterschied zum Konservatorenpalast (siehe Abb. 14, S. 31) mit seiner skelettartigen Struktur und betontem Gewicht gestaltete Michelangelo bei der Peterskirche eine antiklassische, nahezu gotische Aufwärtsbewegung.

Ein 1564 entstandener Stich von Vincenzo Luchini (Abb. 34) zeigt, daß Michelangelo die ruhelose Energie und das Aufwärtsstreben der Kirche durch eine zurückgesetzte Attika ausgleichen wollte. Sie sollte optisch als formloses Gegengewicht wirken und in funktionaler Hinsicht als Mauerbeschwerung dienen, indem sie auf dem Gebäude lastete und dem Druck nach außen entgegenwirkte, der von Kuppel und Gewölben ausging. Vermutlich beabsichtigte Michelangelo auch eine metaphorische Auslegung der Attika in Verbindung mit den unteren Wänden. So brachten die wechselvolle Gestaltung und der Aufwärtsdrang der Wände den Kampf Christi und der ganzen Menscheit gegen den Tod und ihre Sehnsucht nach Unsterblichkeit zum Ausdruck. Das Fehlen einer klassischen Ausgeglichenheit und rationalen Ordnung deutete an, daß geistige Vollkommenheit auf Erden nicht zu erreichen war. Die schmucklose Attika sollte den Übergang von der irdischen Zone der Wände zur himmlischen Zone des Tambours und der Kuppel bilden.

In dem Kupferstich aus dem Jahre 1569 stellt Dupérac dar, welche Absichten Michelangelo bei der Gestaltung der Kuppel verfolgte (Abb. 35). Er orientierte sich insofern an den Plänen Bramantes, als er die Kuppel auf einen hohen Tambour mit einer Kolonnade im klassischen Stil setzte. Doch im Unterschied zu Bramante, der im gleichmäßigen Abstand stehende Säulen mit einem ununterbrochenen Säulengebälk vorgesehen hatte, entschied sich Michelangelo für Doppelsäulen mit durchbrochenem Gebälk, die über Strebepfeiler mit den Rippen der Kuppelschale verbunden waren. Diese Rippen stiegen kraftvoll und

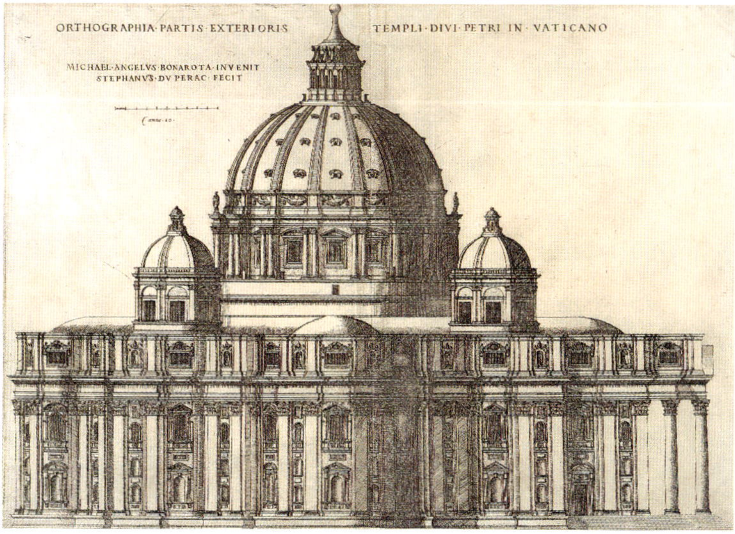

35. Étienne Dupérac, *Michelangelos Entwurf für St. Peter in Rom, Aufriß der Südseite,* 1569, Kupferstich, British Museum, London.

Michelangelo ließ sich zwar durch die doppelschalige, achtrippige Kuppel des von Filippo Brunelleschi (1377-1446) erbauten Florentiner Doms anregen, doch er verdoppelte die Zahl der Rippen, um den Anstieg der Kuppel zur Laterne hin optisch imposanter zu gestalten. Er verwarf auch das hohe Profil und die winkligen Facetten von Brunelleschis Kuppel und entschied sich für das Halbkugelprofil des Pantheons, das auch Bramante inspiriert hatte. Die hohe Attika ist ein Entwurf von Pirro Ligorio (um 1500-83) und die kleinen Kuppeln plante Giacomo da Vignola (1507-73), Michelangelos Nachfolger.

entschlossen hinauf zur Laterne. Im Gegensatz zu den unteren Wänden, die unkanonisch, ungeordnet und ruhelos waren - ein Zeichen für stoffliche Unvollkommenheit -, war die Kuppel kanonisch, geordnet und zielgerichtet - ein Zeichen für spirituelle Vollkommenheit.

Im Jahre 1586 änderte Giacomo della Porta (um 1540-1602) unter Sixtus V. Michelangelos Entwurf und erhöhte das Profil der Kuppel und der Laterne, indem er ihren energischen Aufwärtsdrang noch verstärkte und sie weiter gen Himmel streckte (siehe Abb. 21, S. 42). Wie in Dupéracs Kupferstich zu sehen, beabsichtigte Michelangelo dagegen, die Kräfte etwas langsamer in die Höhe streben zu lassen, indem er sie durch das Halbkugelprofil der Kuppel bremste. Auch seine Laterne sollte ihre Energie nicht nach oben hin entladen, sondern sie in einer kompakten und dichten Masse, die eindrucksvoll auf die antiken Formen abgestimmt war, konzentrieren und bändigen.

Konnte es ein besseres Symbol geben für die lebensspendende, geistliche Vollkommenheit von Christus oder von Petrus, Christi Statthalter? Oder für den Sieg spiritueller Vollkommenheit über stoffliche Unvollkommenheit? Oder für die Vereinigung des neuen Roms und des neuen Jerusalems durch das göttliche Licht? Michelangelos formaler Entwurf für die Kuppel der Peterskirche war so faszinierend, daß er über seine spezielle symbolische Bedeutung hinaus Vorbild für die Gestaltung zahlloser anderer Kuppeln in aller Welt wurde, insbesondere von Regierungsgebäuden in nicht-katholischen Ländern.

Il Gesù

Von 1527 bis 1590 entstanden in Rom über fünfzig neue Kirchen, und kaum eine von ihnen wurde als Zentralbau errichtet. Statt dessen entwickelte man eine neue Form des Langhausbaus, die mit der Kirche Il Gesù zur vollen Entfaltung gelangte. Die Hauptkirche des Jesuitenordens wurde von Giacomo da Vignola und Giacomo della Porta im Auftrag von Kardinal Alessandro Farnese (1520-89) errichtet, der Schirmherr des Ordens und Enkel Pauls III.

Das ursprünglich nicht ausgemalte, zirka 18 m breite, tonnengewölbte Langhaus von Il Gesù mit acht großen Fenstern wies die typischen Merkmale der neuen Bauweise für Kirchenschiffe auf: einheitliches Raumgefüge, dunkle Farben, viel Licht, gute Akustik und Zurückhaltung in der Dekoration - speziell gedacht

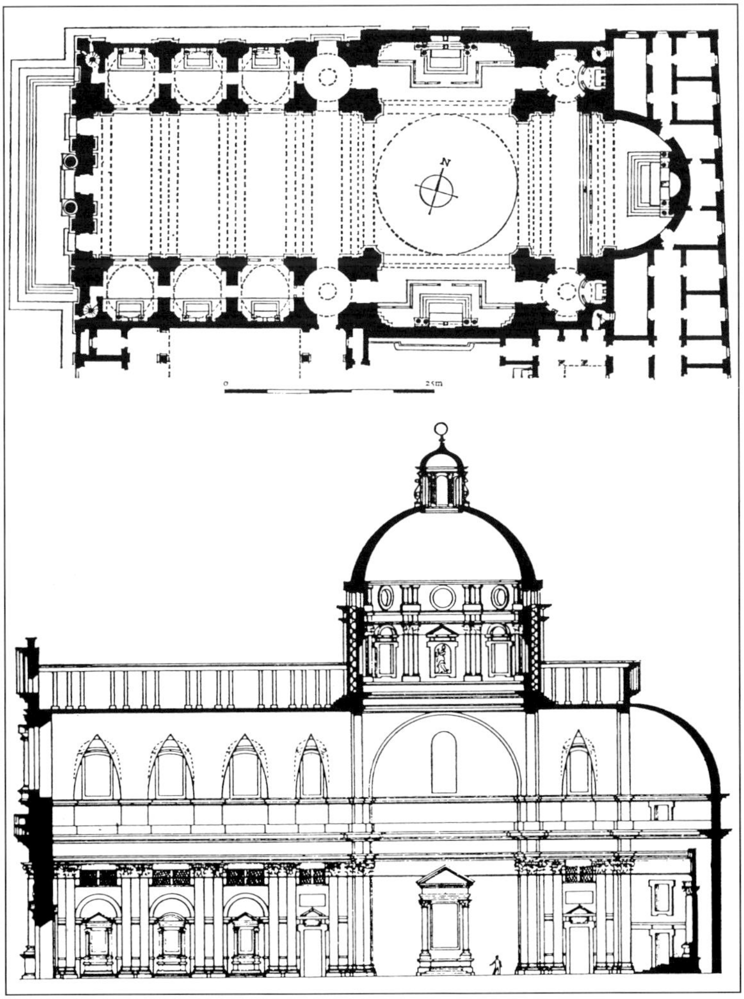

36. Giacomo da Vignola,
Grundriß und Querschnitt,
Il Gesù, 1568-73, Rom.

Innovative architektonische Elemente heben das Hauptschiff als separaten Predigtraum hervor: der Verzicht auf Seitenschiffe; die optische Trennung des Kirchenschiffes von der Vierung durch die Pfeiler, die die Kuppel tragen, sowie von der Straße und dem Kloster durch die gegenüberliegenden Seiteneingänge an der Querachse; die Abtrennung des Schiffes von den Seitenkapellen erfolgt durch Marmorgeländer. Gleichzeitig werden Kapellen, Schiff, Vierung, Kuppel, Querhäuser und Chor durch einen Wandelgang für Priester, ein einheitliches Gewölbe und die modulare Gestaltung (auf der Grundlage des Vierungsquadrates) miteinander verbunden.

37. Giacomo della Porta,
Fassade, Il Gesù,
1575-84, Rom.

Die äußeren vier Pilasterpaare im Untergeschoß definieren exakt die Lage der Seitenkapellen (einschließlich ihrer Wände). Die äußeren beiden Pilasterpaare im Obergeschoß, wie auch die Paare direkt darunter, umgrenzen den Raum des Mittelschiffes. Die äußere Gestaltung der Kirche entspricht präzise den zentralen Architekturelementen im Innern. Nie zuvor bildeten Fassade und Innenraum eine so gelungene Einheit.

für Predigten vor einer großen Gemeinde (Abb. 36). Vor dem *Sacco di Roma* wurden in Rom gewöhnlich nur in der Advents- und Fastenzeit Predigten gehalten. Nach der Plünderung predigten die neuen und reformierten Orden, so vor allem die Jesuiten, das ganze Jahr über vor einer immer größer werdenden Zahl von Menschen. Das Predigen wurde für sie zu einer Haupttätigkeit und zu einem wichtigen Instrument der religiösen Reform und Bekehrung. Von Rom aus verbreitete sich diese Praxis schließlich in der gesamten christlichen Welt.

Je intensiver die Menschen daran glaubten, daß ihre Seelenrettung von dem erlösenden Opfertod des Heilands abhing, desto größer wurde die Bedeutung der heiligen Messe und des Abendmahls. In der Frührenaissance zelebrierten nur wenige Priester die Messe, und wenn sie es taten, inbesondere in den Kirchen religiöser Orden, dann fand es in einem abgetrennten Bereich, hinter Lettnern statt, so daß die Laien nichts sehen konnte. Nach den im Tridentinischen Konzil beschlossenen Reformen wurde von den Priestern zunehmend erwartet, daß sie die Messe regelmäßig und vor den Augen der Gemeinde lasen. Die Eucharistie-Feier entwickelte sich zu einer Form des Gebets vor der Hostie, die in einer Monstranz auf dem Altar der Verehrung dargeboten wurde. Der Priester und Mystiker Filippo

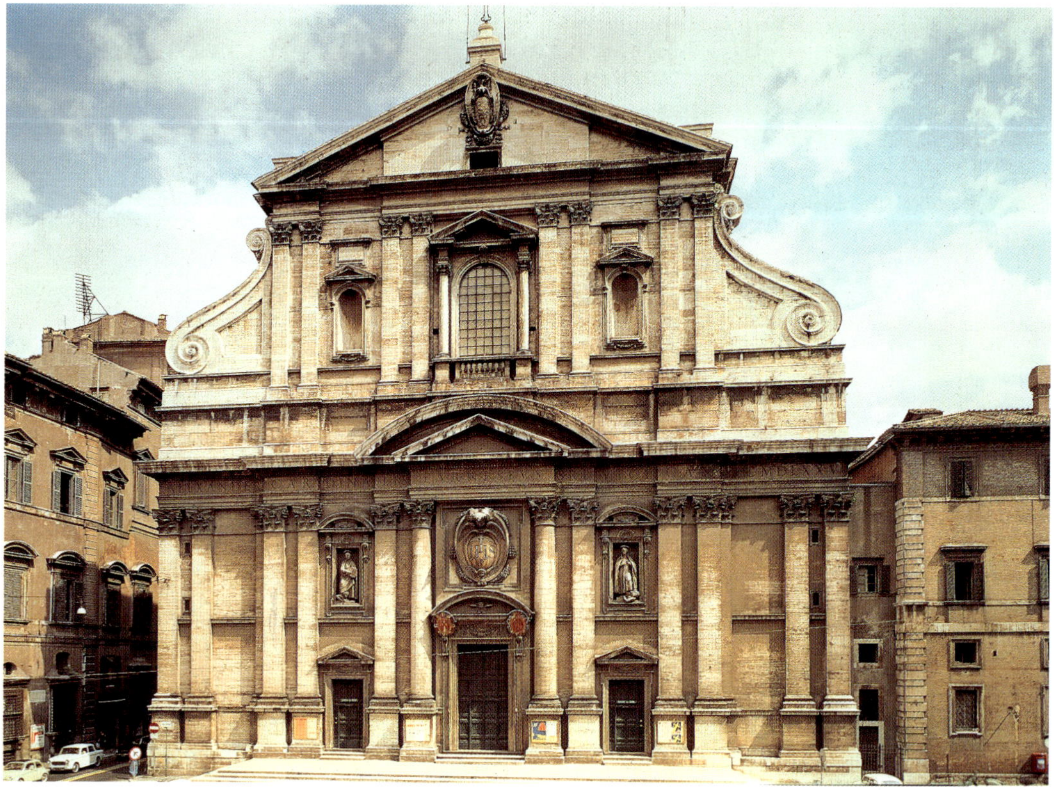

Neri (1515-95; heiliggesprochen 1622), eine einflußreiche Kraft bei der geistlichen Neugestaltung Roms, verlieh dieser Praxis eine feste Form, indem er die Vierzig-Stunden-Andacht einführte, ein Ritual, bei dem man die Hostie in einer feierlichen Prozession zum Hochaltar trug, wo dann vierzig Stunden lang ohne Unterbrechung vor ihr gebetet wurde. 1592 wurde die Vierzig-Stunden-Andacht nacheinander in allen römischen Kirchen abgehalten, so daß die Hostie 24 Stunden am Tag, 365 Tage im Jahr, angebetet wurde.

Die Antwort der Architektur auf die zeremoniellen Erfordernisse ist im Gesù zu sehen. Die unabhängigen, mit Kuppeln versehenen Seitenkapellen ermöglichten das gleichzeitige Lesen mehrerer Messen. Die überkuppelte Vierung mit kurzen Querarmen, die nicht über die Breite des Langhauses hinausreichten, war eine Weiterentwicklung des früheren Bautypus' mit drei Apsiden. Durch diese Gestaltung wurde einerseits das einzige Schiff hervorgehoben, in dem gepredigt, gebetet und gebüßt wurde, und andererseits der dunklere Chor mit dem erhöhten und dramatisch beleuchteten Hochaltar betont, an dem der Opfertod Christi in der Messe, in der gemeinsamen Kommunion und in der Vierzig-Stunden-Andacht vergegenwärtigt und gefeiert wurde. Obwohl jedes Element von Vignolas Entwurf auf frühere Beispiele zurückgeht, ist die harmonische Verbindung der einzelnen Teile zu einem großartigen Ganzen vollkommen neu.

Die Fassade wurde 1575 nach dem Tod Vignolas von dessen Nachfolger Giacomo della Porta gestaltet (Abb. 37). Im Vergleich zu der Fassade von S. Maria del Popolo (siehe Abb. 24, S. 45) ist della Portas Entwurf eine weitaus raffiniertere Lösung des Problems, die Front eines römischen Tempels auf die Fassade einer christlichen Kirche zu übertragen. Das Grundschema besteht aus fünf Jochen im Untergeschoß, die mit drei Jochen im Obergeschoß eine Einheit bilden, wobei jedes Joch von Doppelpilastern oder -säulen umrahmt ist und so den Eindruck von Stärke, Stabilität und Harmonie erzeugt. Das Ober- und Untergeschoß sind durch Voluten miteinander verbunden, die sowohl das Gewölbe als auch die Wandsegmente stützen. Ihre gewundene Form verdeutlicht plastisch die tragende Funktion.

Dieser wunderbar axiale, hierarchische und einheitliche Entwurf trug mit seiner rhythmischen Vitalität und plastischen Energie wesentlich zur Verschönerung der Via Papale bei, bot er doch einen Blickfang für näherkommende Prozessionen auf dem Weg zum Kapitol. In dem Maße, wie sich der Jesuitenorden und seine äußerst erfolgreichen missionarischen Aktivitäten in der ganzen Welt ausbreiteten, fand auch die Gestaltung der Mutterkirche weltweit immer mehr Nachahmer. Il Gesù wurde zu einer der einflußreichsten Kirchen in der Geschichte der Architektur.

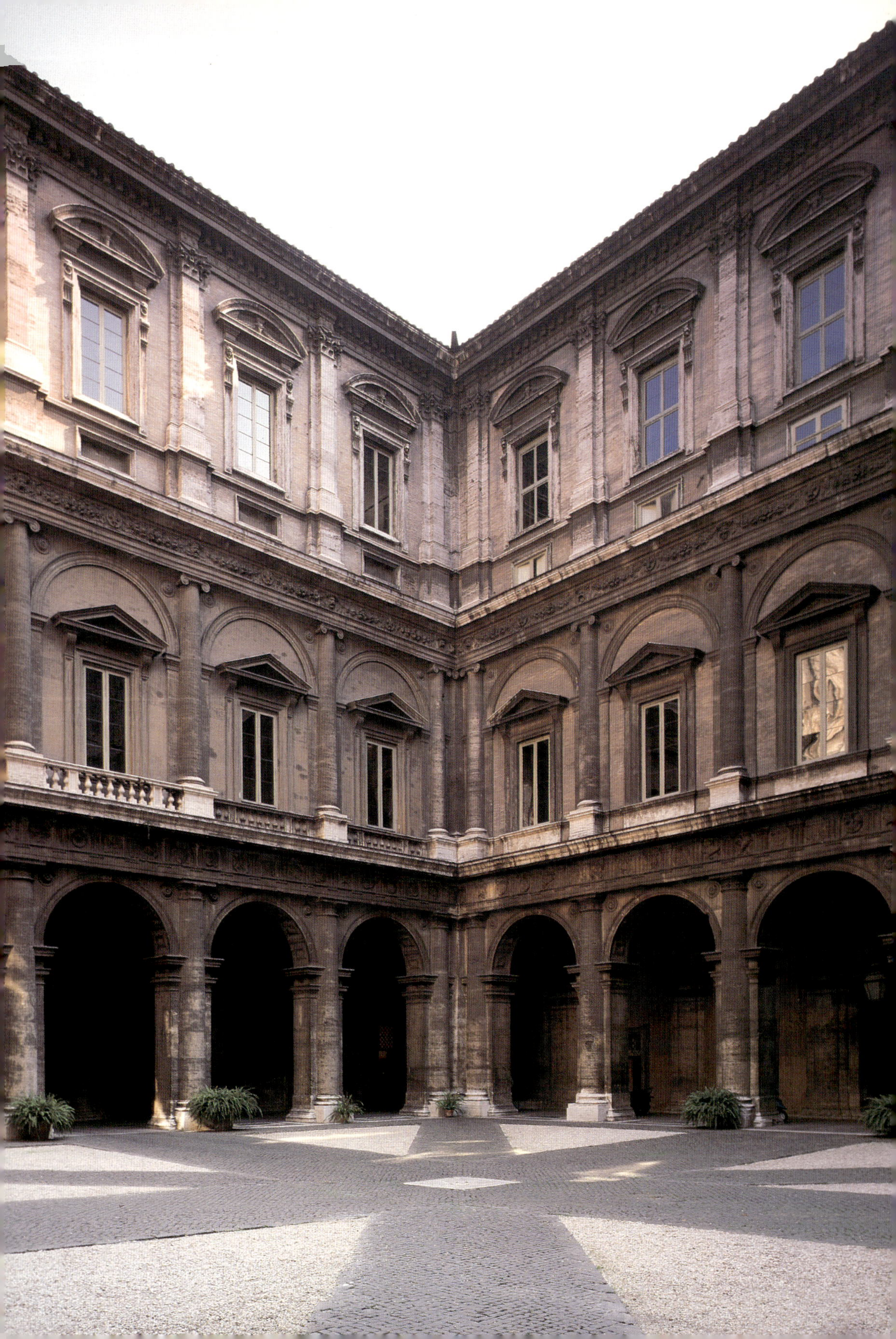

Kapitel 3

Paläste: Anmut und Anarchie

38. **Antonio da Sangallo d.J. und Michelangelo,** Palazzo Farnese, Innenhof, 1517-89, Rom.

Michelangelo gestaltete Sangallos zwar klassisch korrekte, doch wirkungsarme Bogengänge lebendiger, indem er das mittlere ionische Gebälk mit einem Feston-Fries schmückte. Außerdem entwarf er das Obergeschoß des Hofes, das, ähnlich wie die Fassade des Konservatorenpalastes (siehe Abb. 14, S. 31), durch schmale auf Pfeiler gesetzte Pilaster gegliedert ist; er dramatisierte somit das Spiel der Statik. Zusätzlich lockerte er die Wand durch originelle und ausgefallene Fensterformen auf.

Die faszinierendsten architektonischen Bauwerke im Rom des 13. und 14. Jahrhunderts waren die Wehrtürme der adeligen Besitztümer, die sich in unregelmäßigen Abständen zu Hunderten aus dem Stadtbild erhoben - Festungen gegen Angriffe rivalisierender Ritter, Phallussymbole militärischer Tapferkeit. Überdies spiegelten sie eine zersplitterte, kriegerische Gesellschaft, die vom Landadel mit seinen Gütern in der Campagna jenseits von Rom beherrscht wurde. Die anarchischen Zustände, die dieser Adel hervorbrachte, gerieten häufig außer Kontrolle, denn Rom verfügte in dieser Zeit weder über die ausgleichende Autorität eines starken Papsttums noch über eine von wohlhabenden Kaufleuten kontrollierte mächtige Stadtverwaltung, wie beispielsweise Florenz. Mit den Türmen waren große, verschachtelte, schmucklose Wohnhäuser verbunden, die über Außentreppen verfügten. Es gab auch Loggien im Erdgeschoß, die der öffentlichen Demonstration von Familienfesten und Banketten dienten. Sie waren ein Zeichen der aufgeschlossenen, fröhlichen Seite des Sippenlebens. Als die Renaissance-Päpste den Adel allmählich unter ihre Kontrolle brachten, ließen sie die meisten Loggien und Türme abreißen. Außerdem führten sie einen neuen Wohnhaustypus ein, der durch seine Pracht beeindrucken sollte.

Vatikanpalast, Palazzo Venezia und Palazzo della Cancelleria

Einer der ersten Paläste der Frührenaissance, der auch einen großen Einfluß auf die Architekturgeschichte haben sollte, war der von Bernardo Rossellino (1409-64) gebaute Nordflügel des Papstpalastes, der 1453 unter Nikolaus V. (1447-55) begonnen und unter Kalixt III. (1455-58) im Jahre 1458 fertiggestellt wurde (Abb. 39 und 40). Dieser neue Flügel war mit den überwiegend im 13. Jahrhundert entstandenen Gebäudekomplexen ver-

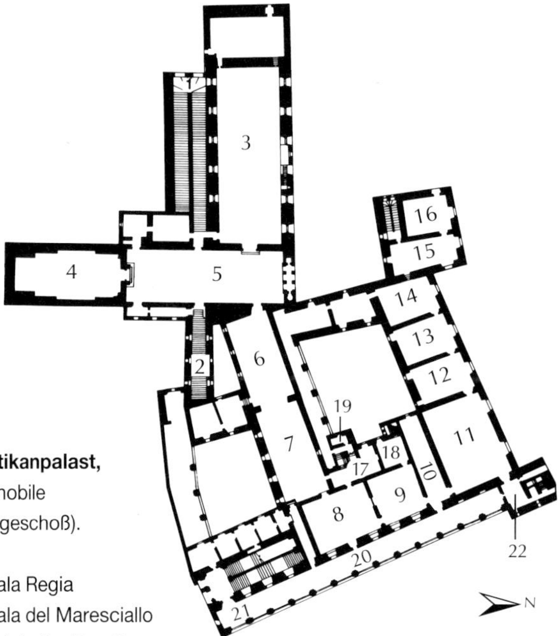

39. Vatikanpalast, Piano nobile (Hauptgeschoß).

1) Scala Regia
2) Scala del Maresciallo
3) Sixtinische Kapelle
4) Pauliner-Kapelle
5) Sala Regia
6) Aula Seconda
7) Aula Terza
8) Sala dei Paramenti
9) Sala del Pappagallo
10) Galleriola
11) Sala dei Pontefici
12) Sala dei Misteri
13) Sala dei Santi
14) Sala delle Arti Libere
15) Sala del Credo
16) Sala delle Sibille
17) päpstlicher Schlafraum
18) päpstliches Antichambre
19) Turm
20) Loggia
21) geplanter Turm
22) Turm

Säle 5-7 wurden für Audienzen genutzt;
9-10 für kleinere halböffentliche oder geschlossene Versammlungen;
11 für diverse Empfänge und Bankette;
8 war das Ankleidezimmer der Kardinäle.

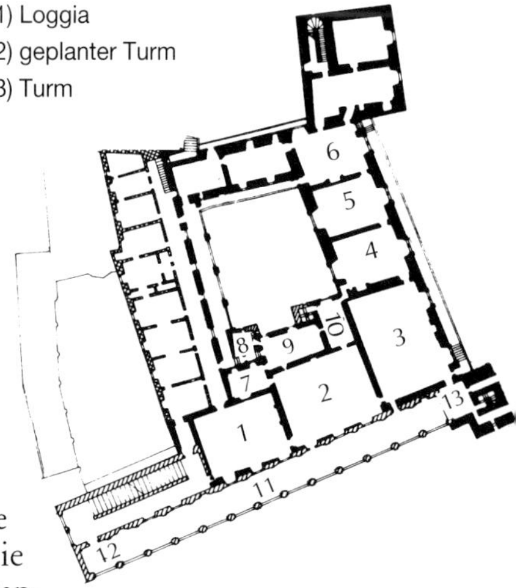

40. Vatikanpalast, Obergeschoß.

1) Sala Vecchia degli Svizzeri
2) Sala dei Palafrenieri
3) Sala di Costantino
4) Stanza d'Eliodoro
5) Stanza della Segnatura
6) Stanza dell'Incendio
7) Kapelle Nikolaus' V.
8) Badezimmer im Turm
9) päpstliches Schlafgemach
10) päpstliches Antichambre
11) Loggia
12) geplanter Turm
13) Turm

bunden. Die früheren Räume wurden in erster Linie für die festlichen Zeremonien des Papstes benutzt. Die Verwendungszwecke der neuen Räume im Nordflügel sind nicht gut dokumentiert, doch mit Ausnahme der Vatikanischen Bibliothek (die erst unter Sixtus IV. eröffnet wurde) scheint es sich bei ihnen fast ausschließlich um repräsentative Gemächer für den Papst gehandelt zu haben - private Audienzsäle, Bibliotheken, Studierzimmer und Speisesäle. Der Zugang zum Papst war in diesem Flügel gleichsam ein Übergang, vom Öffentlichen zum Privaten, von größeren zu kleineren Räumen. Ganz gleich, bis zu welchem Bereich ein Außenstehender oder ein Vatikanangehöriger, der um eine Audienz gebeten hatte, zugelassen wurde - und je tiefer jemand vordrang, desto privilegierter war er -, strenge Protokolle bewirkten, daß der Papst nach wie vor eine ferne und abgehobene Position innehatte, wie wir in Kapitel sechs noch genauer sehen werden. Eine ähnliche Funktion kam auch der Freskenausschmückung zu.

Der Plan des Erweiterungsbaus, mit seinen logisch aufeinanderfolgenden, durch Türen verbundenen Zimmerfluchten, war ein Vorbild für spätere Renaissance-Paläste. Das Äußere des neuen Flügels (Abb. 41) zeigte befestigte Mauern, Zinnen und einen Aussichtsturm, es vermittelte den Eindruck von Stärke und

Verteidigungsfähigkeit. Durch den neuen Turm, in Verbindung mit den beiden schon vorher auf der Ostseite vorhandenen Türmen, nahm sich das Gebäude wie ein viertürmiger Herzogspalast aus, die typische Manifestation fürstlicher Macht im Spätmittelalter. Aufgrund der Position der Sala Regia konnte man jedoch keinen vierten Turm errichten. Der neue Flügel war ein weiteres Element der Prachtentfaltung eines zunehmend durch Rituale überhöhten und autokratischen Papsttums. Er verlieh dem Papstpalast ein gewisses Ordnungssystem, denn durch ihn entstand ein Innenhof, der zugleich zum Vorbild für spätere Erweiterungen wurde. Ebenso bedeutend waren die vielfach imitierten Steinkreuzfenster, wie sie bereits im Papstpalast in Avignon zu finden waren, die auf die Wände der Zimmer Schattenkreuze warfen.

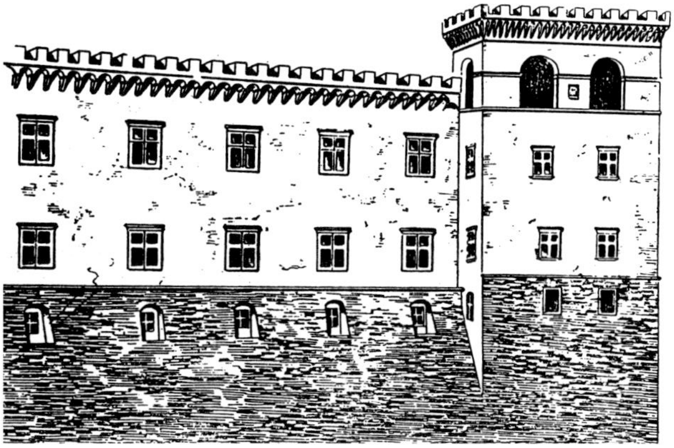

41. Bernardo Rossellino, Vatikanpalast, Beginn des Wiederaufbaus des Nordflügels unter Nikolaus V., 1453-55, Rom.

Im Jahre 1455 begann Kardinal Pietro Barbò (1418-71), venezianischer Humanist und Neffe von Papst Eugen IV. (1431-47), mit dem Bau eines Palastes, der an San Marco angrenzte, seine Titularkirche (die Kirche, die einem Kardinal zugewiesen und seiner geistlichen Obhut unterstellt ist). Er sollte strenger geordnet ausfallen als die Erneuerungen, die unter Nikolaus V. am Vatikan vorgenommen worden waren. Der Entwurf sah einen quadratischen Baukörper mit vier zinnenbewehrten Ecktürmen vor, der einen Innenhof umschließen sollte. Nach seiner Wahl zum Papst Paul II. (1464-71) beauftragte Barbò seinen Baumeister Francesco del Borgo (ca. 1425-68), das Gebäude zum Papstpalast auszubauen. So enstand auf der *possesso*-Route am Fuße des Kapitolinischen Hügels eine Repräsentationsstätte der päpstlichen Macht, die ein Gegengewicht zum Stadtparlament bilden konnte. Dieser zweite Palast, der mit päpstlichen Mitteln finanziert wurde und sich noch im Bau befand, als Paul II. starb, wurde von dessen Neffen Kardinal Marco Barbò (um 1420-1491) in den Jahren 1471 bis 1489 weitgehend fertiggestellt. Von 1489 bis 1503 ließ Kardinal Lorenzo Cibò (gest. 1503), der Neffe von Papst Innozenz VIII. (1484-92), Erweiterungsarbeiten durchführen. Weil seit 1564 in dem Palast die Botschafter der Republik Venedig ansässig waren, sollte er von der Bevölkerung fortan Palazzo Venezia genannt werden.

Die ersten fünf Fenster von rechts nach links an der Ostfassade des Palazzo Venezia (Abb. 42) gehören zu dem neuen Flügel, der angebaut wurde, nachdem Kardinal Pietro Barbò Papst geworden war; das letzte Fenster links außen und der Turm waren Erweiterungsmaßnahmen von Lorenzo Cibò; die fünf Fenster dazwischen gehören zum ursprünglichen Projekt. Obwohl der Palazzo

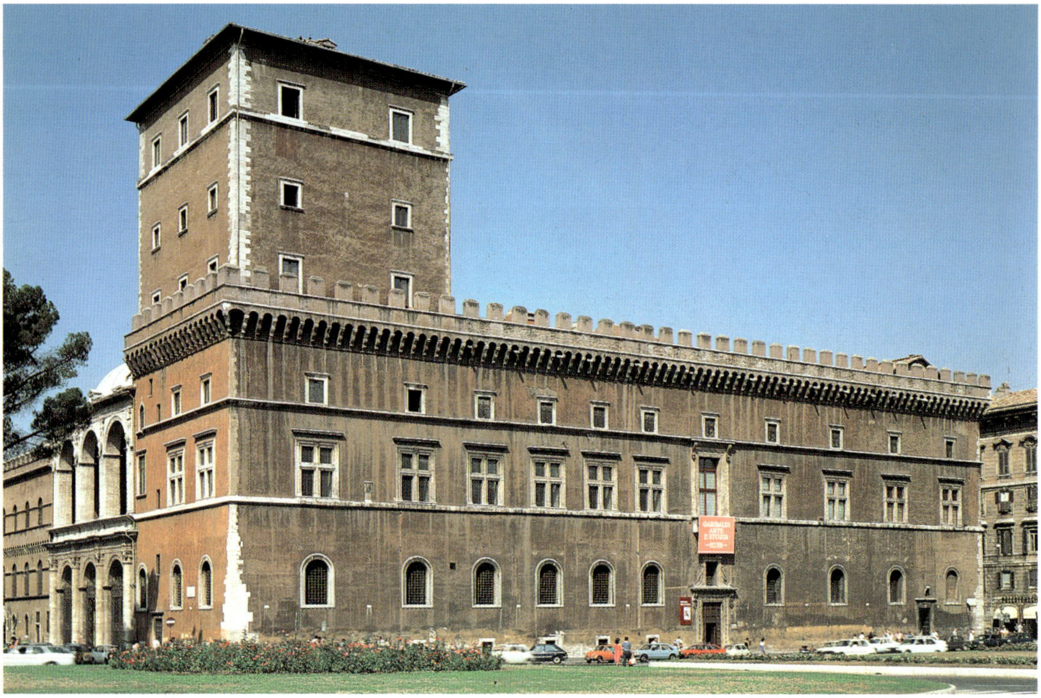

42. Franceso del Borgo, Palazzo Venezia, Ostfassade, 1455-1503, Rom.

Die Benediktionsloggia der Kirche San Marco (1465-71) ist links außen zu sehen.

Venezia in enger Anlehnung an den unter Nikolaus V. entstandenen neuen Flügel des Papstpalastes gebaut wurde, ist er doppelt so groß. Er weist die gleichen Symbole von Stärke und Macht auf - Türme, Zinnen und Steinkreuzfenster -, doch in architektonischer Hinsicht ist er regelmäßiger und einheitlicher, wodurch er einen besonderen Eindruck von Ordnung und Harmonie vermittelt.

Auch der Innenhof des Palazzo Venezia (Abb. 43), der ebenfalls in Anlehnung an den Vatikanpalast gestaltet wurde, wirkt klarer und gleichmäßiger. Um den gesamten Hof sollten zweigeschossige Arkaden verlaufen, die jedoch nicht vollständig ausgeführt wurden. Dennoch entstand der erste Säulengang der römischen Renaissance (1471-89), der sich an der Benediktionsloggia der Peterskirche orientierte (begonnen 1461; siehe Abb. 18, S. 37), die wiederum dem Vorbild des Kolosseums (72-82 n. Chr.) nachempfunden war. Mit seinen dorischen Säulen auf hohen Sockeln im Erdgeschoß und seinen kompositen Säulen im Obergeschoß ist er strukturierter als die Benediktionsloggia und entspricht darin eher dem antiken römischen Stil, wie er einem zunehmend mächtigeren Papsttum angemessen war.

Da der Palazzo Venezia ein Papstpalast geworden war, mußten seine repräsentativen Räumlichkeiten in etwa so groß und ähnlich angeordnet sein wie im Vatikanpalast (Abb. 44). Im Nordflügel führte eine monumentale Treppe in die große Sala Regia, die, entsprechend der Sala Regia des Vatikans, der Haupt-

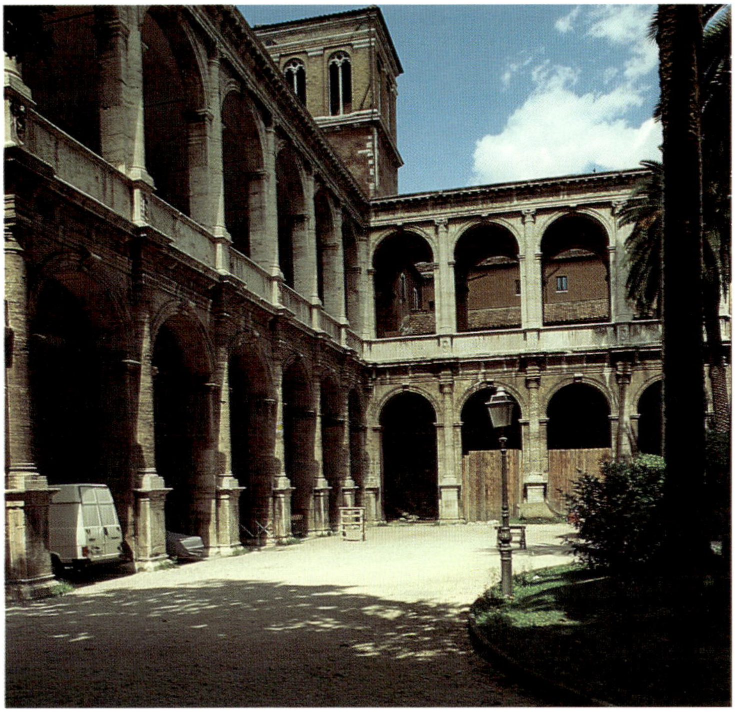

43. Francesco del Borgo, Palazzo Venezia,
Innenhof, 1471-89, Rom.

44. Palazzo Venezia,
Piano nobile (Hauptgeschoß), Grundriß, 1455-1503, Rom.
1) Scala Regia
2) Sala Regia
3) Aula Seconda
4) Aula Terza
5) Sala dei Paramenti
6) Sala del Pappagallo
7) päpstliches Antichambre
8) päpstliches Schlafgemach
9) Hof
10) S. Marco
11) Benediktionsloggia
12) umfriedeter Garten
San Marco wurde von 1465 bis 1471 umgebaut. Der von einer Mauer umgebene Garten (1465-1471) an der südöstlichen Ecke wurde Anfang des 20. Jahrhunderts an die südwestliche Ecke verlegt, um Platz für die Piazza Venezia zu schaffen und einen freien Blick auf das Nationaldenkmal Vittorio Emanuelle II. zu ermöglichen.

audienzsaal für öffentliche Konsistorien, Heiligsprechungen und für den Empfang von Kaisern, Königen und Fürsten oder ihrer Gesandten war. An sie grenzte die Aula Seconda, die für öffentliche Konsistorien und den Empfang niedrigerer Regenten und verschiedener weltlicher Würdenträger genutzt wurde. Von hier aus gelangte man durch Zimmerfluchten in den Ostflügel mit der Aula Terza, wo der Papst seine Gesandten beauftragte oder empfing und Kardinäle ernannte; der Sala dei Paramenti, der Ankleideraum der Kardinäle; der Sala del Pappagallo für Privataudienzen des Papstes und die täglich stattfindenden privaten und halböffentlichen Konsistorien; sowie den kleinen Privaträumen der päpstlichen Wohnung. Wie der Außenbau so war auch die Gesamtanlage des Palazzo Venezia sehr viel logischer, klarer und weitaus harmonischer proportioniert als der Vatikanpalast und setzte somit neue Maßstäbe für den Palastbau.

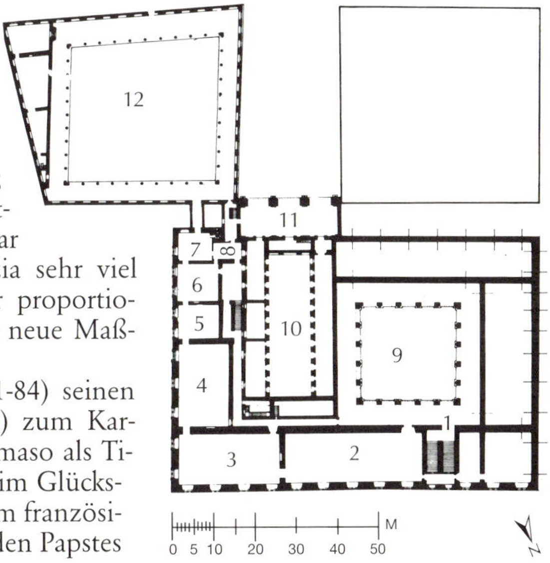

Im Jahre 1477 ernannte Sixtus IV. (1471-84) seinen jungen Neffen Raffaello Riario (1461-1521) zum Kardinal und übertrug ihm San Lorenzo in Damaso als Titularkirche. 1489 gewann Kardinal Riario beim Glücksspiel eine beachtliche Summe Geld von einem französischen Kardinal und dem Sohn des amtierenden Papstes

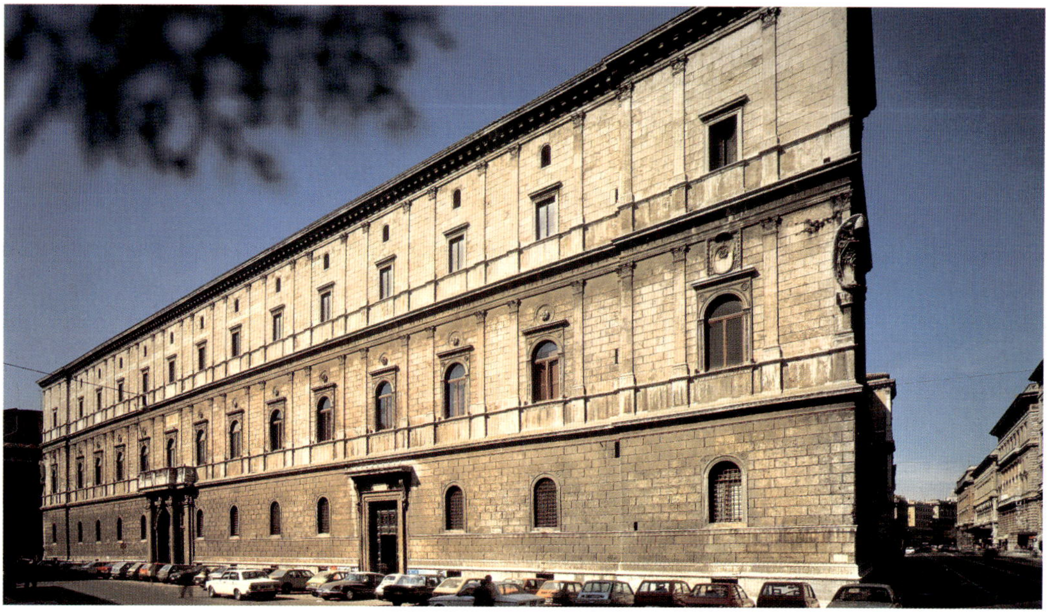

45. Palazzo della Cancelleria, Ostfassade, ca. 1489-1514, Rom.

Die erste Tür führt in die Kirche S. Lorenzo in Damaso. Durch die zweite Tür, die Domenico Fontana 1589 mit Säulen und einem Balkon umrahmte, erreicht man den Hof.

Innozenz VIII. (1484-92). Mit diesem ›ehrlichen Vermögen‹ ließ Kardinal Riario um 1490 die aus dem 4. Jahrhundert stammende Kirche vollständig abreißen, wieder aufbauen und erweitern; ebenso verfuhr er mit dem bestehenden Kardinalspalast aus der Mitte des 15. Jahrhunderts. Damit der neue Palast (der als Palazzo della Cancelleria bekannt wurde) größer ausfiel, kaufte Kardinal Riario 1491 zwei angrenzende Häuser; dazu nahm er ein kurz zuvor von Sixtus IV. erlassenes Gesetz in Anspruch, wonach jeder, der einen älteren Palast zur Verschönerung der Stadt ausbauen wollte, Nachbarhäuser gegen Entschädigung erwerben durfte. Überdies hatte Sixtus IV. Geistlichen erstmals per Gesetz die Möglichkeit eingeräumt, selbst solche Paläste zu vererben, die mit finanziellen Mitteln der Kirche errichtet worden waren, was vermutlich der größte Anreiz zum Palastbau in der römischen Renaissance war. Doch da Paläste, die mit Titularkirchen verbunden waren, nicht unter dieses Gesetz fielen, mußte es Kardinal Riario bewußt gewesen sein, daß er den neuen Palast nicht seinen Erben vermachen konnte. Das Motiv für den Bau des Palastes scheint daher eher in seiner Leidenschaft für Architektur, seinem selbstherrlichen Ego und ungeheuren Ehrgeiz gelegen zu haben.

Kirche und Palast haben eine gemeinsame Ostfassade (Abb. 45), die mehr als 72 m lang und fast 40 m hoch und somit größer ist als irgendein früherer Kardinalspalast. Ein Bauwerk von dieser Größe hatte bedeutende städtebauliche Folgen, denn es dominierte das gesamte Viertel und harmonisierte es gleichzeitig: Die Hauptfassade auf der Ostseite vereinheitlichte die neue Piazza, die zwischen dem Campo de'Fiori und der Via Papale lag; die

Südfassade begradigte eine ganze Häuserzeile auf der Via del Pellegrino, kurz bevor sie in den Campo de'Fiori mündete, und die zusätzlichen Geschäfte belebten den Handel in der Gegend; die Nordfassade ermöglichte den Zugang zur Via Papale. In der Mitte des Gebäudekomplexes liegt ein viereckiger Hof (Abb. 46), der 1496 angelegt wurde und von zweigeschossigen Arkaden eingefaßt ist, die von Eckpfeilern und freistehenden Granitsäulen getragen werden. Die unteren Säulen stammen aus dem Mittelschiff, die oberen aus den Seitenschiffen der alten Kirche aus dem Jahre 380. An den Seiten des Palastes befinden sich Türme, die leicht vorspringen, weil ihre Wände dicker sind als die des übrigen Baus. Das Gebäude ist somit der erste tatsächlich realisierte viertürmige Palast der römischen Renaissance, obwohl er sich am Vorbild des Vatikanpalastes und des Palazzo Venezia orientierte. Da die Türme jedoch keine Zinnen haben und in das einheitliche obere Kranzgesims integriert sind, haben sie eine rein symbolische Funktion und sind Ausdruck von Riarios Anspruch auf Macht und Status eines Fürsten, entsprechend der Würde seiner Familie.

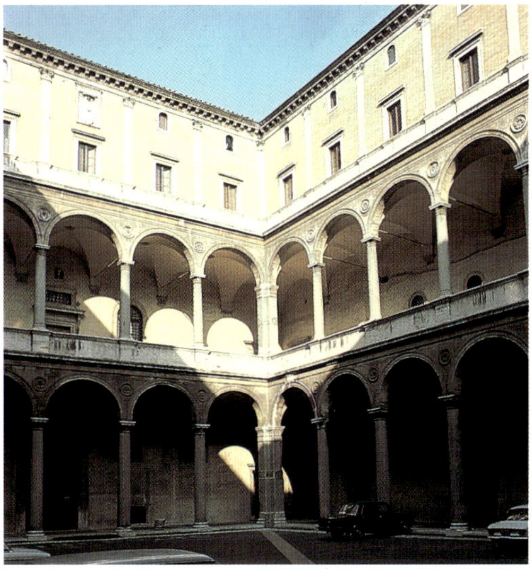

46. Palazzo della Cancelleria, Innenhof, ca. 1489-1514, Rom.

Im Innern des Palastes befinden sich zahlreiche Wohnungen und Räume für die *famiglia,* den Hof des Kardinals. Die Haupträume im Piano nobile (Hauptgeschoß) sind jedoch denen im Vatikanpalast und Palazzo Venezia nachempfunden und in ähnlicher Reihenfolge angeordnet: Sala Regia, Aula Seconda, Sala dei Paramenti, Sala del Pappagallo und Kapelle, an die sich die Privatwohnung von Kardinal Riario anschließt: das Schlafzimmer, Studierzimmer und Badezimmer mit Blick auf den Garten. Im Gegensatz zu Kardinal Pietro Barbò, der den Palazzo Venezia erst nach seiner Wahl zum Papst in einen Papstpalast umbauen ließ, schien Kardinal Riario beim Bau seines Palastes schon sicher gewesen zu sein, daß er die Nachfolge seiner Verwandten Sixtus IV. und Julius II. antreten würde, deren Wappen die Hauptfassade an den Ecken der Nordost- und Südosttürme zieren.

Das wohl Bemerkenswerteste dieses Palastes ist aber die konsequent im klassischen Stil gestaltete Fassade, die erste ihrer Art in der römischen Renaissance. Die antike Fassadengestaltung war bis dahin nur bei römischen Kirchen angewandt worden, hier jedoch wurde der sakrale Charakter der Titularkirche zum größeren Ruhme von Kardinal Riario in die Palastfassade integriert. Die Rose des Familienwappens ziert jedes Fenster des Hauptgeschosses, und die lange Inschrift im Fries des Gebälks verkündet der Welt: »Raphael Riarius Savonensis, Diakon von St. Georg, Schatzmeister und Kardinal der Heiligen Römischen Kirche durch die Gnade von Papst Sixtus IV., erbaute 1495 unter

Papst Alexander VI. von den Grundmauern auf mit ehrlichem Vermögen diesen Palast und Tempel, gewidmet dem heiligen Laurentius, dem Märtyrer.« Die Fassadengestaltung geht auf florentinische Einflüsse zurück und macht Anleihen bei den Ideen von Alberti, wie sie Bernardo Rossellino beispielsweise beim Palazzo Rucellai in Florenz (ca. 1445-1460) realisierte. Die wichtigsten neuen Aspekte sind die an der klassischen Ordnung orientierte Struktur sowie das symmetrische und proportionale Verhältnis der Einzelelemente zueinander und zum Ganzen. Die gesellschaftliche Hierarchie bestimmt die Anordnung der Elemente: Das Erdgeschoß mit seinem Rustikasockel aus Bossenwerk (grob behauenes Gestein) ist den oberen Stockwerken untergeordnet, während das Attikageschoß (eigentlich zwei Stockwerke) für Gefolge und Bedienstete dem Hauptgeschoß (Piano nobile) untergeordnet ist, das wiederum akzentuiert wird durch seine größere Höhe, reicheres Schmuckwerk, eher klassizistische Rundbogenfenster und eine Fülle von Inschriften und Wappen, die Kardinal Riarios Anspruch auf einen hohen Rang, Privilegien und Macht zum Ausdruck bringen.

Als Kardinal Riario 1516 wegen seiner Beteiligung an einem Mordkomplott gegen Leo X. in Ungnade fiel, mußte er eine hohe Geldstrafe zahlen und seinen Palast an das Papsttum abtreten. Der Palast wurde fortan Sitz der päpstlichen Magistratur und als Kanzlei genutzt (daher Palazzo della Cancelleria). Als Werk eines gebildeten und intelligenten Kardinals ist der Palazzo zugleich auch ein Monument der Selbstverherrlichung und gescheiterter Ambitionen.

Cortile del Belvedere

Angeregt durch die sich in der Renaissance immer stärker entwickelnden Ideale der Palastarchitektur beauftragte Julius II. Bramante mit der Erneuerung des Vatikanpalastes. Das wohl bedeutendste Projekt von Bramantes Baumaßnahmen war der Cortile del Belvedere (Abb. 47), der 1503 begonnen und erst 1563 fertiggestellt wurde. Er sollte eine überdachte und ebene Verbindung zwischen dem Papstpalast und der Villa von Innozenz VIII. (1485-88; siehe Abb. 10, S. 24) durch zwei parallele Säulengänge ermöglichen, die sich entsprechend dem ansteigenden Gelände von drei Stockwerken auf eines absenkten. In Anlehnung an die erhöhten Gehwege der Antike, wie beispielsweise der einstige, mit einem Triumphbogen-Motiv geschmückte Verbindungsweg zwischen dem Augustus-Palast auf dem Palatin und dem Kapitol, stellte jeder Arm einen symbolischen Triumphweg dar, der den Papst und sein Gefolge sichtbar abhob und ihnen eine privilegierte Position verlieh.

Die Fläche zwischen den Säulengängen wurde in einen Garten von beeindruckender Größenordnung verwandelt. Der untere Hof mit Sitzreihen an der Nordseite diente als Theater, wo zur

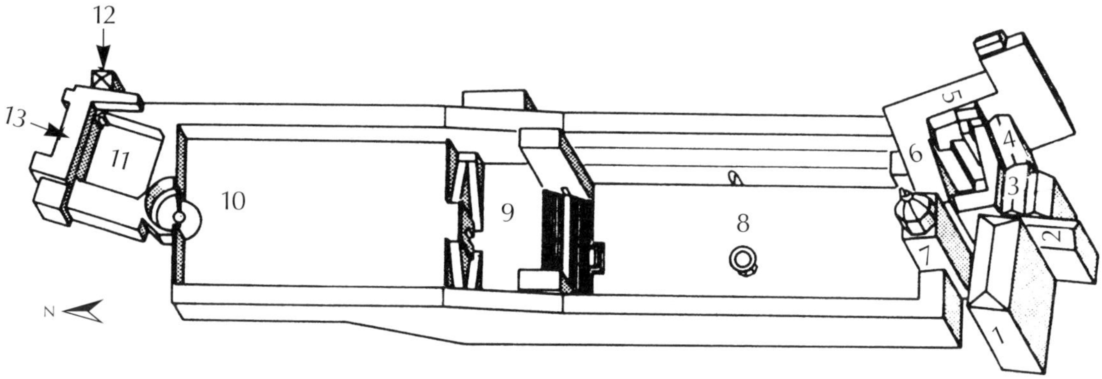

47. Rekonstruktion des Cortile del Belvedere nach den Plänen von Bramante im Jahre 1503; der Hof wurde mit Änderungen von Pirro Ligorio, Michelangelo und anderen 1563 unter Pius IV. fertiggestellt.

1) Sixtinische Kapelle
2) Sala Regia
3) Aula Seconda
4) Aula Terza
5) Ostflügel des Papstpalastes
6) Nordflügel des Papstpalastes
7) Borgia-Turm
8) Unterer Hof mit Seiteneingang, erreichbar vom Borgo Pio
9) Zwischenhof mit Grotte und Treppenrampen
10) Oberer Hof mit Exedra sowie konvexer und konkaver Treppe am Ende
11) Skulpturenhof
12) Wendeltreppe
13) Villa von Innozenz VIII.

Zerstreuung des Papstes Theaterstücke, Turniere und Stierkämpfe stattfanden. Die Türme auf beiden Seiten der Sitzreihen stützten die Säulengänge, kaschierten den notwendigen Anstieg der Dachlinie und verbesserten die Akustik bei den Theateraufführungen durch den schmaler werdenden Raum. Eine Treppe in der Mitte der Sitzreihen führte zu einer Zwischenebene mit einer Grotte. Dieses Nymphäum wurde von zwei Treppenrampen nach klassischem Vorbild flankiert, die zu einem hängenden Garten mit offenen Säulengängen auf zwei Seiten und einer Exedra (nischenartiger Raum) mit konvexer und konkaver Treppe am Nordende führten. Hinter der Exedra befand sich ein Skulpturenhof für die päpstliche Sammlung antiker Kunstwerke. Der Skulpturenhof, der allgemein zugänglich und über eine neue Wendeltreppe zu erreichen war, stellte gleichermaßen päpstlichen Reichtum und klassische Gelehrsamkeit zur Schau.

Die gesamte Anlage basierte auf einer grandiosen, perspektivisch durchdachten Konstruktion, die der Papst vom neuen Flügel des Vatikanpalastes überblicken konnte. Das von den Motiven, von der Formensprache und der Größenordnung her klassische Architekturprojekt - das gewaltigste seit der Antike - untermauerte den päpstlichen Anspruch auf ein universelles, irdisches Reich. Das klar gegliederte System der Architektur war eine visuelle Metapher für das ideale Reich der Christenheit: geordnet, vereint, hierarchisch, allumfassend und beherrscht von der Allgegenwart des Papstes.

Palazzo Caprini und Palazzo Branconio d'Aquila

Noch während der Arbeiten am Vatikanpalast leitete Bramante parallel dazu den Bau des Palazzo Caprini (ca. 1510; Abb. 48). Dieser sollte der erste Palast der römischen Hochrenaissance werden, der in seiner klassischen Fassadengestaltung nicht nur die architektonischen Traditionen der Stadt Rom (Palazzo Venezia) unberücksichtigt ließ, sondern auch den aus Florenz importierten Baustil (Palazzo della Cancelleria) mißachtete. Es wurde zwar mit der Einrichtung von Geschäften im Erdgeschoß eine römische Tradition fortgesetzt, die bis in die Antike zurück-

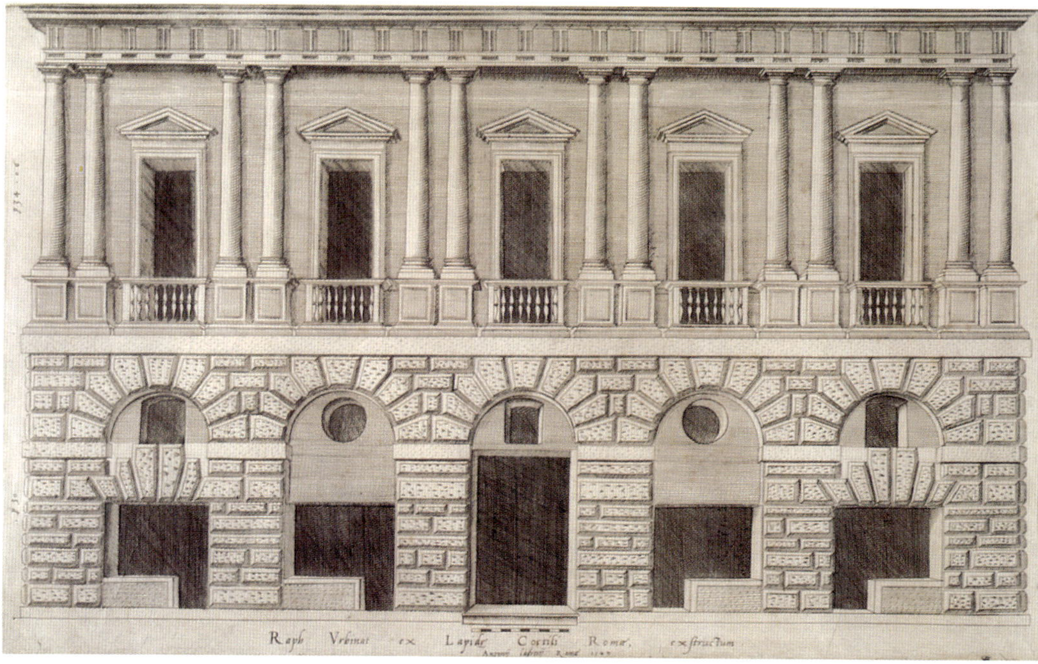

48. Antonio Lafréry,
Fassade des Palazzo Caprini im Vatikan (ca. 1510), von Bramante entworfen; aus *Speculum Romanae Magnificientiae,* Rom, 1549, Kupferstich, British Museum, London.

Der Palast entstand im Auftrag des Kurialen Adriano Caprini da Viterbo (gest. ca. 1510) und seines Bruders Aurelio Caprini (gest. 1524) und wurde 1517 von Raffael gekauft. Der Palast, der einst an der Ecke der Piazza Scossacavalli und der Via Alexandrina stand, wurde 1936 für den Bau der Via della Conciliazione abgerissen.

reichte, doch die unbehauene, voluminöse und trotzdem klare und abwechslungsreiche Rustika war eine Neuschöpfung. Wenn man Antonio Lafrérys Stich glauben darf, waren die Ladenöffnungen symmetrisch angeordnet; die schmale Tür, durch die man zur Treppe gelangte, die zum Piano nobile führte, bildete einen zentralen Akzent; die flankierenden Joche außen wurden optisch durch flache Bögen mit massiven Keilsteinen verstärkt; die Mezzaninfenster über den Geschäften waren symmetrisch, doch rhythmisch variiert. Ein glatter Sims trennte die Läden von den Wohnräumen im Hauptgeschoß. Hier trugen eingelassene dorische Säulenpaare auf Postamenten ein dorisches Säulengebälk. Innerhalb der identischen Joche des Piano nobile befanden sich große, mit dreieckigen Ziergiebeln versehene Fenster, die durch Balustraden mit den Postamenten der Säulen einheitlich verbunden waren. Im Vergleich zu der eher ›natürlich‹ und ursprünglich anmutenden Ladenebene, vermittelte diese Ebene den Eindruck von durchdachter Planung, Stabilität, klassischer Gelehrsamkeit und Kultiviertheit, wie es für die Brüder Caprini angemessen war. Die Fassadengestaltung wirkte trotz der Unterschiede einheitlich und geordnet und brachte die verschiedenen Funktionen und Ebenen klar und differenziert zum Ausdruck.

Raffaels Palazzo Branconio d'Aquila von 1515-20 wies nicht nur große Ähnlichkeiten mit dem Palazzo Caprini auf, sondern lag auch in dessen unmittelbarer Nähe (Abb. 49). Beiden gemeinsam war ein einheitlicher Komplex aus fünf Jochen mit Geschäften in der unteren Etage, die einen Haupteingang flankierten.

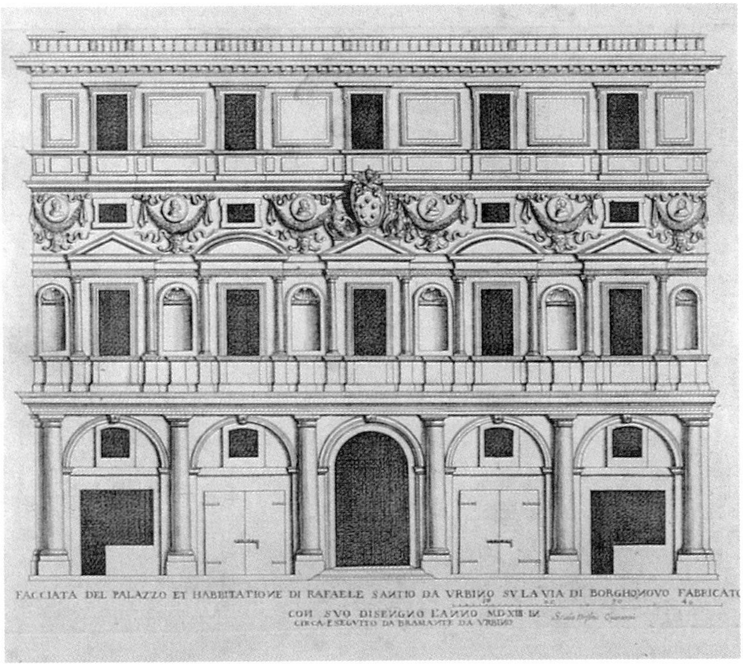

49. Pietro Ferrerio,
Fassade des Palazzo Branconio d'Aquila im Vatikan, ca. 1515-20, gestaltet von Raffael; aus *Pallazi di Roma,* 1655, Kupferstich.

Der Palast wurde für den päpstlichen Notar Giovanni Battista Branconio d'Aquila (1473-1522) errichtet. Zum Zeichen seiner Loyalität gegenüber Leo X. ließ der Bauherr das päpstliche Wappen im Zentrum der Fassade anbringen. Der Palast wurde Mitte des 17. Jahrhunderts abgerissen, um Platz für Berninis Kolonnaden auf dem Petersplatz zu schaffen.

Der Palazzo Branconio d'Aquila war jedoch größer, er hatte insgesamt fünf Stockwerke auf drei Ebenen, und die eingelassenen Säulen der fünf identischen Joche im Erdgeschoß stützten zuverlässig das Piano nobile mit seinen vorspringenden Postamenten unterhalb der Säulen und Nischen. Zwischen den Fensterreihen waren Mauerteile oder Pfeiler, die entgegen dem äußeren Anschein das Gebäude tatsächlich trugen. Klassischen Vorläufern entsprechend hätte man Säulen oder Pilaster erwartet, die als vertikale Stützen eine Art Verlängerung der dorischen Säulen darunter gebildet hätten, doch statt dessen waren tiefliegende Nischen, hängende Girlanden und rechteckige Kassetten eingesetzt worden, die darauf abzuzielen schienen, die stützende Funktion der Mauer zu unterhöhlen und die Ecken abzuschwächen. Die strukturierenden Elemente, welche die Fenster im Piano nobile umrahmten - eingelassene ionische Säulen, die abwechselnd dreieckige und runde Ziergiebel trugen - wurden über die Bögen gesetzt, ohne von unten gestützt zu werden. Die Mezzaninebene hatte keine sichtbare Stütze, und die unteren, die Horizontale betonenden Fenster wirkten dem steilen Anstieg der Ziergiebel über den Fenstern im Piano nobile entgegen; eine ähnliche Kontrastwirkung ergab sich zwischen den erhöhten Reliefs der Porträtmedaillons und den ausgehöhlten Nischen darunter. Schließlich sorgten die darüber befindlichen rechteckigen Kassetten und die offene Balustrade über dem oberen Kranzgesims für einen weniger markanten Abschluß des Gebäudes als das dorische Säulengebälk des Palazzo Caprini.

Die beiden Paläste stellten somit ganz unterschiedliche Beispiele für die Verwendung der klassischen Formensprache dar, und beide übten einen nachhaltigen Einfluß auf zahlreiche spätere Palastbauten aus. Bramantes Architektur entsprach in vollendeter Weise den antiken Prinzipien, sie war kanonisch, strukturiert und zeugte von der Gelehrsamkeit ihres Urhebers. Raffaels Bauweise wirkte aber außerdem ruhelos, eigensinnig, originell und bildhaft. Der Palazzo Massimo alle Colonne orientierte sich, wie wir sehen werden, an Raffaels bildhafterem Stil.

Palazzo Massimo alle Colonne

Der Palazzo Massimo alle Colonne, den Baldassare Peruzzi zwischen 1533 und 1535 für den römischen Adligen Pietro Massimo (ca. 1480-1532) erbaute, ist aufgrund seiner völlig neuartigen konvexen Fassade bemerkenswert (Abb. 50), die der Krümmung der Via Papale (siehe Abb. 11, S. 26) angepaßt ist. Der gleichmäßige Takt der dorischen Säulen- bzw. Pilasterpaare im Erdgeschoß scheint den Rhythmus einer vorbeiziehenden Prozession wiederzugeben. Durch den Wechsel von Pilastern zu Säulen in der Mitte des dritten Taktes und wieder von Säulen zu Pilastern im sechsten ergibt sich zudem eine synkopische Verschiebung des Rhythmus'. Die Loggia wird durch ihre Dreidimensionalität, die beachtliche Tiefe, den Hell-Dunkel-Kontrast und ihren optischen Bezug zur Via del Paradiso akzentuiert, die im rechten Winkel auf die Via Papale trifft.

50. Baldassare Peruzzi, Palazzo Massimo alle Colonne, Südfassade, ca. 1533-35, Rom.

Peruzzi entwarf das klar gegliederte Untergeschoß als Stütze für die ungewöhnlichen oberen Stockwerke und verband es zugleich auf harmonische Weise mit ihnen, indem er die Loggia- und Fensteröffnungen, die vornehme Rustikamauer und das abschließende Kranzgesims rhythmisch koordinierte. Doch im Unterschied zu den oberen Geschossen, die etwas zurückversetzt, ungegliedert und einheitlich sind, ist das Untergeschoß strukturiert und rhythmisiert.

Die formale Spannung zwischen vertikalen und horizontalen Elementen innerhalb dieser Fassade ist ein treffendes Bild für die gespaltene Loyalität des Bauherrn. Pietro Massimo stammte aus dem Landadel, der sich stets auflehnte, wenn der Papst oder die Stadt ihn in seiner Macht beschnitt. Doch Pietro war eine humanistische und keine militärische Ausbildung zuteil geworden, er arbeitete für den Papst und hatte wichtige Ämter in der Stadtverwaltung inne. Als Inspektor der Straßenbaubehörde war er dem päpstlichen Schatzmeister direkt unterstellt und unter anderem für die Instandhaltung und Verschönerung der Via Papale zuständig. Die klassische Eleganz und das kultivierte Raffinement der Palastfassade reflektieren Pietros humanistische Bildung, der prozessionsähnliche Rhythmus und die Wölbung der Fassade zeugen von dem sensiblen Gespür des Straßeninspektors für die Städteplanung.

Da der Papst aus Gründen der öffentlichen Sicherheit Familienloggien verboten hatte, ist die Loggia, die tief in das Gebäude hineinreicht und den Kern der Architektur bildet, eine zurückhaltende und doch rebellische, sich klassisch gerierende Wiederbelebung eines mittelalterlichen Symbols für die Solidarität, den Stolz und die Stärke eines alten Geschlechts.

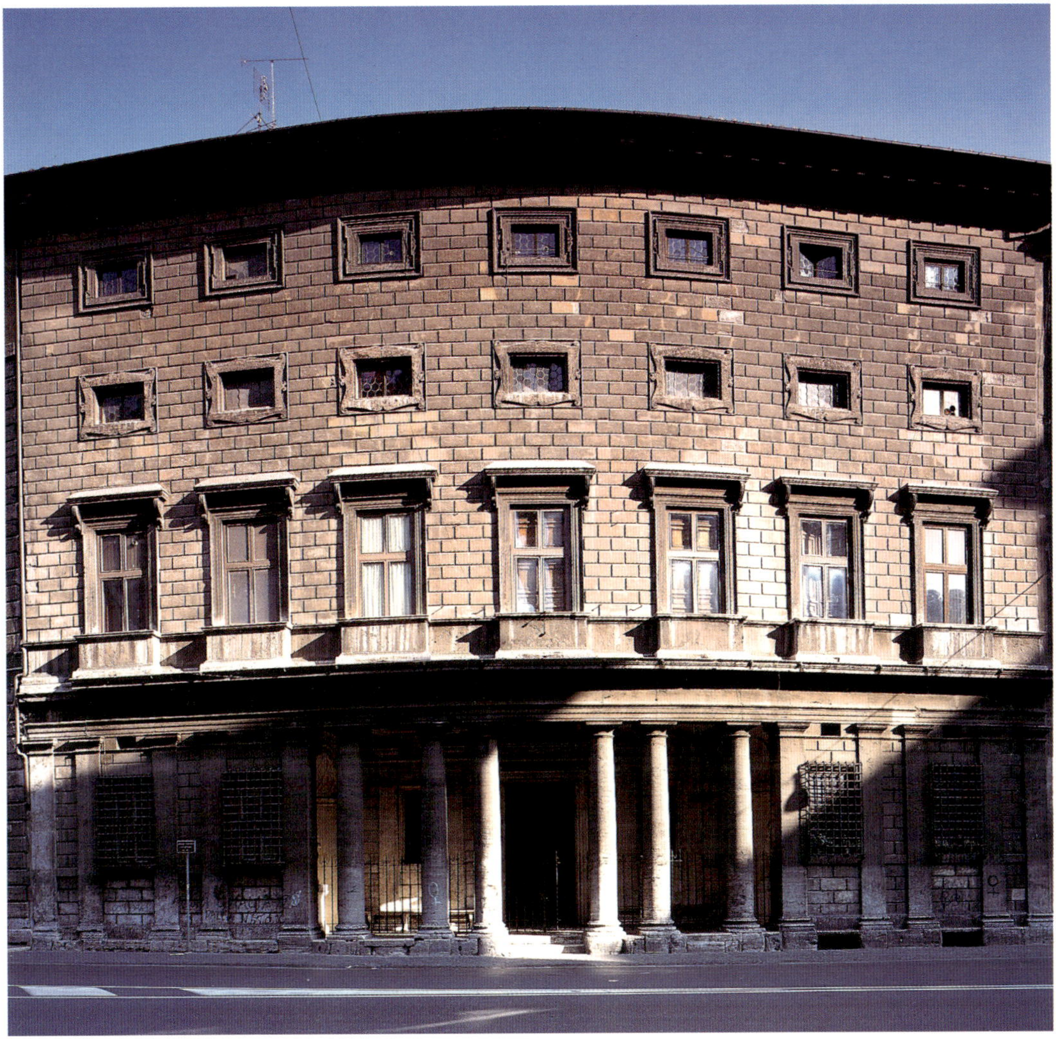

Palazzo Farnese

Als Alessandro Farnese im Jahre 1534 zum Papst Paul III. gewählt worden war, ließ er den Palast, dessen Bau er 1517 als Kardinal begonnen hatte, dem neuen Status der Familie Farnese gemäß erweitern und verändern. Der Palast wurde zur Residenz von Alessandros Neffen, den Kardinälen Ranuccio (1530-65) und Odoardo Farnese (1573-1626). Nach seiner Fertigstellung im Jahre 1589 war der Palazzo Farnese der prächtigste Kardinalspalast in Rom (Abb. 51).

Stilistisch gesehen ist das Gebäude ein eindrucksvolles Beispiel für einen von Antonio da Sangallo d. J. erfundenen Palasttyp. Charakteristisch für diesen Typ sind der Rechteckbau ohne Geschäfte mit einem einheitlichen schweren oberen Kranzgesims

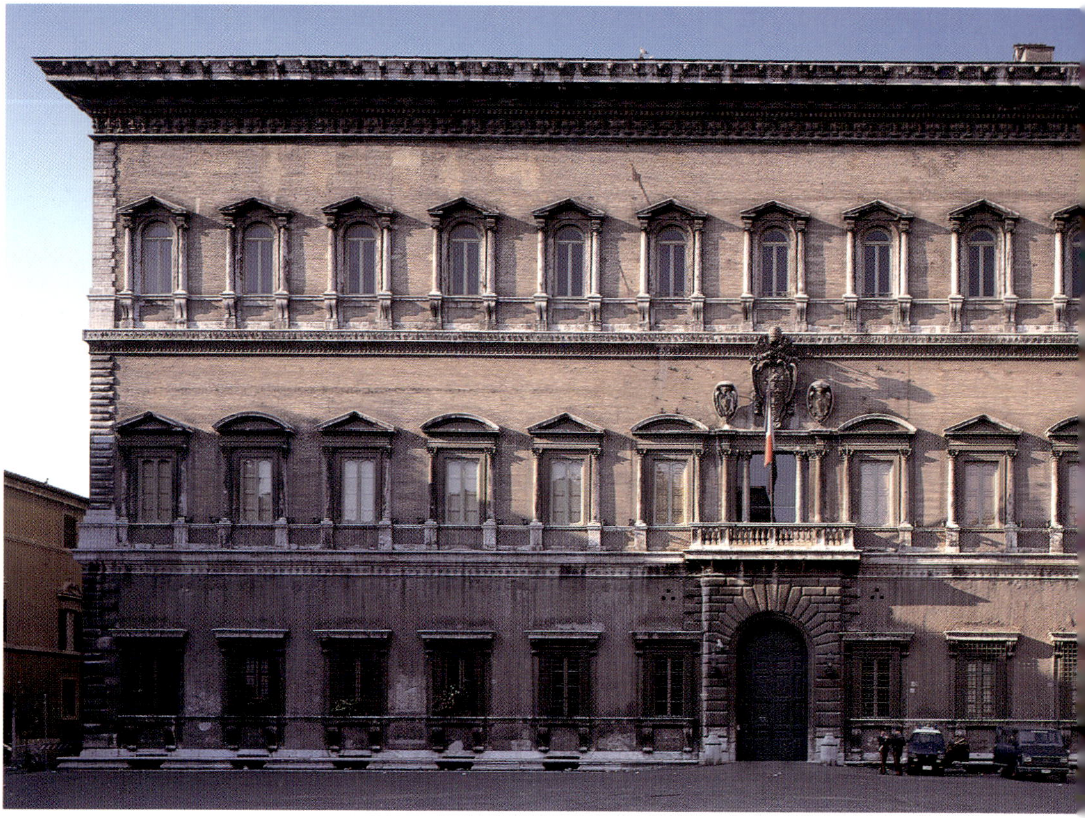

nach klassischem Vorbild, kräftige Eckquader (der Festungsarchitektur vergleichbar) zur Verstärkung des Gebäudes, Fassaden, in horizontale Schichten unterteilt (in der Regel drei), die nach oben hin schmaler werden, ein rechteckiger oder sogar quadratischer Hof mit Säulengängen. Dieser Palasttyp war in Rom äußerst beliebt, denn er ließ sich mit seinem ausgewogenen, flexiblen und rasch zu erlernenden System leicht erweitern oder verkleinern, und die begrenzte Zahl von standardisierten Bauelementen konnte relativ schnell und preiswert hergestellt werden. Außerdem entfielen die komplexen Probleme der Proportionierung und Gesamtkoordination, wie sie von Bramante oder Raffael meisterhaft gelöst worden waren. Der Lateranpalast, den Fontana für Sixtus V. erbaute (s. Abb. 19, S. 38/39), ist eines von vielen Beispielen, die auf Sangallos Bautyp zurückgehen.

Die Pläne vermitteln eine gewisse Vorstellung davon, wie viele Räume für ein aus fast dreihundert Personen bestehendes Gefolge erforderlich waren und wie unterschiedlich sie sein mußten. Im Erdgeschoß (Abb. 52) gelangte man über einen überdachten, tonnen- und kreuzgewölbten Säulengang zu den Parterreräumen und der monumentalen Treppe, die direkt zum Eingang des Salone und zum Säulengang im Piano nobile führte (Abb. 53).

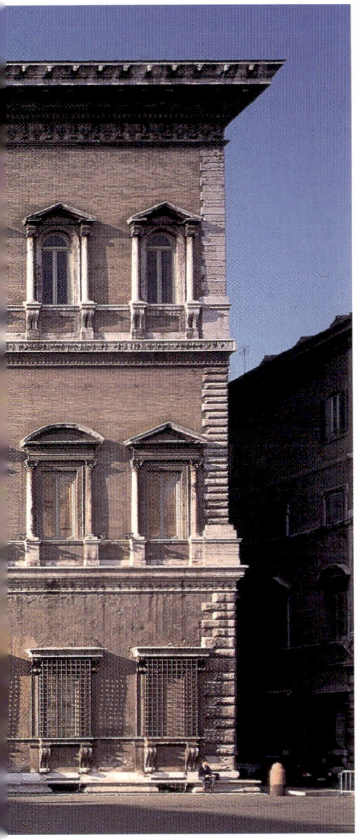

51. Antonio da Sangallo d.J. und Michelangelo,
Palazzo Farnese, Nordfassade, 1517-89, Rom.

Michelangelo, der nach Sangallos Tod im Jahre 1546 die Bauleitung übernahm, änderte dessen Entwurf und schuf einen der prächtigsten Paläste Roms. Er verbreiterte das mittlere Fenster und brachte darüber das Wappen der Familie Farnese an, was dem Piano nobile ein bis dahin fehlendes Glanzlicht verlieh. Außerdem vergrößerte er das Kranzgesims - und hob das obere Stockwerk um 3 Meter an, um gleichzeitig den Eindruck zu vermeiden, es würde die oberen Fenster erdrücken. Er erzielte auf diese Weise eine einheitlichere Gesamtwirkung. Nach Michelangelos Tod im Jahre 1564 wurde der Palast von Giacomo da Vignola und Giacomo della Porta vollendet.

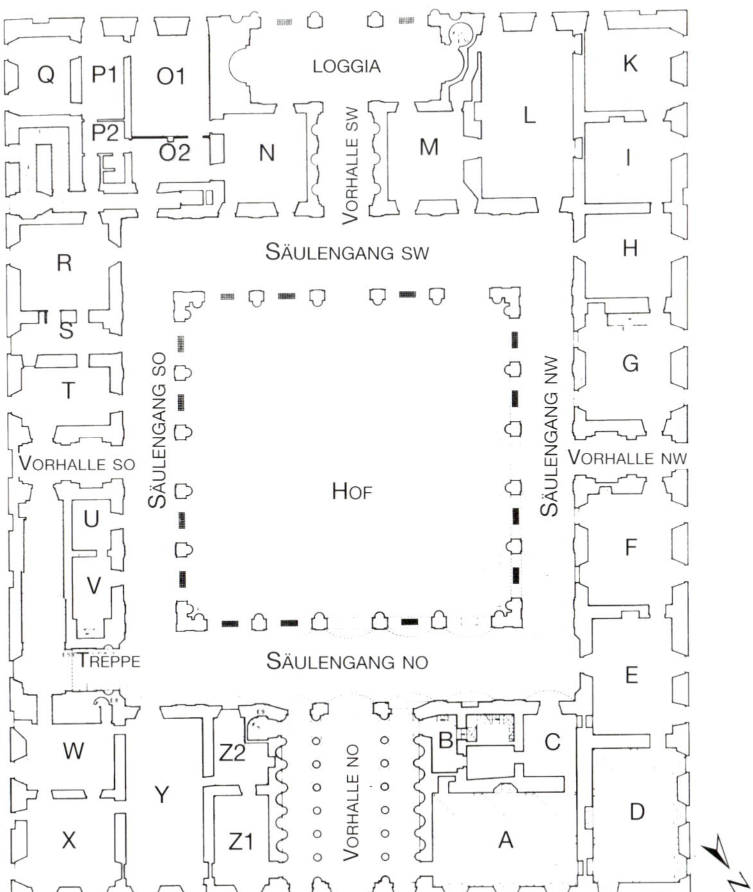

52. Palazzo Farnese,
Grundriß, 1517-89, Rom.

Der Hof hat drei tonnengewölbte Eingänge. Der Haupteingang ist eine kassettierte von Gehwegen flankierte Durchfahrt. Auf der gegenüberliegenden Seite des Palastes führt ein tonnengewölbter Gang in die Gärten, die sich bis zur Via Giulia erstrecken und von einer dreistöckigen Loggia überblickt werden können.

53. Palazzo Farnese,
Piano nobile (Hauptgeschoß), 1517-89, Rom.

Der beeindruckende zweigeschossige Salone wird an der Hauptfassade von fünf Fenstern erhellt; ihm schließt sich eine Zimmerflucht an, die aus drei jeweils kleiner werdenden Räumen besteht (A,B,C). Von den beiden letzten Räumen ist der Zugang in die Kapelle (D) möglich. Der mittlere Raum ist die Sala dei Fasti Farnese, die Francesco Salviati (behandelt in Kapitel sechs) mit Fresken ausschmückte.

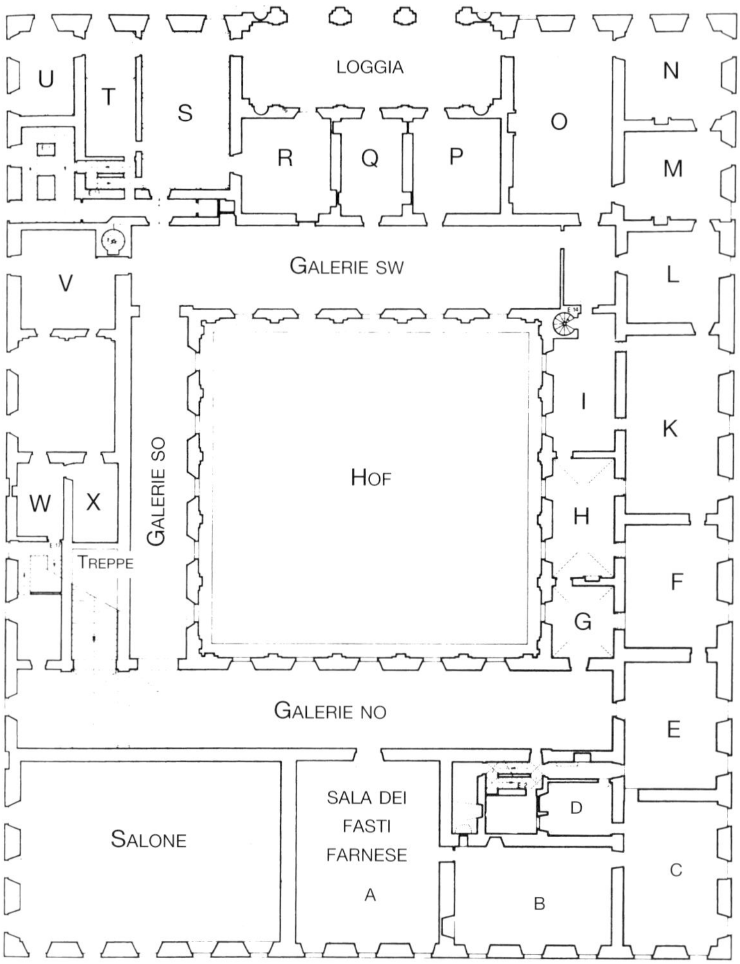

Hier befanden sich die Repräsentationsräume eines fürstlichen Kardinals, die einst eine Fülle von herrlichen Kunstwerken enthielten wie beispielsweise die berühmte *Cassetta Farnese* des Goldschmieds Manno Sbarri (gest. 1576) und des berühmten Kristallschneiders Bernardi Giovanni da Castel Bolognese (1496-1553; Abb. 54). Als Vorbild für die Anordnung der Repräsentationsräume diente der Vatikanpalast (siehe Abb. 39 und 40, S. 62), was darauf schließen läßt, daß ein Kardinal, dessen wichtigste und fast ausschließliche Aufgabe es war, den Papst zu beraten und zu wählen, einem nahezu päpstlichen zeremoniellen Protokoll unterlag und somit dem Papst gleichte, oder zumindest *papabile* war (geeignet für die Wahl zum Papst). Wie Paolo Cortese (1465-1510) in seinem Buch *De Cardinalatu* (*Über die Kardinalswürde*, 1510) in einem Kapitel über die Kardinalspaläste schreibt, sollten die funktionale Anordnung und die harmonische Gestaltung der Räume einem tugendhaften und geregelten Leben förderlich sein. Cortese kam mit Berufung auf die aristotelische Ansicht, daß Prachtentfaltung ein notwendiger Teil der Tugend sei, zu dem Schluß, daß Kardinäle die Pflicht hätten, ein ihrem fürstlichen Status entsprechendes, luxuriöses Leben zu führen, und nicht, wie von Erasmus und anderen gefordert, in apostolischer Armut leben sollten. Demzufolge sollten Kardinalspaläste »ansprechend gestaltet und prachtvoll gebaut« sein, damit »sie mit ihrer Erhabenheit und ehrfurchtgebietenden Pracht den unverständigen Pöbel davon abhielten, die Kardinäle zu bedrohen und ihre Habe zu plündern.« Es war in der Tat eine kalkulierte Taktik seitens des Papsttums, den fürstlichen Lebensstil der Kardinäle zu fördern und sogar zu finanzieren, denn auf diese Weise ließ sich das Ansehen der Kirche steigern und die päpstliche Kontrolle über die Stadt festigen. Cortese verschweigt jedoch, daß die zunehmend autoritären Päpste durch eben diese Taktik den Gehorsam von Kardinälen erkauften, deren Macht sie unaufhaltsam verringerten.

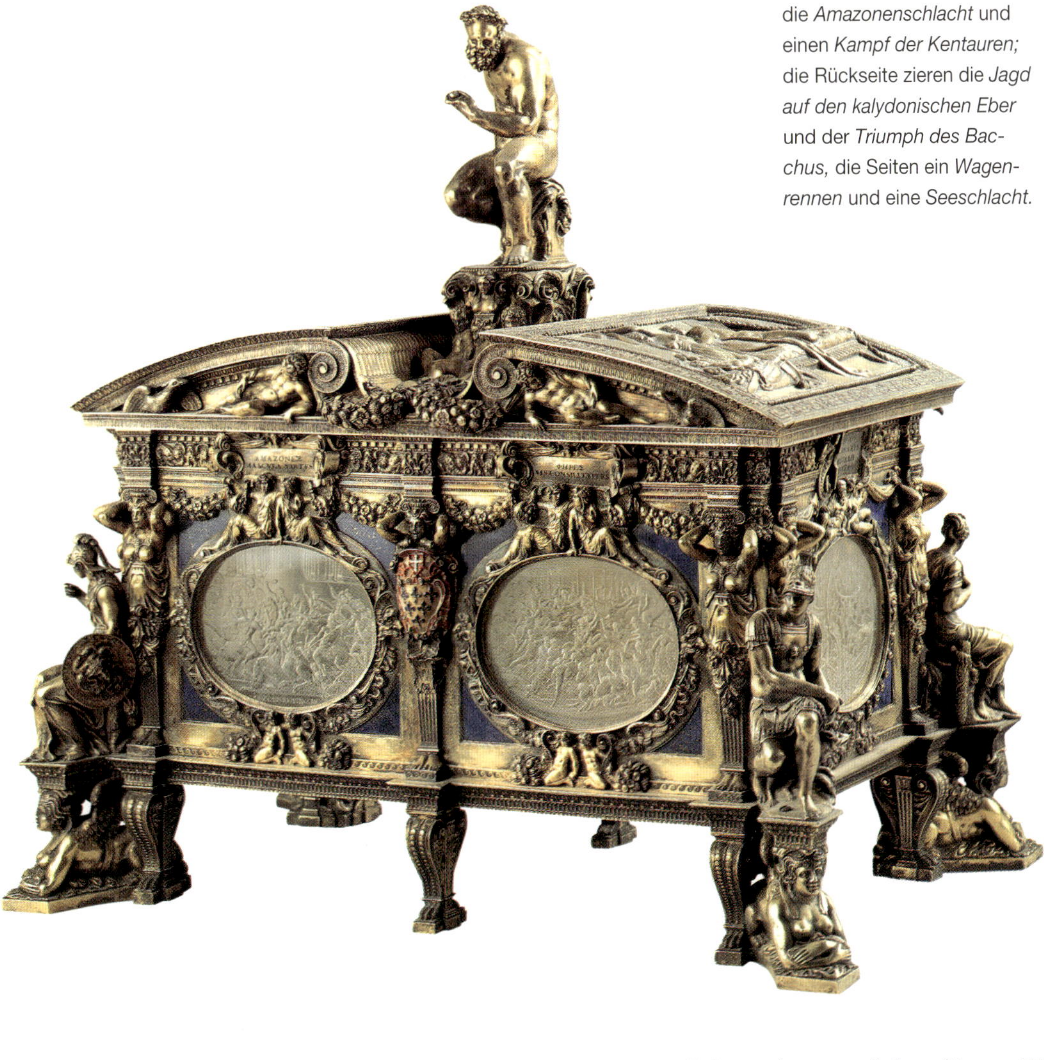

54. Manno Sbarri und Bernardi Giovanni da Castel Bolognese,
Cassetta Farnese, ca. 1548-1561, vergoldetes Silber und Bergkristall, Museo e Gallerie Nazionali di Capodimonte, Neapel.

Der reich verzierte Behälter wurde im Auftrag von Kardinal Alessandro Farnese erstellt. Oben befindet sich Herkules, an den Ecken Minerva, Mars, Diana und Bacchus. Die Schnitzarbeiten im Bergkristall der Vorderseite zeigen die *Amazonenschlacht* und einen *Kampf der Kentauren;* die Rückseite zieren die *Jagd auf den kalydonischen Eber* und der *Triumph des Bacchus,* die Seiten ein *Wagenrennen* und eine *Seeschlacht.*

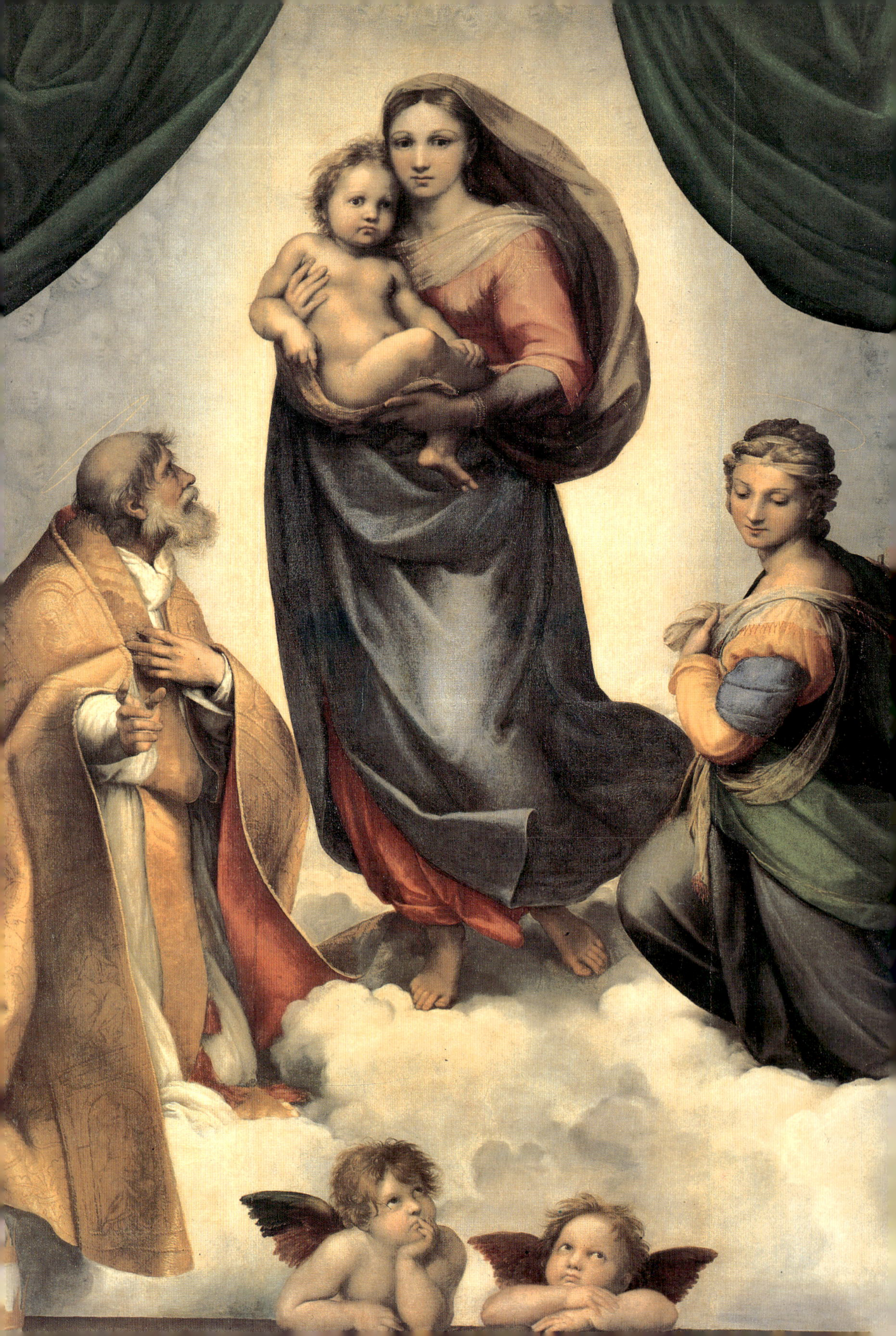

Kapitel 4

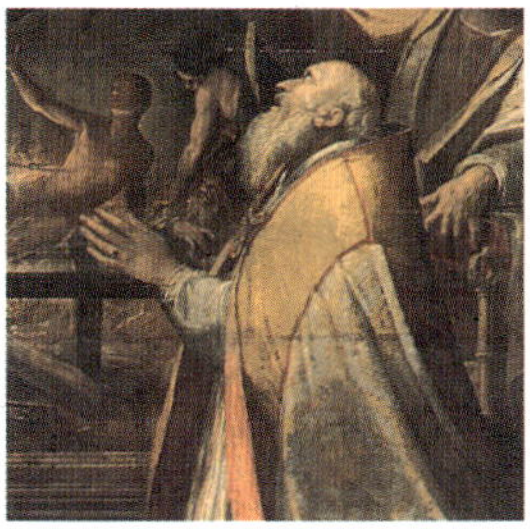

Altarwerke: Geist und Materie

55. Raffael, *Sixtinische Madonna,* um 1513, Öl auf Leinwand, 260 x 190 cm, Gemäldegalerie, Dresden.

Das Gesims und die oben an einer Stange aufgehängten illusionistischen Vorhänge bilden eine deutliche Trennung zwischen der materiellen und der religiösen Welt. Die Vorhänge sind für einen Augenblick aufgezogen worden und ein Fenster wird sichtbar, das den Blick in den Himmel gewährt. Wir werden Zeugen einer göttlichen Erscheinung, die offenbar in der realen Welt stattfindet und die Verschmelzung von Geist und Materie ermöglicht, wie es auch in der heiligen Messe geschieht, wenn sie vor dem Gemälde zelebriert wird.

Altarwerke gaben unterschiedlichen Auffassungen von der heiligen Messe und der Eucharistie visuellen Ausdruck. Das Wichtigste bei der Messe war die Darbietung von Hostie und Kelch, bei der Brot und Wein in die Höhe gehalten wurden, um sich mystisch in Leib und Blut Christi zu verwandeln und als Opfergabe für Gott von den Gläubigen angebetet zu werden (Abb. 56). In dem Augenblick, so glaubte man, wurde Gottes Geist am Altar gegenwärtig, so daß die irdische Zeremonie eins wurde mit einer ewigen Zeremonie, die Engel und Heilige fortwährend im Himmel zelebrierten.

Diese Verschmelzung von Geist und Materie, die in Altarbildern stets thematisiert wurde, gründete auf dem in der Renaissance verbreiteten Glauben an den Dualismus von Gott und Menschheit. Alle Menschen, so die Überzeugung, waren mit der Ursünde Adams und Evas behaftet und somit Sünde und Tod unterworfen. Doch da sie nach dem Ebenbild Gottes geschaffen waren, besaßen sie auch eine göttliche Seele, die sich nach ihrem Ursprung zurücksehnte. Gott war reiner Geist, leibhaftig geworden in Jesus Christus, der durch seinen Opfertod und seine Auferstehung die Menschheit von der Ursünde erlöst hatte. Indem die Gläubigen an der Liturgie zum Gedenken an Christi Erlösungsopfer teilnahmen sowie Brot und Wein bei der Kommunion empfingen, eiferten sie Christus nach, sie entsagten der Weltlichkeit und der Sünde. Durch Christi Gnade und Barmherzigkeit bot sich ihnen die Möglichkeit zur Erlösung.

Die Altarwerke gaben außerdem sehr häufig die Weihung des Altars und die Interessen der Mäzene wieder - außerhalb von Rom waren das meist Laien, doch in Rom selbst oft Geistliche. Die Stiftung und Ausführung von Altarbildern galt in der Renaissance als gute Tat, als öffentlicher Ausdruck von Frömmigkeit und Gottesverehrung, was - gemeinsam mit den Andachten, die vor dem Altarbild gehalten wurden - den Weg zum Seelenheil ebnete.

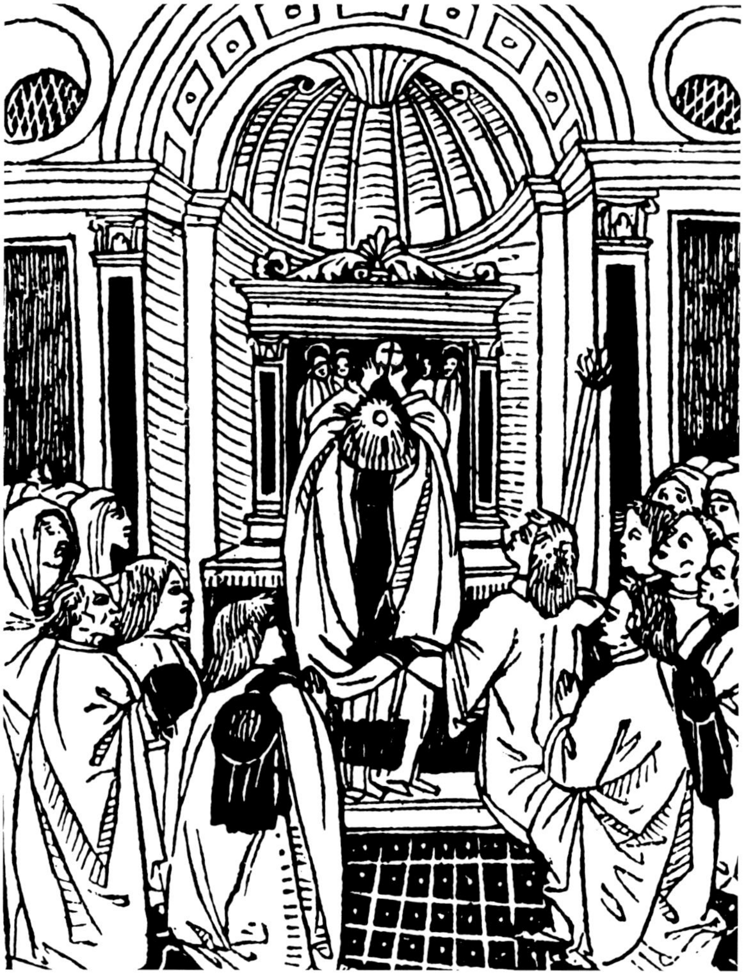

56. Anonym,
Darbietung der Hostie,
um 1493; aus Savonarolas
Tractato del sacramento e de misterii della missa,
Florenz 1493, Holzschnitt.

Zwei Altarbilder der Frührenaissance

Nach dem Ende der Kirchenspaltung, des sogenannten großen abendländischen Schismas, im Jahre 1417 und der Rückkehr des Papsttums nach Rom entstand das erste bedeutende Altarwerk der Stadt: das doppelseitig ausgeführte Tafelbild mit der *Himmelfahrt Mariä* (Abb. 57) auf der Vorderseite und der *Gründung von S. Maria Maggiore* (Abb. 58) auf der Rückseite. Das von Papst Martin V. für den Hochaltar von S. Maria Maggiore in Auftrag gegebene Bild schuf Masolino da Panicale (1383-1447) von ca. 1428-32 in einem Stil, der zwischen der Gotik und der Renaissance angesiedelt ist. Da die Heilige Jungfrau sowohl die Schutzpatronin dieser Kirche war als auch die Verkörperung der Kirche schlechthin, war die Himmelfahrt, die man als Vorderseite zur Gemeinde hin ausgerichtet hatte, ein Ausdruck des Triumphes der streitenden Kirche. Der auferstandene Christus, der seine Mutter mit offenen Armen im Himmel empfängt, symbolisierte die triumphierende Kirche. Die Darstellung der Engel in einer himmlischen Hierarchie entspricht der Bibelauslegung von Gregor dem Großen: Die roten Seraphim und die blauen Cherubim, die der Jungfrau und Christus am nächsten stehen, verkörpern göttliche Liebe und Weisheit; die ›Throne‹ mit blauen Mandorlen (mandelförmige Heiligenscheine) symbolisieren den Thron Christi; die ›Herrschaften‹ in Rot mit Reichsapfel und Zepter repräsentieren die universelle Autorität der Kirche; die ›Fürsten‹ mit Bannern des hl. Georgs schützen sie; die ›Mächte‹, gerüstet mit Schilden und Schwertern, bewachen den Himmel und kämpfen gegen das Böse, und die ›Kräfte‹ mit Schriftrollen schenken Barmherzigkeit und bewirken Wunder.

Die *Gründung von S. Maria Maggiore*, zu den Geistlichen im Chor gerichtet, zeigt Papst Liberius (352-66), während er den Grundriß der Kirche mit einer Hacke in den Sommerschnee des Jahres 352 zeichnet, den Christus aus einer dunklen Wolke vom Himmel herabsandte. Der wundersame Schnee und seine Kreuzform versinnbildlichen, daß die Kirche von Gott geweiht ist und sich auf Christi Opfertod gründet. Der Papst vollzieht mit seiner Grundrißzeichnung eine Art *imitatio christi*, die darauf verweist, daß die Kirche von Christi Statthalter beherrscht und geprägt wird. Das Supremat des Papstes wird durch seine Position im Vordergrund, durch den hinter ihm hierarchisch angeordneten Klerus und durch den Kardinal, der die Schleppe seines Chormantels trägt, akzentuiert. Die Stellung des Klerus rechts von Christus zeigt dessen hierarchische Überlegenheit über den Laienstand, der sich links von Christus befindet, doch der Segen, den die Laien von der Jungfrau empfangen, deutet auf die Harmonie und Einheit zwischen beiden Gruppen hin. Dies sind die dringenden Botschaften, die Martin V. einer gleichgültigen römischen Bevölkerung nach der langen Abwesenheit des Papstes und den Jahren des Schismas vermitteln wollte, in denen die Autorität der Kirche und des Papstes gelitten hatten wie nie zuvor.

Masolino verstärkt den topographischen Realismus der Landschaft mit Hilfe der Zentralperspektive, eine erst kurz zuvor entdeckte Technik, bei der ein System, das auf Orthogonalen und einem einzelnen Fluchtpunkt basierte, angewendet wurde, um dreidimensionale Gegenstände auf die zweidimensionale Bildfläche zu projizieren. Die Perspektive trennt die Raum, Zeit und Veränderungen unterworfene, materielle Welt deutlich vom Himmel darüber. Die in Ausdruck und Gestik unbewegliche Darstellung von Christus und der Heiligen Jungfrau, der strahlende Goldgrund mit scharf herausgearbeiteten Lichtstrahlen und der alles umspannende Regenbogen gestalten eine unermeßliche, unendliche und unveränderliche spirituelle Welt, die von Szenen des Jüngsten Gerichts am Ende aller Zeiten abgeleitet ist. Somit vermittelt das Altarbild ebenso wie die Messe visuell zwischen Himmel und Erde, Geist und Materie, Diesseits und Jenseits. Als Vermittler sind der Papst und die römische Kirche ausgewiesen.

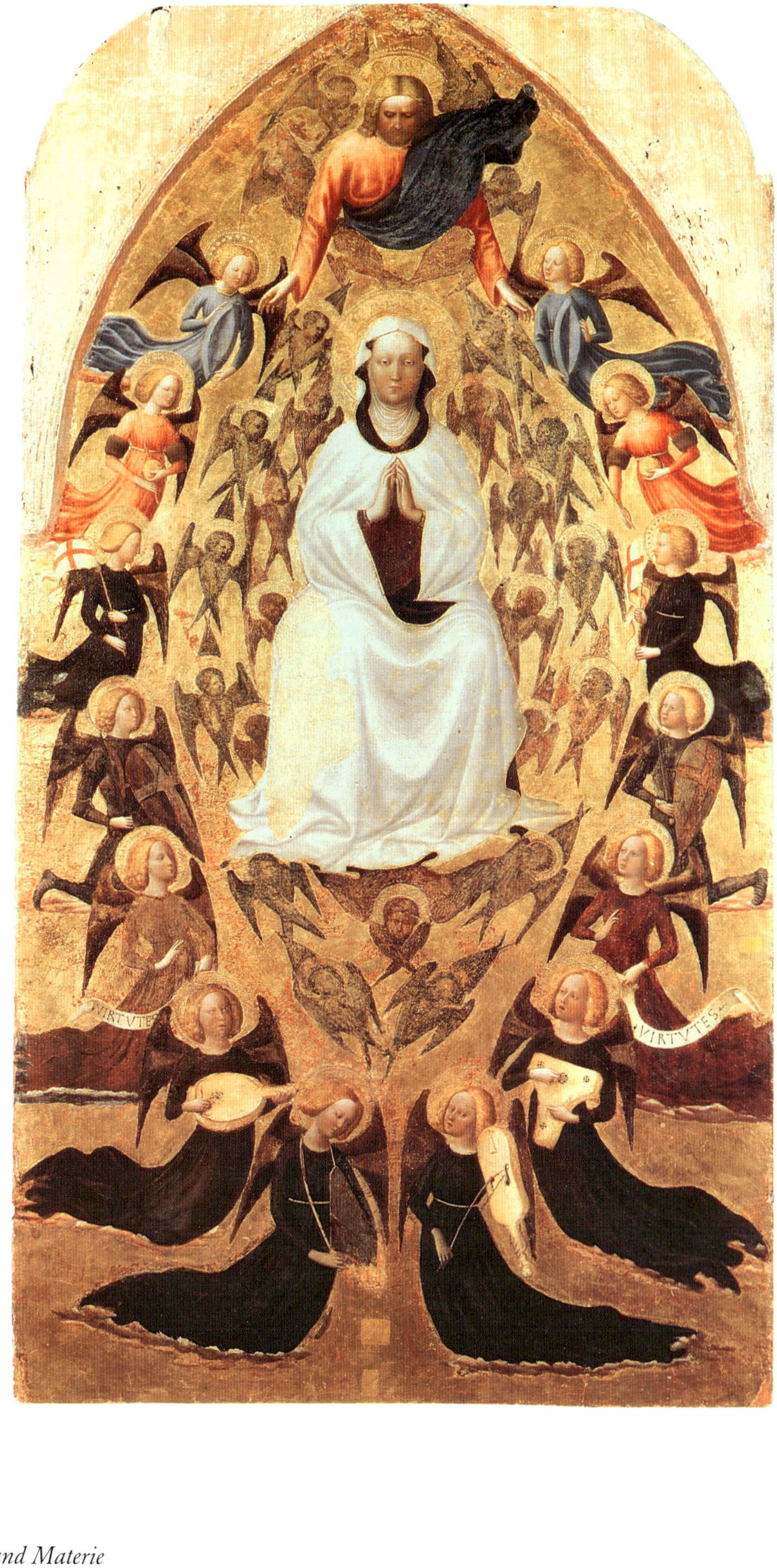

57. Masolino da Panicale, *Himmelfahrt Mariä,* 1428-32, Tempera auf Holz, 142 x 76 cm, Museo e Gallerie Nazionali di Capodimonte, Neapel.

Der Status Christi als unsichtbare Kirche deutet sich in seinem perspektivisch extrem verkürzten und wogenden himmelblauen Gewand an. Dagegen ist die Heilige Jungfrau sehr viel größer und frontal dargestellt, ein Zeichen ihres Status' als sichtbare Kirche. Ihr weißes Gewand und die Haltung ihrer Hände evozieren Reinheit und Heiligkeit. Die Engel im unteren Teil des Bildes erzeugen mit verschiedenen Instrumenten eine göttliche Harmonie und dienen als Boten für die Menschen. Insgesamt stellt das Altargemälde ein Abbild der hierarchischen Kirche dar, die zwischen Himmel und Erde vermittelt.

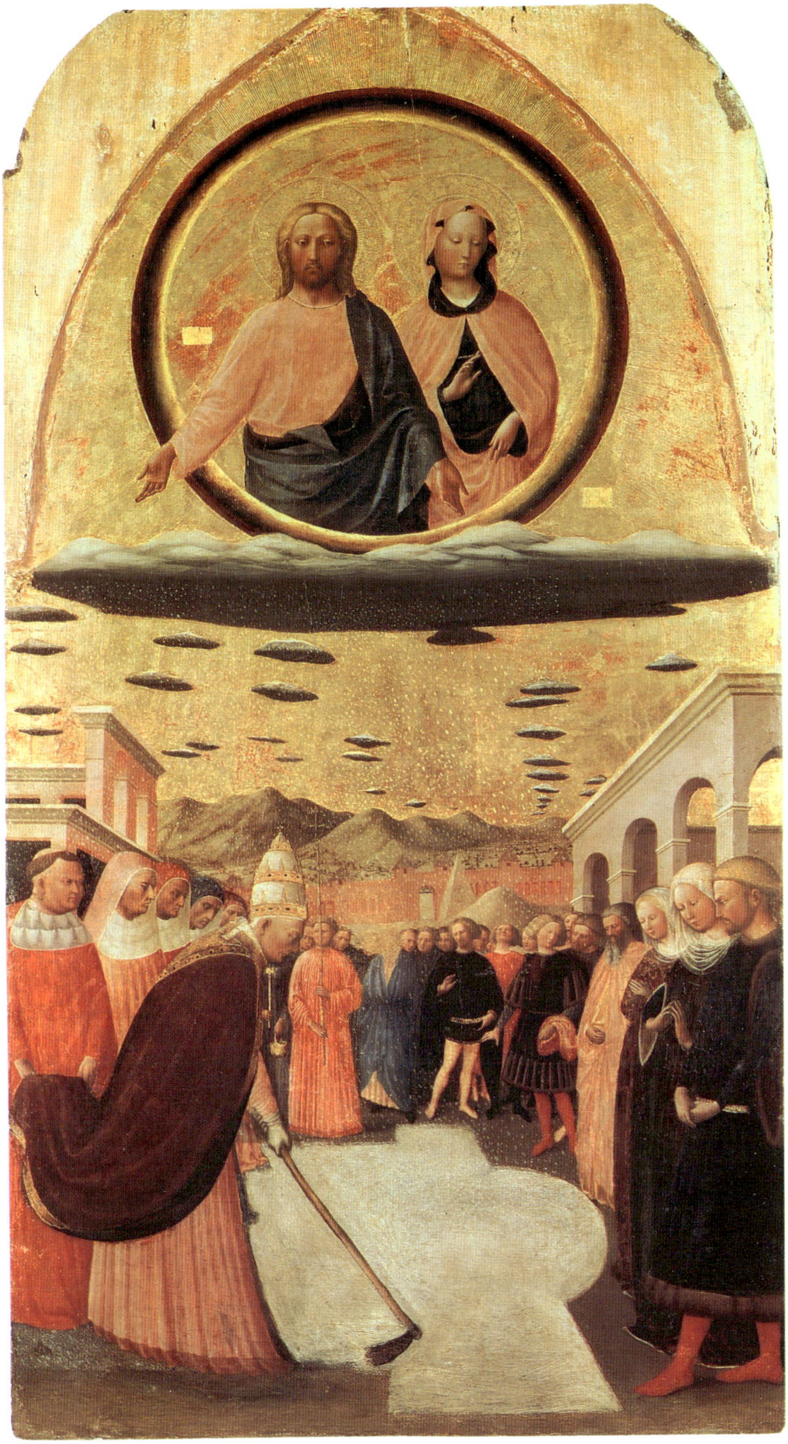

58. Masolino da Panicale, *Die Gründung von S. Maria Maggiore,* 1428-32, Tempera auf Holz, 142 x 76 cm, Museo e Gallerie Nazionali di Capodimonte, Neapel.

Die dargestellte Landschaft enspricht in topographischer Hinsicht dem Ausblick von S. Maria Maggiore in südwestliche Richtung. Zu sehen sind: Monte Testaccio, das sogenannte Remus-Grab, die Porta S. Paolo, die Aurelianische Mauer und die Albaner Berge. Dieses großartige Beispiel für den Realismus der Renaissance schafft eine Verbindung zwischen der Gründung Roms und der Gründung der Kirche, zwischen dem Römischen Reich und der christlichen Welt.

Die von Filippino Lippi (1457(?)-1504) zwischen 1488 und 1493 im Stil der Frührenaissance gemalte *Verkündigung* (Abb. 59) unterscheidet sich aufgrund der größeren Dramatik, Einheitlichkeit und Realitätsnähe deutlich von dem unbestimmteren Stil Masolinos, der sich noch innerhalb gotischer Traditionen bewegt. Lippi erreicht unter Einsatz etlicher technischer Kunstgriffe, in Verbindung mit der dramatischen Interaktion aller Figuren, ein überwältigendes Gefühl von Kontinuität zwischen der Welt des Altarbildes und der Welt des Betrachters. Er hat die perspektivischen Linien und das Licht auf die Heilige Jungfrau konzentriert. Er hat einen mittelalterlichen Heiligen und einen zeitgenössischen Kardinal, der Jungfrau in ihrer Größe ebenbürtig, in der Privatsphäre ihres Schlafgemaches dargestellt. Er hat dem Bild die Form eines Fensters gegeben und die klassizistische Architektur des gemeißelten Steinrahmens in dem Gemälde wieder aufgegriffen. Kurzum, er hat, was in Rom niemals zuvor gewagt worden war, die biblische Geschichte materiell und psychologisch gegenwärtig gemacht.

Überdies versetzt das Altarbild den andächtigen Betrachter von der materiellen in die Kontemplation der geistigen Welt. Die Meditation vor sakralen Bildern war ein wichtiger Teil der Andacht, und daß die Meditation in diesem Gemälde thematisiert wird, verdeutlicht der in betender Haltung und in Gegenwart eines bedeutenden Theologen dargestellte Kirchenpatron. Der Blick des Betrachters wird mit Hilfe der Perspektive auf den Schoß der Heiligen Jungfrau gelenkt. Die Gedanken sollten sich folglich auf das Geheimnis der Fleischwerdung Gottes in der menschlichen Gestalt Christi konzentrieren. Das traurige Gesicht der Jungfrau läßt erkennen, daß sie bereits um das Schicksal ihres Sohnes weiß, das ursprünglich in einem Relief mit dem »Toten Christus« dargestellt war, bevor der untere Teil des Altarbildes bei der Aufstellung des Tabernakels beschädigt wurde. Die Zentralachse betonte also früher die wesentlichen Elemente der Christus-Geschichte, derer in der Messe gedacht wurde: Christi Geburt und seinen erlösenden Tod. Die Ausrichtung auf den Schoß der Jungfrau forderte wohl darüber hinaus zum beschaulichen Nachdenken über ihre Jungfräulichkeit und Reinheit auf, und der nach links führende Gang mit der traditionellen *porta clausa* (geschlossene Tür) symbolisiert das Geheimnis des unberührten Schoßes. Dieses dunkle Vestibül mit dem Wappen von Kardinal Carafa in der Mitte des Tonnengewölbes greift die Form seiner angrenzenden Grabeskapelle wieder auf und sollte somit

59. Filippino Lippi, *Verkündigung,* 1488-93, Fresko, Carafa-Kapelle, S. Maria sopra Minerva, Rom.

Das Gemälde befindet sich über einem Altar, der Maria Assunta und dem hl. Thomas von Aquin (ca. 1225-74), dem großen dominikanischen Theologen, geweiht ist. Es zeigt, wie Gabriel in Begleitung des Heiligen Geistes leise hereinschwebt und Maria ihre Empfängnis verkündet. Die Jungfrau, die gerade niederknien will, um vor ihrem Lesepult zu beten (die Seiten der Heiligen Schrift scheinen sich noch zu bewegen), hat sich umgewandt und blickt seitlich zu Gabriel. Ihre erhobene Hand, Ausdruck ihrer Überraschung und Willkommensgruß, segnet zugleich einen knienden Kardinal. Oliviero Carafa (1430-1511), Patron der Kapelle und Kardinalprotektor der Dominikaner, blickt hinüber zu Gabriel. Thomas von Aquin hat den Blick auf die Jungfrau gerichtet, während er den Kardinal vorstellt.

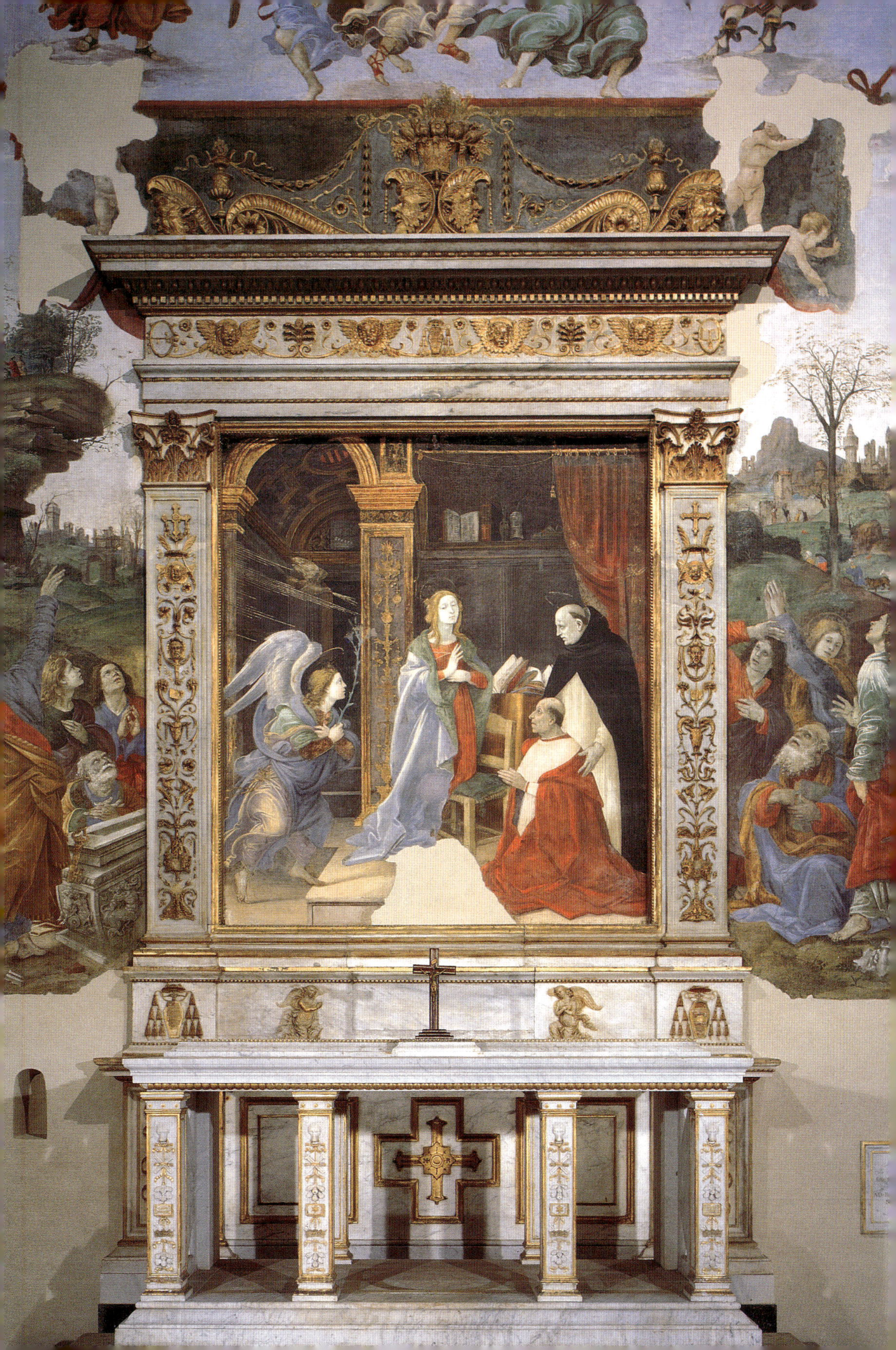

auch die Tür zum Neuen Jerusalem symbolisieren, das nur durch den Tod zu erreichen ist. Schließlich ließen sich die auf Kardinal Carafa deutenden Handbewegungen der Jungfrau Maria und des hl. Thomas sowie die zentrale Position der Jungfrau zwischen Gabriel und dem Kardinal als bildhafte Zeichen dafür deuten, daß die Kirche die grundlegende Vermittlerrolle bei der Erlösung spielte und daß Heilige wie beispielsweise Thomas von Aquin den Gläubigen als Fürsprecher und Vorbilder der Tugend beiseite standen.

Raffael: Die »Sixtinische Madonna« und die »Verklärung Christi«

Die beiden Pole der grundlegenden Dualität eines jedes Altarbildes - Göttlichkeit innerhalb von Materie, Zeit und Raum und Göttlichkeit als ewiges Prinzip - finden ein noch überzeugenderes dynamisches Gleichgewicht in Raffaels *Sixtinischer Madonna* von ca. 1513, die sich heute in der Dresdener Gemäldegalerie befindet (siehe Abb. 55, S. 78). Julius II. gab das Werk für den Hochaltar von S. Sisto in Piacenza in Auftrag, wohl zum Teil, um angesichts der unter ihm erfolgten Ausdehnung des Kirchenstaates nach Norden bis zu dieser Stadt ein Zeichen zu setzen. Der hl. Sixtus II. (257-258) und die hl. Barbara wurden der Madonna mit Kind zur Seite gestellt, weil die Kirche dem päpstlichen Märtyrer geweiht war und dort sowohl seine Gebeine als auch die der hl. Barbara verehrt wurden. Auch Raffael verwendete wie Lippi Symbole, um die göttliche Präsenz zum Ausdruck zu bringen: Die Cherubim im Hintergrund und zwei Engel, die auf dem Sims am unteren Rand des Gemäldes lehnen und gen Himmel blicken, markieren die Teilung zwischen der spirituellen und materiellen Welt. Doch anders als Lippi setzte Raffael formale Techniken ein, um die Vollkommenheit des Göttlichen zu vermitteln: die betörende Schönheit, die sanft geschwungenen Linien und die anmutige Harmonie der Jungfrau mit Kind, die goldene Strahlenhülle, die unmittelbar spürbare kompositorische Ordnung und das hierarchische Figurenarrangement. Gleichzeitig wirken Raffaels göttliche Figuren lebendig, fast greifbar und menschlich. Stärker als in irgendeinem früheren Werk gelang es Raffael mit diesem Gemälde, das Paradoxon einer Göttlichkeit, die vollkommen, allwissend und allmächtig, zugleich aber auch menschlich, liebevoll und mitfühlend ist, zu vergegenwärtigen.

Die Jungfrau bewegt sich über eine leichte Diagonale vorwärts und nach unten auf den Betrachter zu, ihre Gewand schwingt mit ihrer Bewegung mit, ihr rechtes Standbein stützt sichtbar das unschuldige und etwas zersaust wirkende Jesuskind, das sie hochhält und darbietet wie ein Priester die Hostie. Sie strahlt die ganze menschliche Wärme, Sanftheit und Sinnlichkeit der Geliebten Raffaels aus, deren Züge sie trägt, doch sie ragt auch wunderbar liebreizend über den Betrachter hinaus, umflutet von einem jenseitigen Licht. Christus schaut den Betrachter direkt an, doch in seinen Augen liegt die Reife und Weisheit von Jahrhunderten. Der Blick der Jungfrau wirkt verinnerlicht und um so ergreifender, denn sie ahnt bereits voller Trauer den unausweichlichen Opfertod Christi, der in der unter ihr zelebrierten Messe neu inszeniert wird. Das Gemälde betont die Fleischwerdung Gottes und impliziert zugleich die Rückkehr Christi. Das Altarbild verdichtet also einen einzelnen Augenblick, den Verlauf der Zeit und das Ende der Zeit in einem einzigen Bild.

In der dynamischen knienden Haltung der hl. Barbara liegt potentielle Bewegung (Abb. 60). Ein Bein ist nach hinten gestreckt, das andere nach vorn geschoben; mit der einen Hand deutet sie auf ihr Attribut im Hintergrund, den Turm, mit der anderen hält sie vorn auf der Brust ihren Umhang; ihr Oberkörper ist leicht rückwärts zur Heiligen Jungfrau gewandt, Kopf und Hals dagegen extrem nach vorn, denn ihr Blick richtet sich nach unten auf die Engel. Diese spiralartig gewundene Energie entlädt sich in der Heiligen Jungfrau, deren Bewegung über den hl. Sixtus zum Betrachter geleitet wird. Der Bewegungsbogen wird durch die farbliche Gestaltung intensiviert, die mit einer kühlen (die hl. Barbara) über eine warme (Jungfrau) bis hin zu einer heißen (der hl. Sixtus) Farbwirkung rechnet. Zugleich zeigt sich hier eine Steigerung des Gefühlsausdrucks von Reserviertheit im klassischen Sinne über nachdenkliche Melancholie bis hin zu leidenschaftlicher Verehrung; eine Steigerung der Gesten von dem Deuten nach hinten auf ein Symbol der Tugend über die frontale Präsentation von Göttlichkeit bis hin zum emphatischen Ausdruck von Frömmigkeit mit der Verbindung der Bereiche innerhalb und außerhalb des Gemäldes. Zu guter Letzt weist eben dieser Kompositionsbogen Barbara und Sixtus die ihnen angemessenen Plätze unterhalb der Jungfrau zu, wodurch ihre Rollen als Fürsprecher wie auch ihr vorbildlicher Glaube und ihre Opferbereitschaft in den Vordergrund gerückt werden.

Die Aufnahme des hl. Sixtus II. in das Gemälde stellt eine Hommage an den Onkel von Julius II. dar, Sixtus IV., der sich nach dem zu Tode gemarterten Papst benannt hatte. Doch Sixtus II. ist auch ein Porträt von Julius II. Ganz anders als in Lippis Carafa-Altar wird der Stifter also nicht als Zeuge der biblischen Geschichte dargestellt, sondern als Teil von ihr, denn er trägt einen Glorienschein wie ein Heiliger im Himmel. Durch Attribute, Gesten und seinen Blick wird der Papst - und damit alle Päpste, die der Vergangenheit und die der Gegenwart - zum demütigen und geheiligten Fürsprecher, der zwischen Geist und Materie vermittelt. Die Tiara unten links auf dem

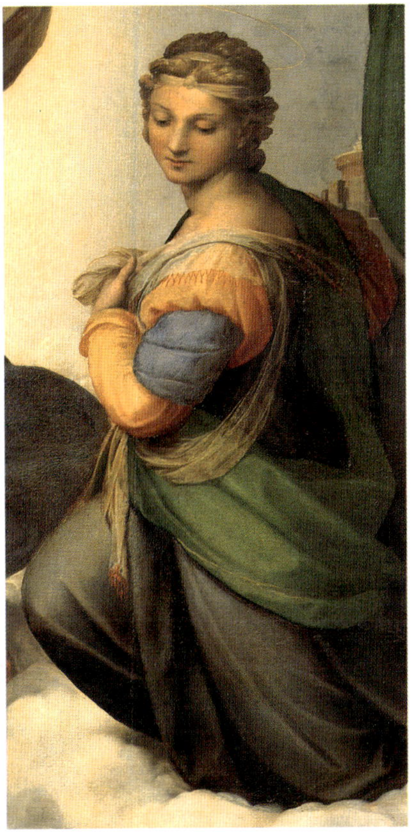

60. Raffael,
Sixtinische Madonna
(Ausschnitt aus Abb. 55),
um 1513, Öl auf Leinwand,
260 x 190 cm,
Gemäldegalerie, Dresden.

Sims, der Schwelle zwischen Himmel und Erde, symbolisiert seine universelle Autorität, verliehen von der Jungfrau Maria und dem Jesuskind. Die Fingerhaltung seiner rechten Hand, ähnlich der eines Priesters, der die Hostie hochhält (siehe Abb. 56, S. 80), verknüpft die unter dem Altarbild zelebrierte Messe in der Kirche mit der spirituellen Welt des Gemäldes.

Raffaels *Verklärung Christi* wurde 1517 im Auftrag von Kardinal Giulio de'Medici (1478-1534), dem späteren Papst Klemens VII. (1523-34), für dessen erzbischöfliche Kathedrale in Frankreich ausgeführt (Abb. 61). Im selben Jahr beauftragte der Kardinal Sebastiano del Piombo (1485(?)-1547), die *Auferweckung des Lazarus* (weiter unten behandelt) für dieselbe Kirche zu malen. Offenbar wollte er Raffael und Sebastiano (sowie Sebastianos Freund Michelangelo, der bei dem Entwurf mitwirkte) zu Bestleistungen herausfordern, indem er sie bewußt in Konkurrenz zueinander treten ließ. Nie zuvor in der römischen Renaissance waren eigenständige Kreativität und persönlicher Stil so offensichtlich um ihrer selbst willen gewürdigt worden, und nie zuvor hatten Mäzene ein größeres Kunstverständnis und einen erleseneren Geschmack bewiesen. Hinzu kam, daß Künstler in diesen Jahren ein so hohes Ansehen genossen wie nie zuvor, was hauptsächlich auf die einzigartigen und vorbildlichen Werke von Malern wie Raffael und Michelangelo zurückzuführen war. Ermutigt durch Humanisten wie Leon Battista Alberti sahen sie sich nicht mehr als Handwerker, sondern als freie Künstler. Aufgrund der gründlichen Ausbildung, der intellektuellen Leistungen und humanistischen Bildung, die Voraussetzungen waren, um die eigenen Bestleistungen wie auch die ihrer Konkurrenten stets zu übertreffen und aus dem Nichts etwas gänzlich Neues zu schaffen, erzielten sie Höchstpreise und genossen die Gunst von Mäzenen. Es ging ihnen weniger darum, prestigeträchtige Aufträge zu erhalten, als vielmehr um ihre Mission: Sie wollten dem Wohle der Kunst dienen. Daher war es kein Zufall, daß Raffael in dem Jahr, als er den Auftrag für die Verklärung Christi erhielt, auch den Palazzo Caprini (siehe Abb. 48, S. 70) kaufte, oder daß er, als er 1520, kurz vor der Vollendung des Altarbildes, viel zu jung starb, feierlich im Pantheon bestattet wurde. Sicherlich hat auch der Umstand, daß Raffael an einem Karfreitag starb, dazu beigetragen, daß man ihm das Attribut »göttlich« verlieh und Vergleiche mit Christus anstellte, was sich unter anderem darin niederschlug, daß die *Verklärung Christi* bei seiner Bestattung gezeigt wurde.

Zeichnungen lassen erkennen, daß Raffael zunächst geplant hatte, nur die »Verklärung« darzustellen, doch dann fügte er, womöglich durch seinen Konkurrenten angespornt, die Geschichte jenes Wunders hinzu, das in der Bibel direkt auf die Verklärung folgt, doch nie zuvor mit ihr in einem Gemälde thematisiert worden war: die Heilung des mondsüchtigen Jungen (Matthäus 17, 14-21). Die »Verklärung« war der spirituelle Beweis dafür, daß Christus göttlich, der Sohn Gottes, ein Messias und ein Prophet war. Raffael brachte dies durch Christi himmelwärts gerichteten Blick zum Ausdruck sowie durch seine enorme Kraft, mit der er, dem Gesetz der Schwerkraft zum Trotz, langsam, sich um die eigene Achse drehend hinaufschwebt. Dabei erzeugt er eine kreisrunde Aureole von blendender Intensität und einen Wirbelwind, der die Propheten Moses und Elias hochhebt, so daß sie sich ebenfalls weit oben befinden. Die Göttlichkeit und Autorität Christi werden durch den scharfen Kontrast zu der voluminösen und dunklen Stofflichkeit der Gebirgslandschaft und ihrem lastenden Gewicht verstärkt, von dem die Heiligen Jakob, Petrus und Johannes erdrückt zu werden scheinen.

Der Dialog zwischen Petrus und Christus in dieser Bibelepisode wurde oft als Beleg für Petri Vorrangstellung zitiert, und in der Kunst wurde Petrus tatsächlich meist bevorzugt behandelt: Raffael zeigt ihn im Mittelgrund seines Gemäldes mit dem Kopf Christus zugewandt. Doch nie zuvor wurden Petrus und seine Begleiter geblendet, verängstigt und hilflos dargestellt, wodurch erneut die absolute Gewalt Christi und die Abhängigkeit der Menschheit von seinem erlösenden Opfertod am Kreuz hervorgehoben wird. Dieses Opfer, auf das in der biblischen Schilderung der »Verklärung« angespielt und das in der Messe inszeniert wird, ist zum einen durch Christi kreuzförmige Haltung veranschaulicht, zum anderen durch das Licht der Landschaft, das entweder von einer untergehenden oder einer aufgehenden Sonne herrührt und somit Tod oder Neuanfang (oder beides) bedeuten kann.

Die untere Hälfte des Bildes zeigt links die Apostel, die den besessenen Jungen ohne Christi Hilfe nicht heilen konnten, wie es in der Bibel heißt. Als Christus hinzukam, trieb er selbst den Dämon des Jungen aus und tadelte die Apostel wegen ihres Unglaubens. Doch in diesem Moment ihrer gemeinsamen Hilflosigkeit blicken die Apostel mit Mitleid, Sorge und Neugier auf die Mutter des Jungen, während sie verzweifelt Schriften bemühen oder die Verantwortung an Christus abgeben. Diesen vielsagenden, aber wirkungslosen Gesten sind die ebenso dramatischen Reaktionen der rechten Figurengruppe auf die Krämpfe des Jungen zugeordnet: Flehen, Angst, Vorwurf, Zorn, Furcht oder Unverständnis. Im Gegensatz zu der Vollkommenheit, Harmonie und Leuchtkraft des Kreises in der oberen Hälfte, ist der untere Bildbereich winklig, disharmonisch und dunkel. Die Gesten und der diagonale Spalt zwischen den beiden Gruppen erzeugen eine visuelle Dynamik, die von unten die Rotationsbewegung oben verstärkt, ohne jedoch eine direkte narrative Beziehung herzustellen. Die Figuren unten sind ahnungslos, stehen buchstäblich im Dunkeln.

In der *Sixtinischen Madonna* gehen die materielle und die geistige Welt eine untrennbare Verbindung ein. Der hl. Sixtus, Statthalter Christi auf Erden, fungiert als Vermittler der Erlösung, als ausgleichende Kraft zwischen der streitenden und der triumphierenden Kirche; die Göttlichkeit ist erreichbar, sanft-

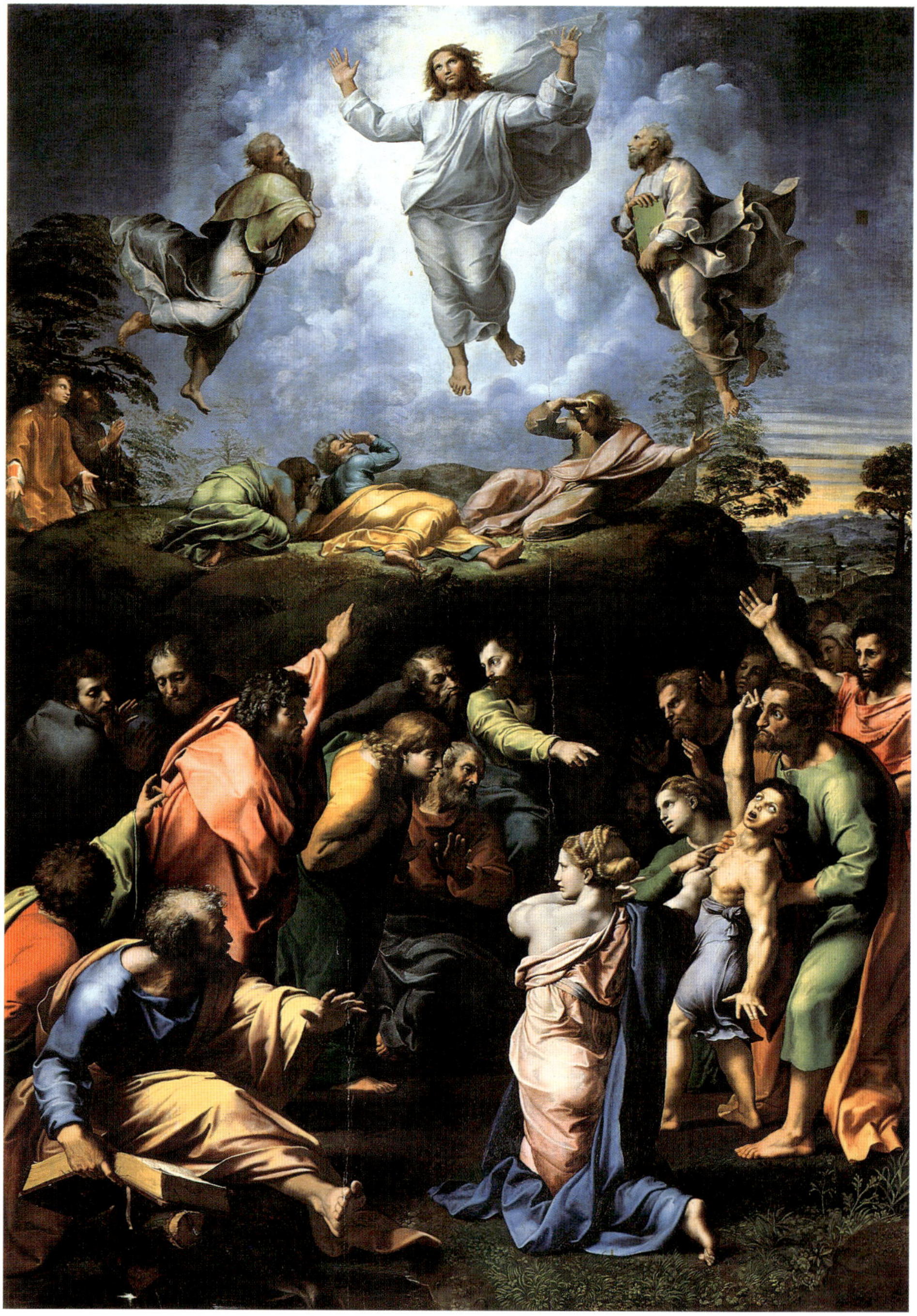

61. Raffael, *Verklärung Christi,* 1517-20, Öl auf Holz, 400 x 270 cm, Vatikanische Pinakothek.

Justus und Pastor, Schutzheilige der Kathedrale St. Just in Narbonne, Frankreich, sind oben links in betender Haltung abgebildet. Das Altarbild wurde niemals nach Frankreich geschickt, sondern 1523 auf dem Hochaltar von S. Pietro in Montorio angebracht.

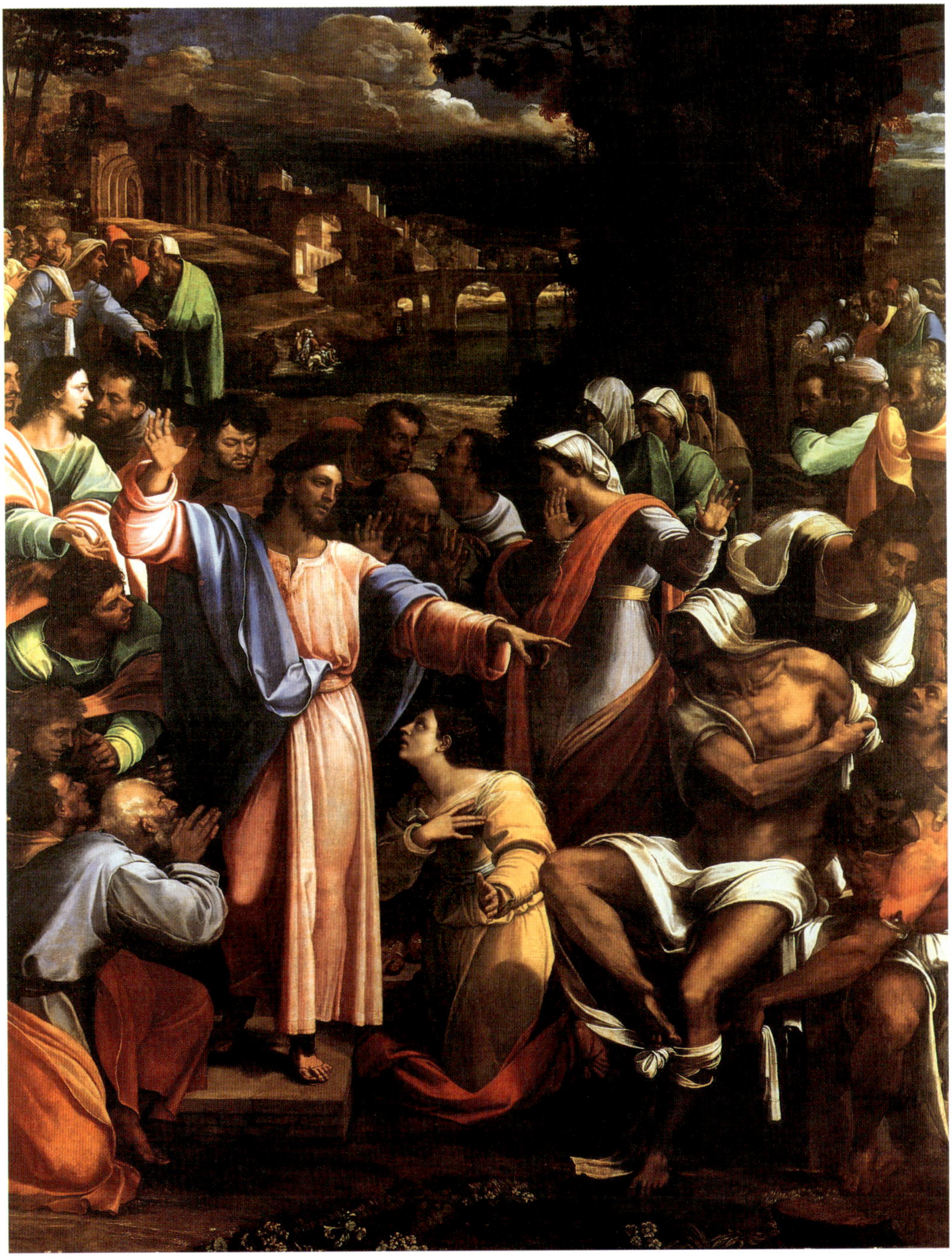

62. Sebastiano del Piombo, *Auferweckung des Lazarus,* ca. 1517-19, Öl auf Holz, übertragen auf Leinwand, auf Holz gespannt, 380 x 280 cm, National Gallery, London.

Das Altarwerk wurde um 1520 zur Kathedrale St. Just in Narbonne, Frankreich, geschickt.

mütig und liebevoll. In der *Verklärung Christi* erscheinen die materielle und die geistige Welt nebeneinandergestellt und gespalten, Petrus und die Apostel sind völlig von Christus abhängig, die Göttlichkeit ist ferner und majestätischer. In diesem Wandel wird ein leiser Hauch reformistischen Denkens in der katholischen Kirche spürbar, der bereits Luthers Position erahnen läßt, derzufolge die Erlösung einzig und allein durch den demütigen Glauben an die Gnade und Barmherzigkeit Christi erlangt werden kann. Das Vollbringen guter Werke und die Kirchenhierarchie verloren an Bedeutung.

Sebastiano del Piombo und Parmigianino

Die *Auferweckung des Lazarus* (ca. 1517-19), ein Gemälde von Sebastiano del Piombo (1485-1547), für das Michelangelo mehrere Figurenstudien anfertigte, stand im unmittelbaren Zusammenhang zur heiligen Messe, denn Christus selbst hat gesagt, daß die Auferweckung des Lazarus Zeichen seiner eigenen Auferstehung war (Abb. 62). In der bemerkenswert klaren und ausgewogenen Komposition scharen sich zwölf Apostel zusammen mit sieben weiteren Figuren oben links im Bild um Christus; auch um Lazarus drängen sich zwölf Juden und sieben weitere oben rechts. Beeinflußt durch Michelangelos *Erschaffung Adams* aus der Sixtinischen Kapelle (in Kapitel fünf behandelt), sind beide Gruppen entlang zwei V-förmig verlaufenden Diagonalen angeordnet, Christus und Lazarus dominieren den Vordergrund. Wie ein Redner auf einem Podium hebt Christus seine rechte Hand zum Zeichen der Auferweckung und scheint mit dem ausgestreckten linken Arm zu befehlen: »Lazarus, komm heraus!« Die majestätische Christusfigur wird zum einen durch ihre säulenartige Gestalt im bewegten Kontrapost, zum anderen durch die tiefe Landschaft dahinter verstärkt. Die vollkommene Hingabe, die sich in der knienden Haltung des hl. Petrus und der hl. Maria Magdalena andeutet, wie auch die ausdrucksvolle Mimik der Apostel als Reaktion auf das Wunder betonen die Bedeutung der Handlung, die Christus in diesem Augenblick vollzieht. Die Position des Petrus vor den anderen Aposteln verweist auf seine Vorrangstellung, obgleich er Christus noch immer deutlich untergeordnet ist.

Im Gegensatz zu der Hinwendung Christi und der Wunder wirkenden Geste weicht Martha voller Abscheu zurück. Der Tod und die Verwesung des Fleisches werden durch die Personen veranschaulicht, die ihre Hände vor ihre Gesichter halten, durch das Grab, auf dem Lazarus sitzt, die Leichentücher, die seinen dunklen Körper eng umhüllen, den abgetrennten Baum zu seinen Füßen und das nächtliche Dunkel. Dennoch wirkt Lazarus vor dem tief verschatteten, stark bewachsenen Felsbrocken hünenhaft und so groß wie Jesus, während er in einem extrem gewundenen Kontrapost beginnt, die Leichentücher abzustreifen, und

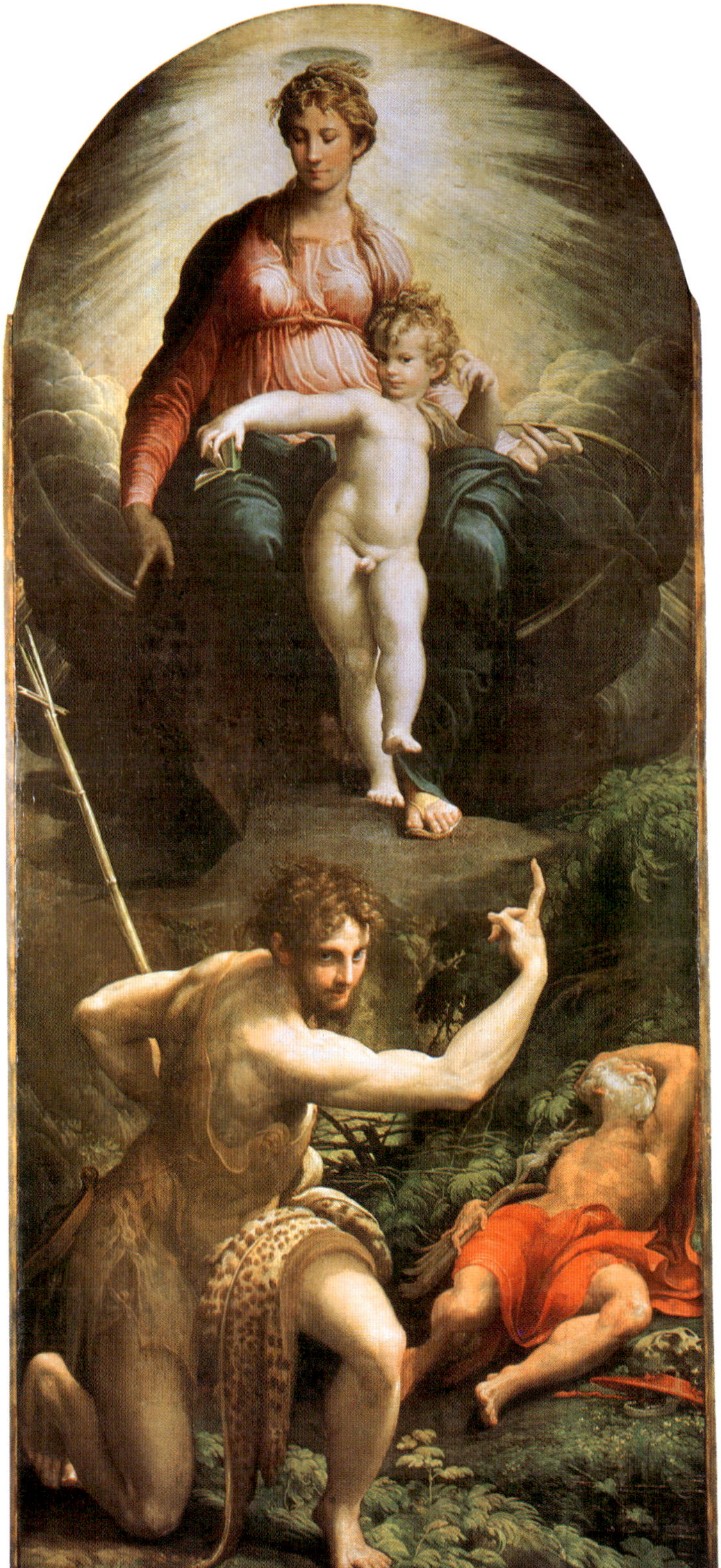

63. Parmigianino,
Vision des hl. Hieronymus,
ca. 1526-27, Öl auf Holz,
340 x 150 cm, National Gallery,
London.

Parmigianino malte dieses Bild für die Caccialupi-Kapelle in S. Salvatore in Lauro, Rom. Inspiriert durch Arbeiten von Michelangelo hat der Künstler den hl. Johannes in einer extrem gewundenen Pose dargestellt; Kopf und Schulter sind parallel zu seinen Oberschenkeln, und Arme und Beine bilden eine hakenkreuzähnliche Form, denn eine Seite des Körpers befindet sich beinahe parallel zur Bildfläche, die andere bewegt sich dagegen auf einer Diagonale in den Tiefenraum des Bildes. In Anlehnung an Leonardo hat Parmigianino dem hl. Johannes darüber hinaus weibliche Züge verliehen; die Hüfte ist gerundet, die Lippen voll, das Haar lockig und die Gestik geziert. Als Gegensatz zu seinem groben Ledergewand liegt obendrein über seinem Bein ein weiches und sinnliches Leopardenfell, das Attribut des Bacchus. Die androgyne Erscheinung des hl. Johannes und sein vehementes Auftreten werden auf diese Weise mit bacchantischer Liebe und Ekstase gleichgesetzt.

das Licht eines neuen Tages seinen wiederbelebten Körper erhellt. Die Eucharistie in der Kirche, die unterhalb des Gemäldes gefeiert wird, verheißt einen ähnlichen Neuanfang.

In der um 1526-27 entstandenen *Vision des hl. Hieronymus* dramatisierte Parmigianino (1503-40) die Vermittlung zwischen Materie und Geist, indem er den hl. Johannes den Täufer in dynamisch vorwärts drängender Pose darstellte, den Blick aus dem Bild heraus gerichtet und zugleich nach oben auf die Heilige Jungfrau und das Kind weisend (Abb. 63). In Anspielung auf die Pose von Antiope in dem zur selben Zeit entstandenen Gemälde *Jupiter und Antiope* (Louvre, Paris) von Correggio (1489(?)-1534), ruht der hl. Hieronymus, ausgestattet mit seinen traditionellen Attributen Kruzifix, Schädel und Kardinalshut, in der Landschaft der rechten Bildhälfte. Der über den Kopf gelegte Arm entspricht der griechisch-römischen Schlafhaltung, die in Rom von Skulpturen der schlafenden Ariadne bekannt war. Im oberen Teil des Gemäldes hat Parmigianino eine ausgesprochen erlesene Maria gemalt, die auf einer halbkreisförmigen Wolke sitzt. Hinter ihr scheint die Sonne aus einem dunklen Himmel hervor und verleiht der Jungfrau einen majästetischen Ausdruck über alle Zeiten hinweg. Johannes der Täufer, das Bindeglied zwischen dem Alten und dem Neuen Testament, verkörpert auch die Gesamtheit der biblischen Zeit. Ein schüchternes und anmutiges Jesuskind mit fein gelocktem Haar steht zwischen den Beinen Marias. Dieser Standort beinhaltet eine offene Anspielung auf seine Menschwerdung, der angehobene Fuß ist zugleich ein traditioneller Verweis darauf, daß er sein Schicksal akzeptiert, indem er hinaus in die Welt tritt. Der Künstler nahm hier eine motivische Anleihe bei Michelangelos *Brügger Madonna* aus dem Jahre 1503-05.

Christi Leiden wird durch die Schrift angedeutet, in der er unter dem liebevollen Blick seiner Mutter mit der rechten Hand blättert, sowie durch die Palme des Martyriums, das Schilfkreuz und die Kruzifixe, die von der hl. Jungfrau, Johannes und Hieronymus gehalten werden. Parmigianino hat sich bei dem gewundenen und schon reiferen Christuskind an Michelangelos Gemälde *Auferstandener Christus* in S. Maria sopra Minerva von ca. 1518-22 orientiert. Durch diese motivische Verbindung wird gleichzeitig die Rückkehr des auferstandenen Christus ins Bewußtsein gerufen. Da Hieronymus in der Wüste Visionen vom Jüngsten Gericht hatte, ließe sich sein Schlaf ebenfalls als Anspielung auf die Wiederkunft Christi deuten. Und schließlich symbolisiert der Stein, auf den sowohl Christus als auch Maria auffällig einen Fuß gesetzt haben, die Kirche, deren Grundstein Christus war.

Von den Künstlern der damaligen Zeit wurde erwartet, daß sie die Natur und die Werke anderer Meister imitierten, um Arbeiten zu schaffen, die die göttliche Schöpfung getreu wiedergaben, aber auch deren Vollkommenheit zum Ausdruck brachten. Raffaels *Sixtinische Madonna* ist eine brillante Demonstration dieses Kunstverständnisses. Die Einheit von geistiger und materieller

Welt wird darin anschaulich, die natürlichen Grenzen der Wahrscheinlichkeit bleiben jedoch gewahrt. Parmigianino hat diese Grenzen überschritten und einen Stil erschaffen, der später Manierismus genannt wurde. Er betonte nämlich die Schönheit der Form, indem er sich auf frühere Schönheitsideale berief. Dann verfeinerte, verbesserte und verlängerte er Form und Maßstab bis zur extremen Künstlichkeit, die er als Metapher für göttliche Vollkommenheit und Herrlichkeit verstand. Gleichzeitig erzeugen sämtliche Handlungen - das Umblättern der Seiten, der Schritt nach vorn, das dynamische zielgerichtete Vorwärtsdrängen, der Rückzug in einen visionären Schlaf, der aus Askese und Buße erwächst - Vorstellungen von der Verderbtheit der Natur und der Notwendigkeit zu bereuen und die Nachfolge Christi anzutreten, um Erlösung zu erlangen. Diese Spannung zwischen Künstlichkeit und Handlung stand im Zusammenhang mit der damals strittigen Frage zum Wesen der reformierten Kirche: Sollte sie prächtig und kultiviert sein, um Ehrfurcht und Gehorsam hervorzurufen, oder primitiv und asketisch, um als Beispiel für die Tugenden der frühen Kirche zu dienen? Während Parmigianino dieses Werk vollendete, brachte die Plünderung Roms *(Sacco di Roma)* durch kaiserliche Truppen im Jahre 1527 schließlich die Entscheidung zugunsten der Askese.

Altarwerke in Rom nach dem »Sacco« von 1527

Eine der frühesten Manifestationen der hoffnungslosen Untergangsstimmung, die durch den *Sacco di Roma* ausgelöst wurde, war Michelangelos *Jüngstes Gericht*, das neben weiteren Fresken im folgenden Kapitel behandelt wird. Die *Kreuzabnahme* von 1541-45, die Daniele da Volterra (1509(?)-66), ein Schüler des berühmten Künstlers, für die Orsini-Kapelle in Trinità dei Monti schuf, war eines der ersten Altarbilder, das die dramatische Darstellung in Michelangelos Fresko und den neuen Zeitgeist verarbeitete (Abb. 64). Leider ist sie nur stark beschädigt erhalten geblieben. Die Kreuzigung Christi mit ihrer Verheißung von Erlösung war der zentrale Glaubensgrundsatz, der in der Liturgie der heiligen Messe vergegenwärtigt wurde. Somit wurden die Kreuzigung und die vielen Stationen des Leidensweges als Sujets für Altarbilder immer beliebter. Ohne den Umweg über eine differenzierte Auseinandersetzung mit theologischen wurde der andächtige Betrachter durch sie direkt und eindringlich mit dem Drama der Kreuzabnahme konfrontiert.

Christi Leichnam wird in Daniele da Volterras Version des Themas diagonal durch den Raum auf den Betrachter zubewegt, sein Fuß befindet sich in der Mitte der Bildfläche und ist dem Betrachter am nächsten. Der Eindruck von Bewegung wird zusätzlich durch die sprossenförmige Anordnung der ausdrucksvollen michelangelesken Figuren vermittelt, die extreme Körperhaltungen einnehmen und deren Gewänder wallen, als würde ein

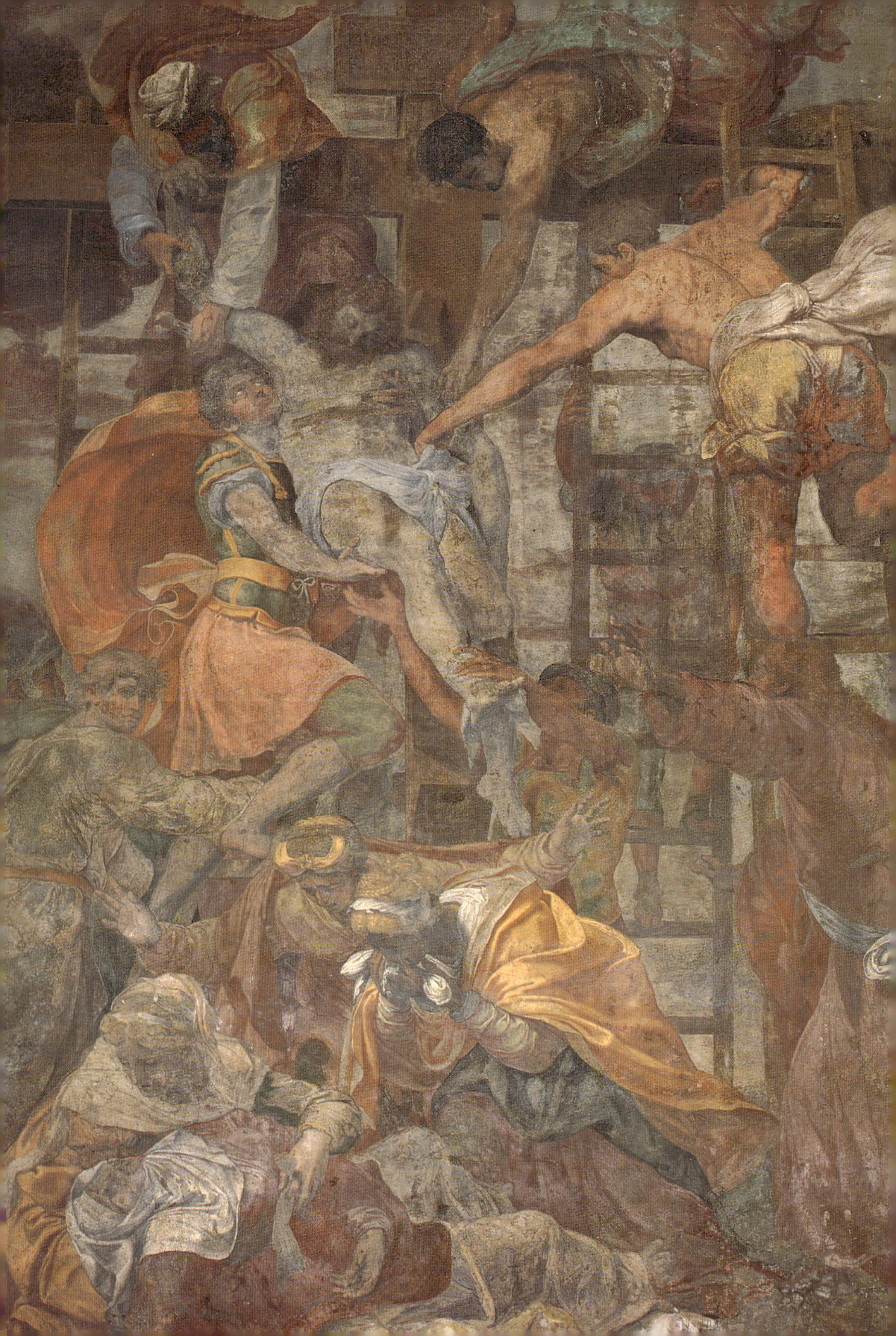

Orkan herrschen. Die Komposition ist auf dynamische Weise aus der Zentralachse nach links versetzt, wird aber durch die beiden Leitern rechts stabilisiert, denen links nur eine Leiter gegenübergestellt ist. Das gitterartige Muster, das sie erzeugen, wirkt der Dynamik entgegen. Im unteren Teil des Gemäldes ist die tiefe Trauer der Heiligen Jungfrau sehr dramatisch dargestellt, denn es wird gezeigt, wie sie ohnmächtig zusammenbricht. Das erschütternde Pathos wird durch Gestik und Mimik der drei Marien, die leuchtenden Farben ihrer Gewänder und die Lichtführung noch verstärkt. Die in Form eines Dreiecks angeordnete, untere Gruppe ist mit der X-förmigen, oberen Gruppe in der Nähe von Christi Fuß durch die ausgebreiteten Arme des Evangelisten Johannes und durch Maria Magdalena dynamisch verbunden, wobei eine der beiden Figuren nach oben blickt, die andere nach unten. Obwohl das Altarbild durchaus prachtvolle Elemente aufweist, vermittelt es doch in erster Linie auf unmittelbarem Wege den Schmerz und die Trauer der beteiligten Personen.

Um die Mitte des 16. Jahrhunderts gab es im Zuge der allgemeinen Reformbewegung zahlreiche polemische Attacken gegen Michelangelo und seine Schüler, was zum Teil darauf zurückzuführen war, daß die Protestanten die kapriziösen Exzesse in der religiösen Kunst Italiens verspotteten. Für die Katholiken war die Kunst ein viel zu nützliches Instrument der Lehre und Propaganda, um sie als götzendienerisch zu verwerfen, wie die Protestanten es taten. Dennoch sprachen sich die Reformer dafür aus, daß die Kunst vom Klerus kontrolliert werden müsse, keine weltlichen, heidnischen oder sinnlichen Elemente beinhalten dürfe und, wie Raffaele Borghini (ca. 1537-88) in seinem *Il Riposo* (1584) schrieb, »sich schlicht und rein von der Heiligen Schrift herzuleiten« habe. Im Unterschied zu Parmigianinos *Vision des hl. Hieronymus* war Danieles *Kreuzabnahme* in dieser Hinsicht sicherlich kein Vorwurf zu machen. Doch angesichts der äußerst suggestiven Gestik und Mimik seiner Figuren und der meisterhaften Darstellung bewegter männlicher Anatomie - ganz im manieristischen Stil der zweiten Generation -, hätte er bei einem Kritiker wie beispielsweise Giovanni Gilio da Fabriano nicht so ohne weiteres Gnade gefunden. Nach dessen Ansicht war etwas nämlich in dem Maße schön, wie es klar und deutlich war. Ein Künstler war gut beraten, wenn er seine Kunst der Wahrheit des Themas anpaßte, statt die Reinheit des Themas der Schönheit der Kunst zu unterwerfen.

Die *Krönung der Heiligen Jungfrau* ist ein frühes Beispiel für die neue refomierte Kunst. Federico Zuccari (1540(?)-1609) malte das Gemälde um 1568 für den Hochaltar von S. Lorenzo in Damaso im Auftrag von Kardinal Alessandro Farnese (Abb. 65). Der klare geometrische Aufbau geht zurück auf Raffaels *Madonna di Foligno* von ca. 1511, die einst den Hochaltar von S. Maria in Aracoeli (Kapitol) schmückte. Die kreisrunde obere Zone, Sinnbild göttlicher Vollkommenheit, weist jedoch bei weitem nicht die vielschichtige Komplexität von Raffaels Gemälde auf,

64. Daniele da Volterra,
Kreuzabnahme, 1541-45, Fresko, auf Leder übertragen, ca. 400 x 280 cm, Bonfili-Kapelle, Trinità dei Monti, Rom.

Das Werk befand sich ursprünglich in der Orsini-Kapelle, für die es auch vom Künstler geschaffen worden war.

65. Federico Zucchari,
Krönung der Heiligen Jungfrau, ca. 1568,
Öl auf Schiefer,
890 x 380 cm,
S. Lorenzo in Damaso, Rom.

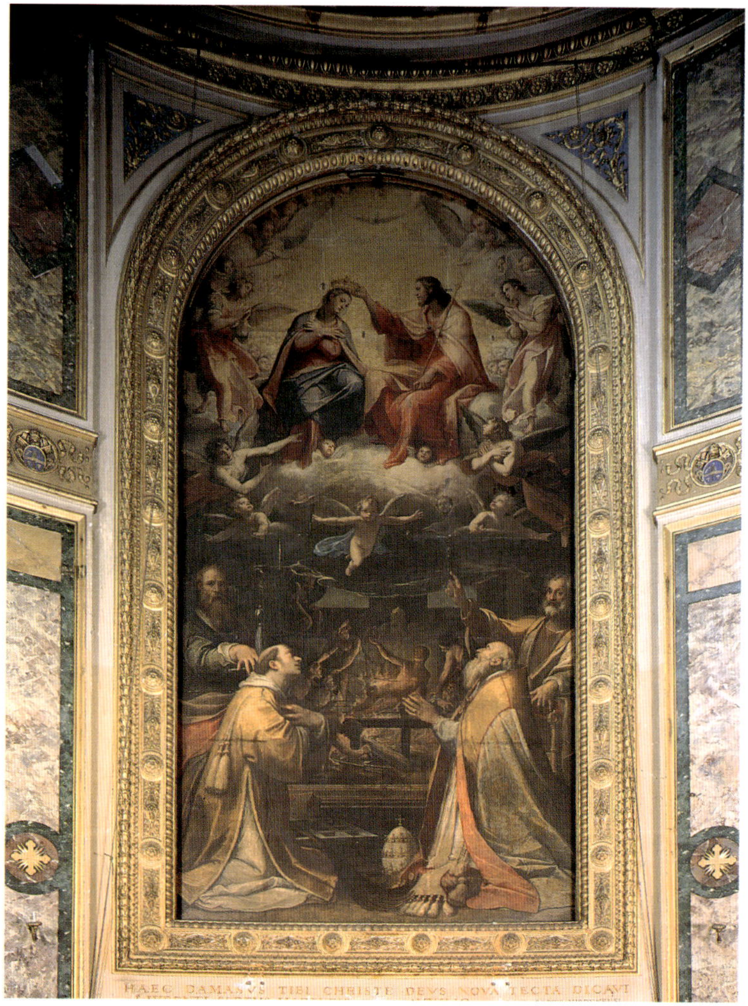

sondern ist eine offenkundige Verherrlichung der triumphierenden Kirche. Die Jungfrau wird als majestätische, aber demütige und fromme Königin vorgeführt, Christus als prachtvoller König. Sie sind umgeben von Engeln und dem Goldglanz des Heiligen Geistes. Im unteren Bereich sind halbkreisförmig angeordnet Personifizierungen der streitenden Kirche zu sehen. Im Hintergrund stehen die Begründer der römischen Kirche, der hl. Petrus und der hl. Paulus. Sie sind mit ihren Attributen Schlüssel und Schwert ausgestattet und blicken den Betrachter direkt an. Der nach oben weisende Arm von Petrus signalisiert, daß die Kirche zwischen Erde und Himmel vermittelt. Vor dem hl. Petrus und in Blickkontakt mit der Heiligen Jungfrau kniet der Erbauer der ersten Kirche, der hl. Papst Damasus I. (366-84). Auf derselben Seite wie Christus betend, in prunkvollem päpstlichem Ornat und umrahmt von den Schlüsseln des hl. Petrus und der

Gegenüber
66. Scipione Pulzone,
Beweinung Christi, 1591,
Öl auf Leinwand,
290 x 170 cm, Metropolitan Museum of Art, New York.

Gemalt für die Engel-und-Erzengel-Kapelle in der Kirche Il Gesù.

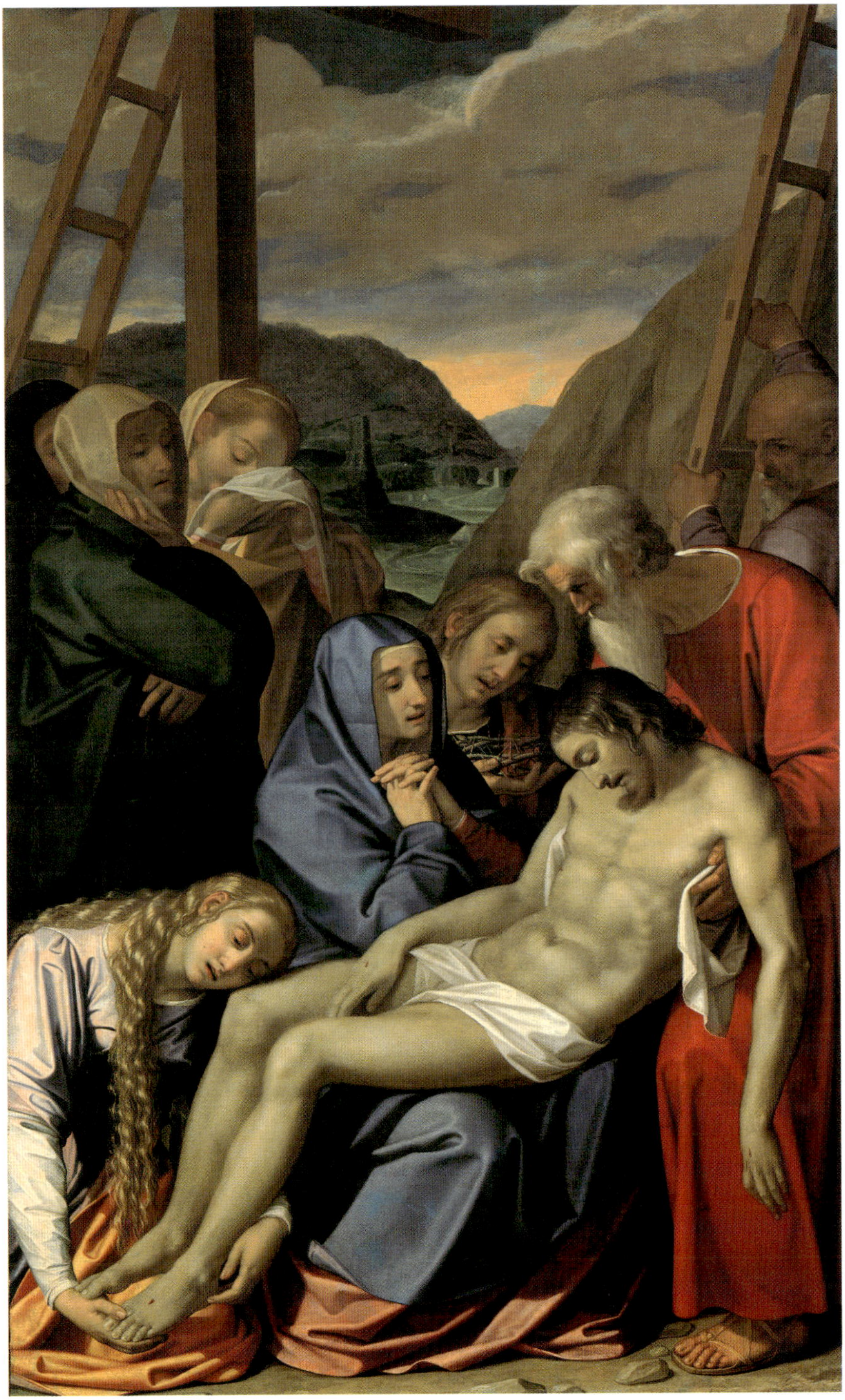

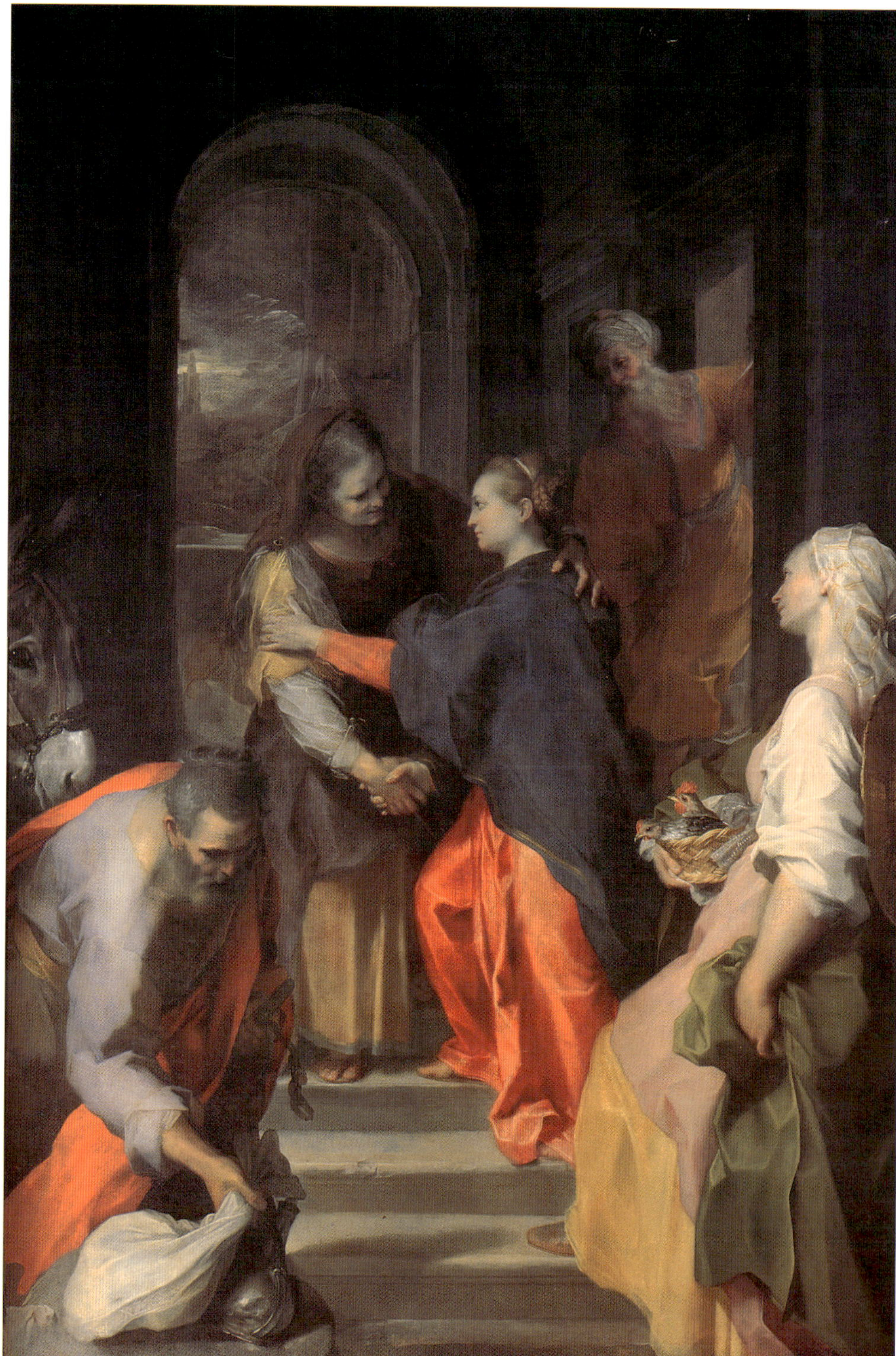

Tiara, ist dieser Heilige eine Ikone der Frömmigkeit, des päpstlichen Primats und der universellen irdischen und geistlichen Macht. Laurentius (gest. 258), der Schutzheilige der Kirche, kniet im Talar eines Diakons vor dem hl. Paulus und blickt Christus voller Verehrung an. Als Diakon, der die kirchlichen Finanzen verwaltete, und als Märtyrer, der auf einem glühenden Rost zu Tode gefoltert wurde, weil er den Reichtum der Kirche an die Armen verteilte, verkörpert Laurentius den Glauben und die guten Taten, die den Beschlüssen des Tridentinischen Konzils zufolge Voraussetzung für die Erlösung waren, was von den Protestanten bestritten wurde. Giovanni Gilio da Fabriano wäre als strenger Kritiker sicherlich über die fast schematische Klarheit dieser Darstellung der reformierten Kirche erfreut gewesen wie auch darüber, daß der Künstler sein Medium der Botschaft unterordnete.

Ein noch deutlicheres Beispiel für diesen Stil der Gegenreformation bildet die 1591 entstandene *Beweinung Christi* von Scipione Pulzone (vor 1550-98), die ursprünglich für eine Kapelle der Jesuitenkirche Il Gesù gedacht war (Abb. 66). Im Vergleich zu der emotionalen Aufgewühltheit und dem sinnlichen Drama von Daniele da Volterras *Kreuzabnahme* ist dieses Altarbild klar und gemäßigt, aber auch schicklich gestaltet. Die Jungfrau ist nicht vor Trauer der Ohnmacht nahe, die drei Marien und der Evangelist Johannes sind ihren Gefühlen nicht hilflos ausgeliefert, Josef von Arimathäa und Nikodemus müssen sich nicht körperlich verausgaben, Christus wird nicht bewegt. Die Figuren sind allesamt in frisch gebügelte Gewänder gekleidet und völlig emotionslos bis auf Zeichen ihrer Frömmigkeit, hier konventionell durch traurige rote Augen mit schweren Lidern, durch offene Münder und gefaltete Hände dargestellt. Das Licht ist gleichmäßig, die Farben sind harmonisch, die Kleidung uneindeutig klassizistisch, d.h. sie ist weder zeitgenössisch noch durchgängig historisch, Komposition und Figurendarstellung sind vereinfachte Abwandlungen von Werken der Hochrenaissance. Diese durchaus passend als *arte senza tempo* (Kunst ohne Zeit) bezeichnete Kunst ist bis heute Vorbild zahlreicher süßlicher, religiöser Werke, die mit möglichst geringem Einsatz ästhetischer Mittel bei einer möglichst großen Zahl von naiven Kirchgängern fromme Andächtigkeit auslösen sollen.

Ein historisch bedeutsamerer Aspekt der zahlreichen Spielarten der Gegenreformationskunst kommt in der *Heimsuchung* von 1584-86 zum Ausdruck, die Federico Barocci (1526(?)-1612) für einen der »Heimsuchung Mariä« geweihten Altar in S. Maria in Vallicella malte (Abb. 67). Barocci hat durch satte, harmonische Farben, durch ein konzentriertes, X-förmiges Kompositionsschema, durch lebendige und abwechslungsreiche Bewegungen, durch ein gezieltes und aktives Spiel von Licht und Dunkel und durch einen im antiken Stil architektonisch begrenzten Raum Elemente aus mittel- und norditalienischen Werken der Hochrenaissance miteinander verschmolzen. Das Ergeb-

67. Federico Barocci,
Heimsuchung, 1584-86,
Öl auf Leinwand,
280 x 180 cm,
Pozzomiglio-Kapelle, S. Maria in Vallicella, Rom.

Typisch für diese Epoche ist Baroccis Vorliebe für die genaue Wiedergabe weltlicher Details, so beispielsweise Kopf und Halfter des Esels, die Delle in dem metallenen Weinkrug, die angeschlagene Stelle in der Marmorstufe, das Geflecht des Schilfkorbes und der Strohhut. Sie gelten allesamt als Symbole der Demut.

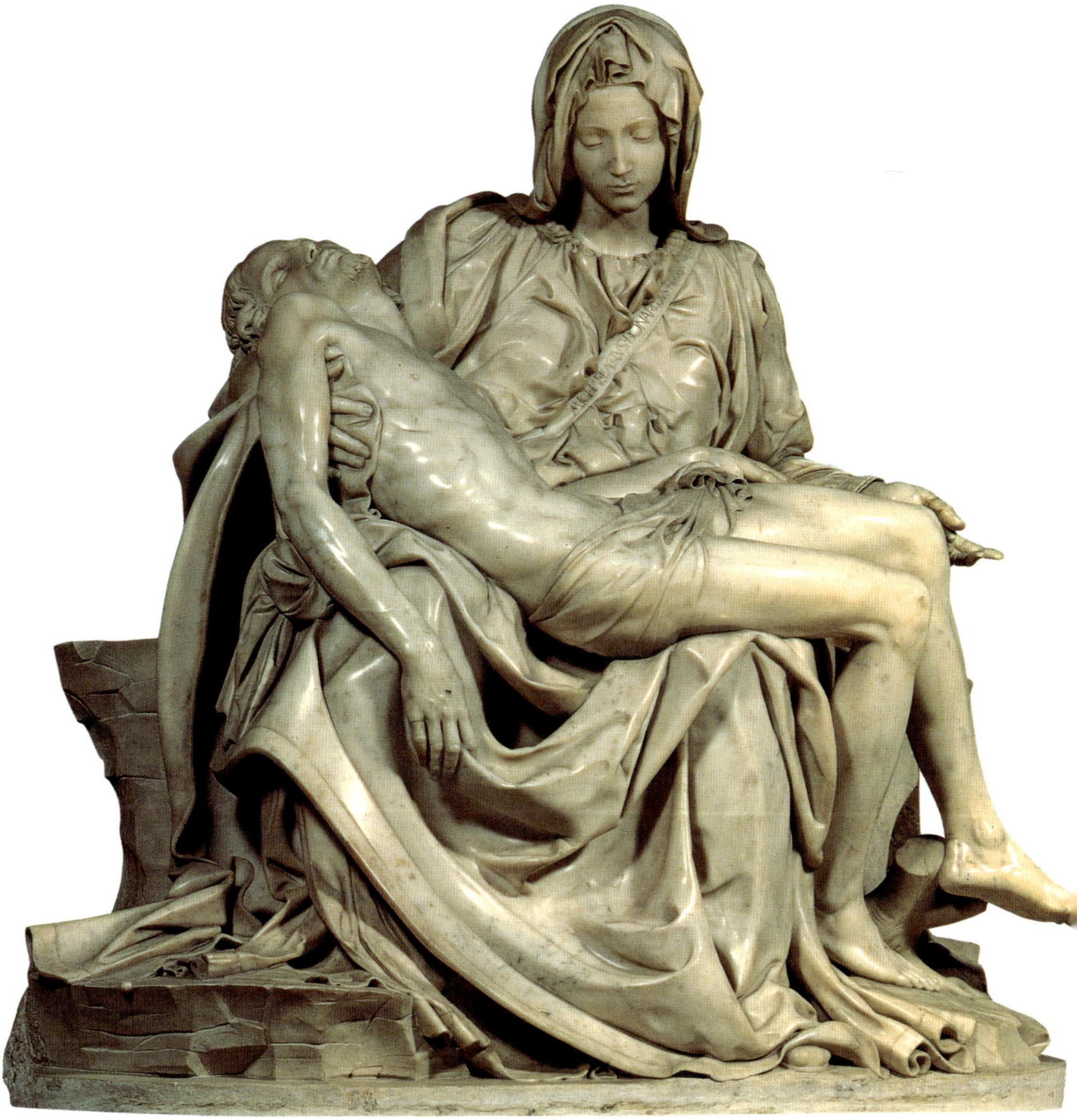

68. Michelangelo, *Pietà,* 1497-1500, Marmor, 170 x 190 x 69 cm, Capella della Pietà, Peterskirche, Vatikan.

Es ist das erste und einzige Werk, das Michelangelo auffällig signierte. Mit lateinischen Antiqua-Blockbuchstaben auf dem Band zwischen den Brüsten der Jungfrau - *michel angelus bonarotus florentinus faciebat* - weist sich Michelangelo als Meister der Antike aus. Und in der Tat wird die *Pietà* durch die heitere Gelassenheit und Schönheit der Jungfrau sowie durch den muskulösen Körper und die strahlende Anmut Christi mit der antiken Tradition der Trauer um einen toten Helden verbunden. Zum erstenmal wagte es Michelangelo, ein Motiv, das traditionell den Schwerpunkt auf Tod und Verzweiflung legte, mit klassischer Anmut und Idealismus als Zeichen göttlicher Vollkommenheit und Erneuerung zu durchdringen.

nis ist ein Gemälde von großer Würde und Erhabenheit, das dem Augenblick gerecht wird, in dem die hl. Elisabeth, die mit Johannes dem Täufer schwanger ist, und Maria, schwanger mit Jesus, die Verbindung der alten und der neuen Ordnung verkörpern. Charakteristisch für die Gegenreformation sind vor allem die aus dem Bild sprechende Zärtlichkeit, Freude und Liebe, die sogar noch deutlicher hervortreten als bei Raffael. Darüber hinaus versinnbildlichen einzelne Szenen die erklärte Glaubenslehre der Gegenreformation: Der hl. Josef, der seine Nahrungsmittelvorräte auf einen Felsen legt, steht für Eucharistie und Kirche, und die Magd, die Vögel darbringt, für Nächstenliebe und Opfergabe. Dieses meisterliche Werk verweist auf den Barock und eine selbstbewußte, sichere, reformierte Kirche.

Michelangelos »Pietàs«

Michelangelos vatikanische *Pietà* (die Heilige Jungfrau, die den toten Christus hält), aus den Jahren 1497 bis 1500 (Abb. 68), war eine Auftragsarbeit für Kardinal Jean de Bihères Lagraulas (gest. 1499). Sie wurde ursprünglich von Fenstern hoch oben im Tambour der französischen Kapelle S. Petronilla erhellt, ein rundes Kaisermausoleum aus dem 15. Jahrhundert, das mit dem südlichen Querschiff der Peterskirche verbunden war (siehe Abb. 10, S. 24). Da die Kapelle vor 1520 abgerissen wurde, um Platz für die neue Peterskirche zu schaffen, ist heute ungewiß, ob die Skulptur ursprünglich als Altarwerk diente, wie heute in der Peterskirche, oder als Grabmal. In jedem Fall war sie jedoch wie die Eucharistie dazu gedacht, durch Christi Opfer zwischen Leben und Tod zu vermitteln.

Hände, Füße und Seite von Michelangelos lebensgroßer Christusfigur sind von den Wunden der Kreuzigung gezeichnet, und der Kopf ist leblos von seiner Mutter weggedreht. Christi Körper ist seitlich abgekippt, er ist ein im wahrsten Sinne des Wortes totes Gewicht, das jeden Augenblick vom Schoß der Heiligen Jungfrau zu rutschen droht. Seine Beine sind mager und wirken angespannt, was auf den Beginn der Totenstarre hinweist. Sein linker Fuß ruht auf dem Stumpf eines jungen Baumes, Sinnbild eines in der Blüte beendeten Lebens. Doch der geschlagene Baum verheißt auch neues Leben, denn durch das Holz des Kreuzes ist der Menschheit die Erlösung gebracht worden. Und tatsächlich hat Michelangelo Christus auch als Verkörperung dieser Verheißung neuen Lebens dargestellt. Christi linke Hand wirkt zwar leblos, doch seine rechte scheint wie durch innere Kraft das Gewand der Jungfrau zu fassen. Im Unterschied zu den steifen, gewinkelten Beinen schmiegt sich sein Oberkörper biegsam an den der Heiligen Jungfrau. Der Torso ist muskulös, geschmeidig und strotzt vor Vitalität wie der eines antiken Helden. Der Mund und die Augen sind leicht geöffnet, seine Gesichtszüge erinnern an einen jugendlichen Apoll, und die glatte, fein modulierte Oberfläche der Skulptur strahlte sicherlich am ursprünglichen Standort in dem Licht, das von den hohen Fenstern der Kapelle herableuchtete. Durch dasselbe Licht muß zudem das verschleierte Gesicht der Jungfrau im Schatten gelegen haben, was den Eindruck tiefer Trauer noch verstärkte, der durch ihren geneigten Kopf und die gesenkten, fast geschlossenen Augen vermittelt wird. Mit einer Hand umschließt sie Christi Wunde, mit der anderen präsentiert sie ihren toten Sohn den Andächtigen. Doch auch Maria verkörpert die Verheißung neuen Lebens.

Die überlebensgroße Madonna, dargestellt wie eine junge, schöne Braut mit den idealisierten Gesichtszügen einer antiken Göttin und auf einem Marmorblock sitzend, symbolisiert die erneuernde Kraft der mit Christus vermählten Kirche, mit Christus, dem Grundstein, der seine Kirche auf den Felsen Petrus baute. Das aus der umschlossenen Wunde geflossene Blut erinnert an die Sakramente der Erlösung, Taufe und Eucharistie, und die Geste der linken Hand versinnbildlicht (wie auch bei vielen Darstellungen des Jüngsten Gerichts) die Aufnahme im Himmel. Damit die Knie der Jungfrau als Stütze für einen erwachsenen Mann stark genug wirkten, hat Michelangelo sie weit gespreizt dargestellt, was obendrein an die Geburt Christi erinnert. Die im weiten Bogen fallenden Falten ihres Gewandes zwischen den Beinen stützen und beleben Christi Körper. Marias ungewöhnliche Haltung (linkes Bein und rechte Schulter sind gesenkt, rechtes Bein und linke Schulter sind erhöht, sie ist zu Christi Knien vorgebeugt und hat dennoch den Kopf zu seinem Oberkörper gedreht) deutet ihr Bemühen an, den Oberkörper des toten Christus anzuheben und zu sich zu ziehen, als würde sie die Augenblicke wiederholen wollen, in denen sie ihm die Brust gab. Das diagonale Band strafft den Stoff ihres Gewandes und betont so die Brüste, deren lebensspendende Kraft durch den kaskadenartigen Faltenwurf zum Ausdruck kommt.

Die Skulptur wird in besonderer Weise von Gegensätzen beherrscht. Christus, der tot ist und doch zugleich an das spirituelle Leben erinnert, wird als physischer menschlicher Körper dargestellt. Die Heilige Jungfrau, die um Christus trauert und zugleich die Verheißung eines neuen Lebens zum Ausdruck bringt, besitzt im wesentlichen eine spirituelle Präsenz, denn sie ist in ein Gewand gekleidet, das ihren lebendigen Körper weitgehend verbirgt. Überall befinden sich Geist und Materie in einem angespannten Gleichgewicht und künden von dem zentralen Paradoxon des christlichen Glaubens.

Viele klassische Autoren haben sich lobend darüber geäußert, mit welcher Virtuosität Bildhauer aus einem einzigen Marmorblock mehrfigurige Skulpturen meißelten. Und nicht selten unternahmen Bildhauer der Renaissance den Versuch, es ihren antiken Vorbildern gleichzutun, wie Michelangelo bei dieser Arbeit. So mühelos Michelangelos Werk auch anmutet, es verlangte höchste Konzentration, genaueste Planung und intellektuelle

69. Michelangelo, *Pietà*, ca. 1547-55, Marmor, 230 x 120 x 94 cm, Museo dell'Opera del Duomo, Florenz.

Vasari berichtet, daß Michelangelo selbst das Werk beschädigte, weil der Marmor nicht makellos war. Vasari schreibt weiter, daß Michelangelos Gehilfe Tiberio die Skulptur reparierte, so daß sie in ihrer heutigen Form, bis auf das fehlende Bein, in etwa so aussah, wie sie geplant war.

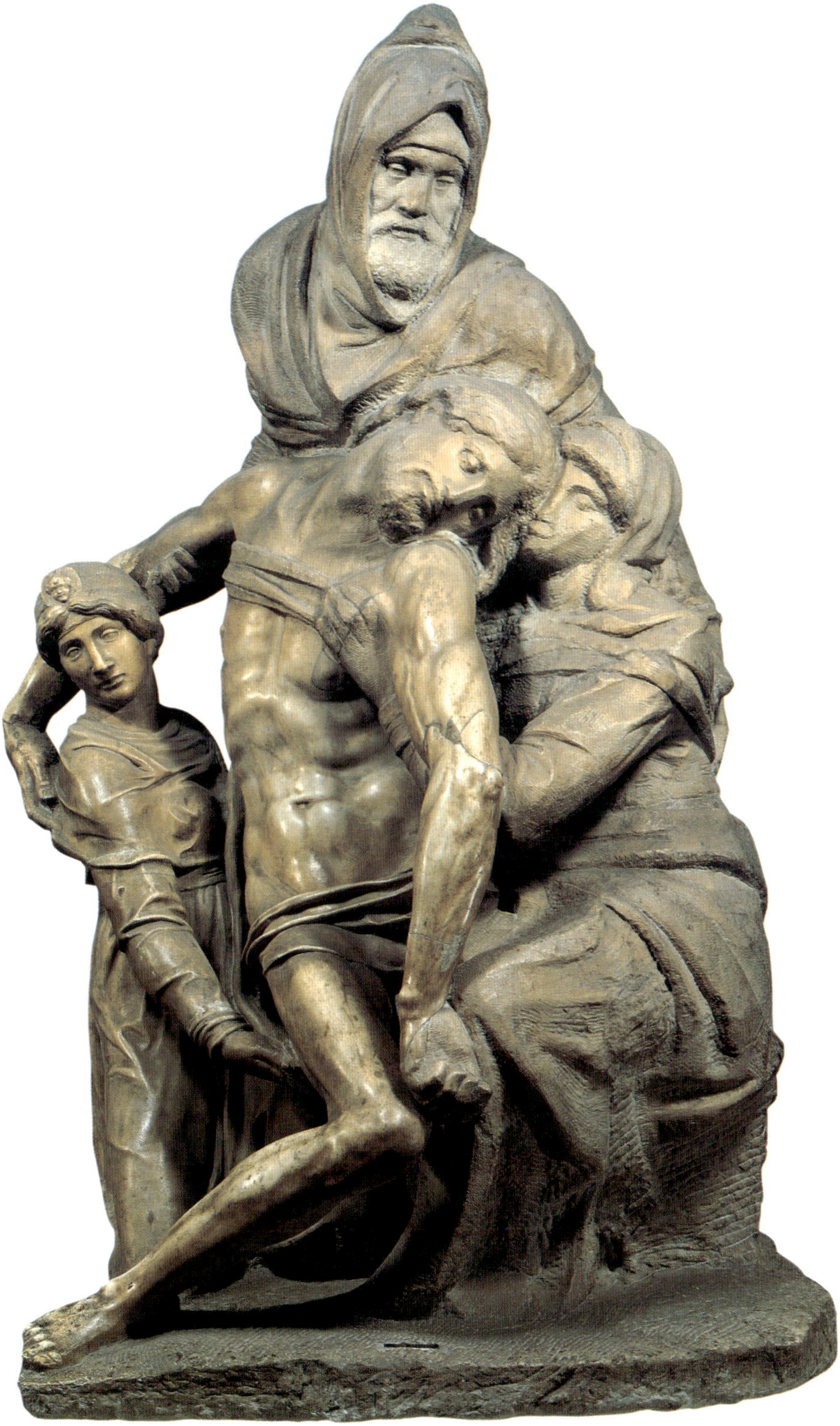

Übersicht, und es ist durchaus denkbar, daß Michelangelo seine künstlerische Leistung durch die Signatur stolz als Opfergabe an Gott kennzeichnen wollte. So gesehen wäre schon die Schaffung des Werkes Ausdruck des Kampfes zwischen dem kreativen Geist und der widerspenstigen Materie, wobei die Signatur den Triumph des Geistes suggeriert.

Die *Pietà* von 1547-55, die sich heute im Florenzer Museo dell'Opera del Duomo befindet, schuf Michelangelo ursprünglich für seine eigene Grabstätte, die in der Kirche S. Maria Maggiore in Rom errichtet werden sollte (Abb. 69). 1721 wurde die Skulptur im Florentiner Dom aufgestellt und schmückte dort den Hochaltar. Da der schwere Körper des toten Christus in seiner ganzen Größe frontal präsentiert wird und so einen sinkenden Eindruck erweckt, als sollte er gerade auf den Altar hinabgelassen werden, der von jeher als symbolisches Grab galt, ist davon auszugehen, daß die Skulptur als Altarwerk konzipiert wurde und nicht als traditionelles Grabmal.

Während Christi Körper auf die ausgemergelten Beine bzw. das ausgemergelte Bein sackt, dreht er sich, aus der Blickrichtung der Figur, die Christus von hinten stützt, von links nach rechts. Mit dieser Bewegung scheint Christus Maria Magdalena, die an seiner rechten Seite steht, zu umarmen, sein Leichentuch fällt zwischen ihre Brüste und Beine, während sie seinen Oberschenkel umfaßt und (angedeutet) sein Gesäß. Ihre sinnlichen Gesten, der dem Betrachter zugewandte Blick und ihre Körperlichkeit, vermittelt durch die glänzende, meisterhaft ausgeführte Oberfläche der Figur, legen den Gedanken nahe, daß die ehemalige Prostituierte die vollkommene Verkörperung irdischer Liebe und Leidenschaft ist. Doch der von Christus abgewandte Kopf deutet an, daß sie sich als unwürdig empfindet, und ihre kniende Haltung und bedeckte Hand sind Ausdruck ihrer Verehrung des heiligen Körpers Christi.

Ursprünglich ›umarmte‹ Christus die sitzende Maria mit seinem linken Bein, das über ihren linken Oberschenkel geschlagen war, ein Zeichen sexueller Vereinigung und eine Metapher für die Liebe zwischen Christus und seiner Braut, wie die Heilige Jungfrau oft genannt wurde. Diese Vereinigung wird durch den schweren Faltenwurf spiritualisiert, der den Körper der Heiligen Jungfrau bedeckt, durch die diffuse Darstellung ihrer unvollendeten Gestalt und die regelrechte Verschmelzung ihres Gesichts und ihrer Hand mit dem Gesicht und dem Leichentuch ihres Sohnes/Bräutigams. Ebenso unelegant und vergeistigt erscheint die im Hintergrund aufragende, gespenstische Kapuzenfigur, die Christus stützt und dessen spiralförmige Abwärtsbewegung zugleich aufhält und lenkt. Paradoxerweise betont die grobe Oberfläche des Marmors mit den deutlichen Meißelspuren die harte und steinige Beschaffenheit eines in Arbeit befindlichen Werkes und deutet auf diese Weise an, daß aus der Materie allmählich Geist wird und der Geist das eigentlich Unvergängliche ist.

Bei der Hintergrundfigur könnte es sich um Josef von Arimathäa handeln, der Christi vom Kreuz abnahm. Es könnte aber auch Nikodemus sein, jener Pharisäer, der nach dem Johannesevangelium (Kap. 19, 38-42) Myrrhe und Aloe stiftete, mit denen Christi einbalsamiert wurde. Für diese Interpretation würde auch sprechen, daß Nikodemus der Legende nach Bildhauer war, denn es gilt heute als allgemein anerkannt, daß das Gesicht der Figur ein Selbstporträt Michelangelos darstellt. Als Kunstgriff diente das Porträt dem gleichen Zweck wie die Signatur auf der *Pietà* im Vatikan, sie wies Michelangelo als Schöpfer aus, der sein Werk Gott als gute Tat offerierte. Doch der Künstler war mehr als nur Urheber und Zeuge; er stellte in diesem Werk seinen Glauben dar und sein Vertrauen darauf, daß Christus der Erlöser ist, indem er sich mit dem heiligen Drama identifizierte.

Es gibt zahlreiche Spekulationen darüber, warum Michelangelo dieses Werk beschädigte: Der Marmor war fehlerhaft, wie Vasari behauptet; das Motiv des ›übergeschlagenen Beines‹ war eine zu direkte sexuelle Anspielung; oder Michelangelos Gleichsetzung mit Nikodemus brachte ihn mit dem Nikodemismus in Verbindung, eine katholische Reformbewegung, gegen die seit der Wahl von Papst Paul IV. im Jahre 1555 vorgegangen wurde, womit es einfach zu gefährlich war, als Nikodemist betrachtet zu werden. Doch diese Mutmaßungen überzeugen nicht. In dem Marmor ist kein Fehler zu entdecken. Das Motiv des ›übergeschlagenen Beines‹, eine Metapher für spirituelle Liebe, war aufgrund seiner langen Tradition durchaus vertretbar und wurde, bis auf wenige Ausnahmen, erst später offen kritisiert. Und Michelangelo zerstörte nicht das Gesicht von Nikodemus, bei dem es sich ja auch um Josef von Arimathäa handeln konnte, sondern er zerstörte Christi linkes Bein. Dieses war ursprünglich als separates Marmorstück in die Skulptur eingepaßt und dort befestigt worden, und zwar mit an Sicherheit grenzender Wahrscheinlichkeit von Michelangelo selbst. Wenn dem so war, dann hatte Michelangelo es nicht geschafft, den hohen Anforderungen der Antike zu genügen und aus einem einzigen Block eine Vierfigurengruppe zu entwickeln, wodurch er den Wert seines Gott dargebrachten Opfers minderte. Womöglich hat er das Werk aus diesem Grund beschädigt.

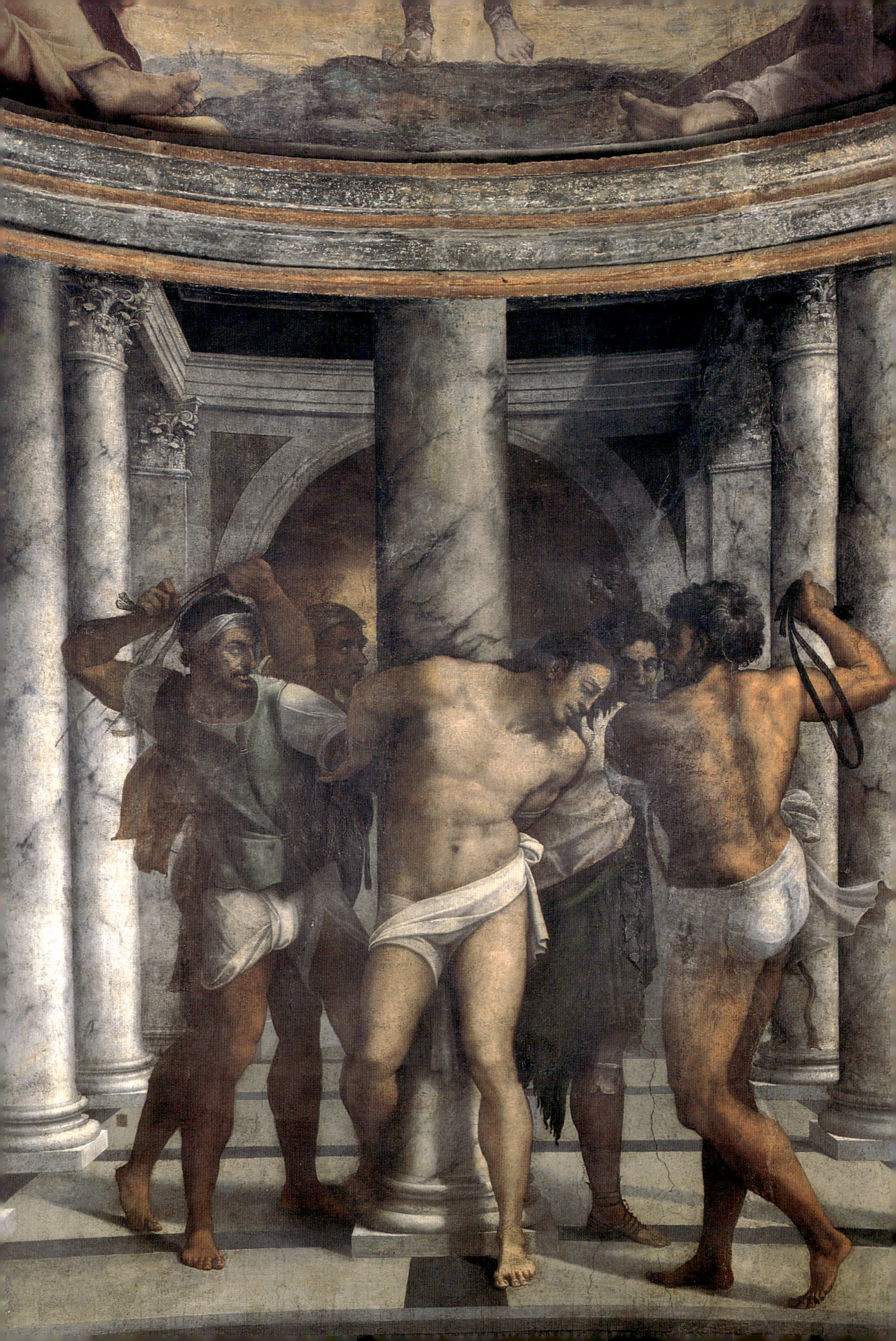

Kapitel 5

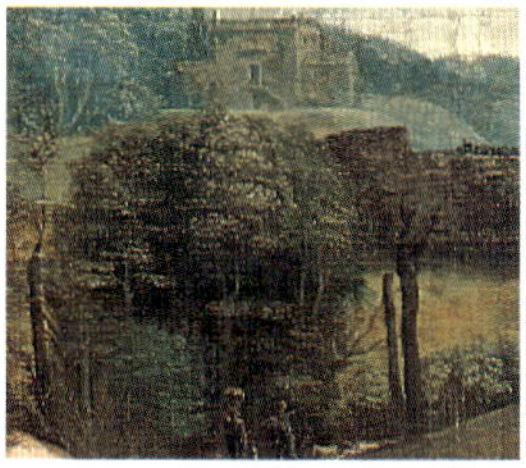

Kapellen-Ausschmückung: Raum, Zeit und Ewigkeit

Die erste wichtige Kapellen-Ausschmückung nach der Rückkehr des Papsttums schuf Masolino (1383- ca. 1440) von 1428-32 in der Kapelle der hl. Katharina in S. Clemente (Abb. 71). Ebenso wie ein Altarbild stand auch die Ausschmückung einer Kapelle fast immer in einem thematischen Bezug zur Messe und der besonderen Bedeutung des Altars. So sind hier beispielsweise die *Verkündigung* auf dem Eingangsbogen und die *Kreuzigung Christi* über dem Altar für die Eucharistie bedeutsam. Doch im Unterschied zu Altarbildern, bestanden Ausschmückungen aus narrativen Sequenzen, die etliche Episoden umfaßten und häufig mehr als nur eine Ebene einnahmen.

Die Themen wurden gewöhnlich der Bibel entnommen oder orientierten sich am Leben von Heiligen. Meist wurden die Szenen in chronologischer Reihenfolge angeordnet, und wenn mehrere Ebenen genutzt wurden, kamen die oberen Szenen stets vor den unteren. In der Kapelle der hl. Katharina verläuft die Anordnung jeweils von links nach rechts, so daß sich die Szenen aus dem Leben des hl. Ambrosius vom Altar her entfalten, während die Szenen aus dem Leben der Katharina von Alexandria auf der linken Seite darauf zulaufen. In beiden Fällen soll zuerst die obere dann die untere Reihe betrachtet werden. Üblich war es, entweder auf beiden Seiten des Altars mit der Erzählung anzufangen und sie dann in parallelen Streifen entlang der Seitenwände bis zur gegenüberliegenden Wand fortzusetzen, oder aber auf einer Seite des Altars anzufangen und die Geschichte dann im Uhrzeigersinn einmal rundum bis zurück zum Altar zu führen.

Außerdem standen Thema und Interpretation häufig in engem Bezug zum Patron der Kapelle. In diesem Fall handelte es sich um Kardinal Branda Castiglione (1360/5-1443), denn S. Clemente war von 1411 bis 1431 seine Titularkirche. Angemessene Vorbilder und Fürsprecher für den Kardinal, ein Humanist aus Mailand und wichtige Person bei der Verteidigung der Kirche gegen Schismatiker und Ketzer bei den Konzilien von Konstanz (1414-18) und Florenz (1438-45), waren sowohl Ambrosius - der

70. Sebastiano del Piombo, *Geißelung Christi,* 1516-24, Öl auf Mauerwerk, Borgherini-Kapelle, S. Pietro in Montorio.

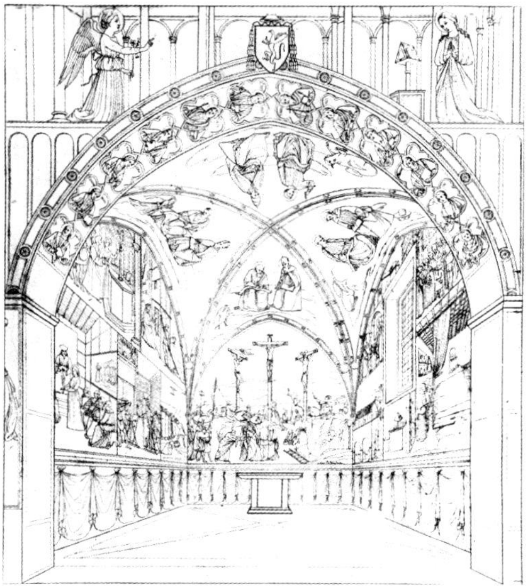

71. Seroux d'Agincourt,
Die Kapelle der hl. Katharina von 1428-32 in S. Clemente,
Radierung.

Schutzheilige von Mailand, ein großer Gelehrter und Kämpfer gegen Schisma und Ketzerei - als auch Katharina - eine Verteidigerin des Glaubens und der Kirchenlehre.

Jacobus a Voragine (1228(?)-98) schilderte in seiner äußerst populären *Legenda Aurea* (ca. 1264), wie die junge Katharina versuchte, den römischen Kaiser Maxentius (um 279-312) zum Christentum zu bekehren. Da er ihren Argumenten nichts entgegenzusetzen hatte, rief Maxentius fünfzig der besten »Meister der Logik und Rhetorik« nach Alexandria, die behaupteten, daß es für Gott unmöglich sei, Mensch zu werden und zu leiden. Doch Katharina überzeugte und bekehrte sie alle, woraufhin der Kaiser befahl, die Gelehrten bei lebendigem Leibe zu verbrennen. Katharina wurde gerädert und enthauptet. Die besondere Betonung, die in der Legende auf Inkarnation und Passion gelegt wird, steht ebenso wie der Glaube und die Selbstaufopferung der Katharina in engem Zusammenhang mit der Messe. In der Szene, die den Disput darstellt, sind die Orthogonalen in ihrer perspektivischen Verlängerung auf Maxentius gerichtet, der leicht erhöht auf einem Podest sitzt (Abb. 72). Der Fluchtpunkt befindet sich demnach links von der Mitte, was einen Raum schafft, der dem schräg versetzten Blickpunkt der Gläubigen in der Kapelle Rechnung trug und es Masolino zugleich ermöglichte, ein großes Fenster in der Längswand des fiktiven Raumes zu öffnen, das den Blick auf das Martyrium der Gelehrten freigibt. Katharina, die bereits mit einem Heiligenschein ausgestattet ist, steht in der Mitte des Bildfeldes, den Betrachtern zugewandt, und zählt selbstbewußt ihre Argumente an den Fingern ab. Sie ist die wahre Gelehrte. Durch Anspielungen auf Szenen von Jesus mit den Schriftgelehrten suggeriert die Komposition darüber hinaus, daß ihre Verteidigung des Glaubens in der ehrwürdigen Tradition Christi steht.

Die beschädigte *Kreuzigung Christi* beeindruckt vor allem aufgrund ihrer panoramischen Weite - die durch die gewählte Vogelperspektive, die hoch aufragenden Kreuze und eine tiefe Landschaft erreicht wird (Abb. 73). Die Kreuze der beiden Diebe sind leicht gedreht und nach hinten versetzt, um die Räumlichkeit des Freskos zu steigern, während Christus, dessen Körper sich vollständig über der Horizontlinie befindet und sich gegen einen gewaltigen Himmel abhebt, wahrhaft überirdisch wirkt. Die dramatische Gestaltung ist nicht minder beeindruckend. Ein Dämon entführt die Seele des bösen Diebes, während ein Engel die Seele des guten himmelwärts trägt. Der berittene römische Kommandant zur Rechten erteilt Befehle. Daraufhin nähert sich ein Reiter jenseits des Hügels, dessen Geste, welche die des

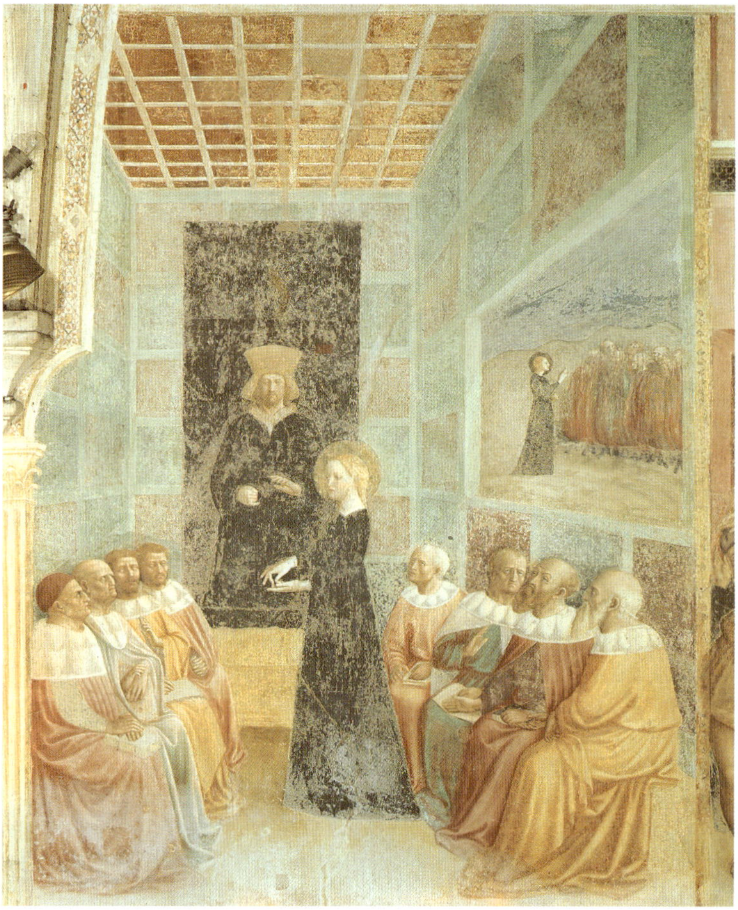

72. Masolino da Panicale,
Der Disput zwischen der hl. Katharina und den heidnischen Gelehrten,
1428-32, Fresko,
Katherinenkapelle,
S. Clemente, Rom.

Kommandanten wieder aufgreift, darauf schließen läßt, daß er die Beine des bösen Diebes brechen will. Neben dem Kreuz des guten Diebes betet der römische Soldat Longinus Christus an, da er soeben bekehrt worden ist, obwohl er zuvor Christi Seite mit der Lanze geöffnet hatte. Das glänzende Blattsilber, womit einst Rüstung, Helme und Schwerter der Soldaten bedeckt waren, muß ihre Bewegungen noch eindringlicher gemacht haben. Judas und seine Mitverschwörer stehen links im Vordergrund, vielsagend dicht hinter einem Pferdegesäß. Judas hält den Beutel Silberlinge, für die er Jesus verraten hat, in der Hand. Im mittleren Vordergrund sind Heilige zu sehen, deren Heiligenscheine früher mit glänzendem Blattgold bedeckt waren: Maria sinkt ohnmächtig zusammen, der Evangelist Johannes wiegt trauernd seinen Kopf mit der Hand, dahinter liebkost Maria Magdalena erschüttert das Kreuz.

Der hohe Betrachterstandort und das gewaltige Panorama erinnern an Arbeiten, die von den niederländischen Brüdern van Eyck und deren Nachfolgern im frühen 15. Jahrhundert geschaf-

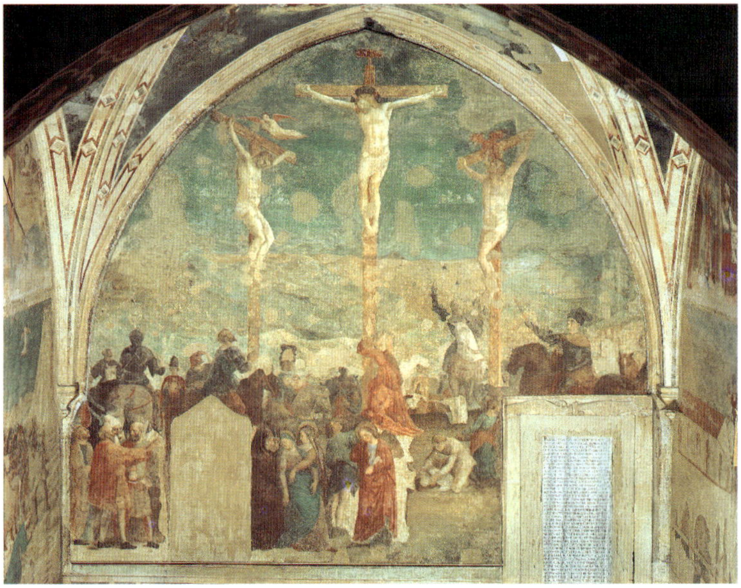

73. Masolino da Panicale,
Kreuzigung Christi, 1428-32,
Fresko, Katherinenkapelle,
S. Clemente, Rom.

fen wurden. Die wuchtigen Figuren und der tiefe Raum gehen dagegen auf Masaccio (1401-28(?)) zurück, mit dem Masolino in jenen Jahren in Florenz und Rom zusammenarbeitete. Die *Kreuzigung Christi* war daher nicht nur das künstlerisch fortschrittlichste Werk Roms, es entsprach auch in erzählerischer Hinsicht mit seiner Vielseitigkeit und Eloquenz weitgehend den Regeln der klassischen Rhetorik, die von Humanisten wie Kardinal Branda Castiglione wiederbelebt wurde.

Die Kapelle von Nikolaus V. im Vatikanpalast

In der päpstlichen Privatkapelle von Nikolaus V. (siehe Abb. 40, S. 62) beginnen die als Doppelreihe gestalteten Bildsequenzen der zwischen 1448 und 1450 entstandenen Ausschmückung von Fra Angelico (um 1400-55) rechts vom Altar und führen chronologisch und im Uhrzeigersinn rundherum an den Wänden entlang (Abb. 74). Die obere Reihe zeigt Szenen aus dem Leben des hl. Stephanus, dem ersten Diakon und christlichen Märtyrer, der vor den Toren Jerusalems zu Tode gesteinigt wurde. Die frühchristliche Kirche S. Stefano Rotondo in der Nähe des Lateranpalastes wurde nach ihm benannt. Die untere Reihe zeigt Szenen aus dem Leben des römischen Diakons und Märtyrers Laurentius, der Schutzheilige Roms. Seinem Gedenken war die päpstliche Privatkapelle im Lateran gewidmet. Als der Leichnam des hl. Stephanus im 6. Jahrhundert von Jerusalem nach Rom gebracht wurde, bestattete man ihn mit dem Leichnam des hl. Laurentius in S. Lorenzo fuori le Mura. Als Nikolaus V. ihre Grabstätte im Jahre 1447 öffnen ließ, waren beide Leichname gut er-

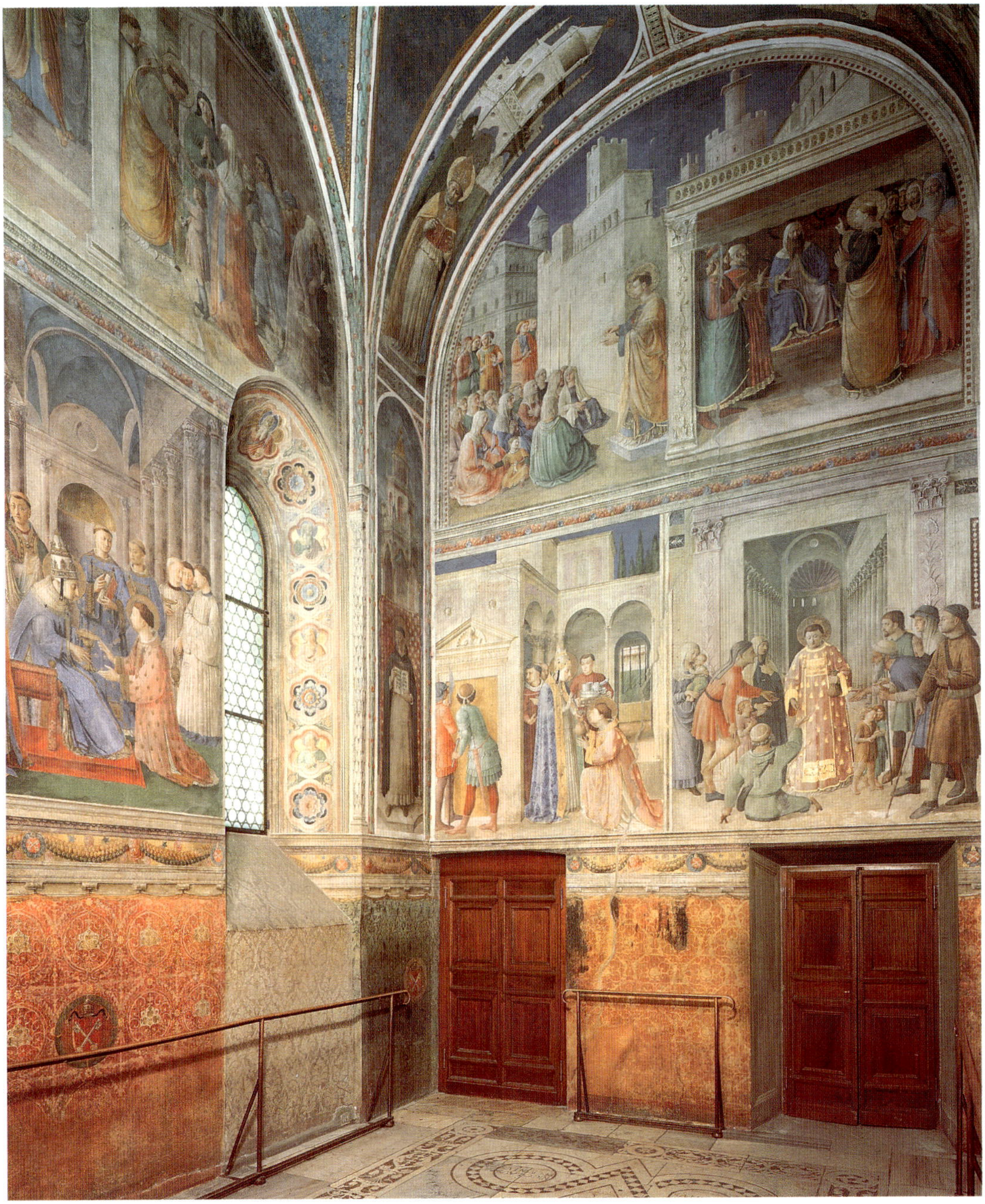

halten. Ihre gemeinsame Bestattung war im 6. Jahrhundert ein Zeichen für die Universalität der Kirche gewesen, und in ganz ähnlicher Weise zielte nun die Ausschmückung der päpstlichen Kapelle darauf ab, die Aura der Heiligkeit vom Lateran im Osten Roms nach Westen in den Vatikan zu holen, den Nikolaus V. kurz zuvor zur Dauerresidenz der Päpste gemacht hatte.

74. Fra Angelico,
West- und Nordwand der Kapelle Nikolaus' V.,
ca. 1448-50, Fresko,
Vatikanpalast, Rom.

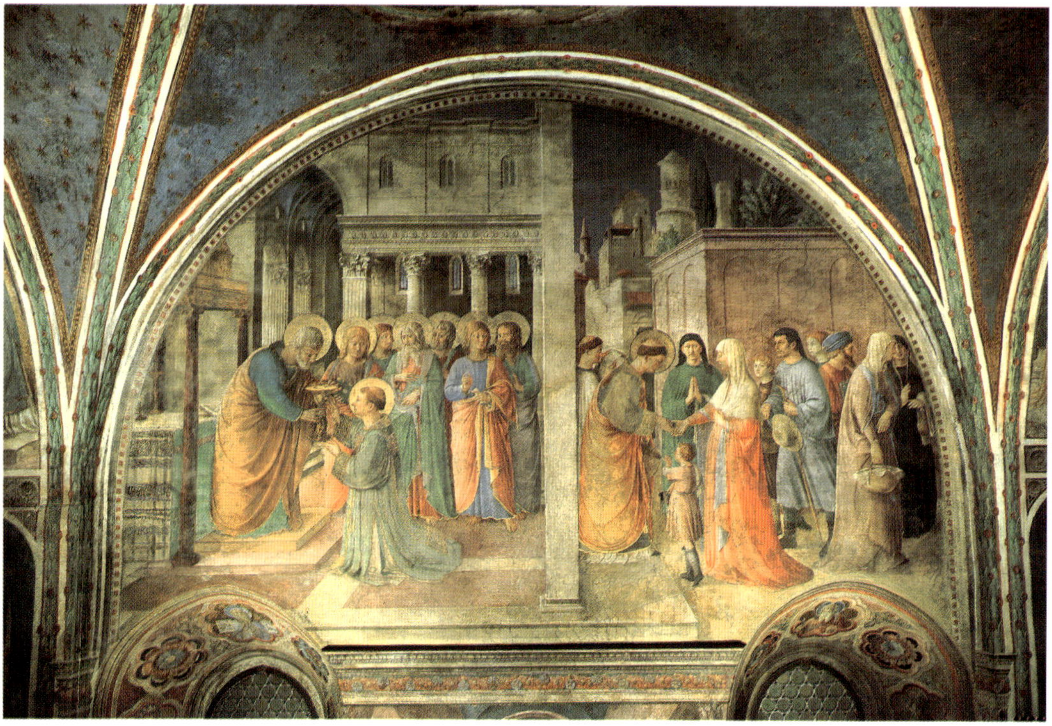

75. Fra Angelico,
Der Apostel Petrus weiht Stephanus zum Diakon und Stephanus verteilt Almosen, ca. 1448-50, Fresko, West-Lünette, Kapelle Nikolaus' V., Vatikanpalast, Rom.

Die großartige Architektur des Tempels von Jerusalem in dem Fresko *Der Apostel Petrus weiht Stephanus zum Diakon* greift Nikolaus' Plan zur Erneuerung der Peterskirche auf, die in Kapitel zwei erörtert wurde (Abb. 75). Die Pfeiler und Säulen des Kirchenschiffes umrahmen den ersten der sieben Diakone, der ernannt wurde, um die Apostel von der Last der täglichen Pflichten und kirchlichen Verwaltungsaufgaben zu befreien. Der Bogen des Querschiffes betont die wuchtige Petrusfigur, die erhöht vor dem Hochaltar auf einem Podest steht und sich vorbeugt, um dem knienden und mit einer Dalmatika (das liturgische Obergewand eines Diakons) bekleideten Stephanus den goldenen Abendmahlskelch und den Hostienteller zu reichen. Dieser Akt macht deutlich, daß die alleinige Autorität zur Priesterweihe bei dem Statthalter Christi auf Erden liegt und daß nur ordinierte Priester die Eucharistie feiern dürfen.

Der Diakon in der vorderen Reihe, der zur Seite schaut und nach rechts weist, führt das Auge des Betrachters weiter zu der Szene *Stephanus verteilt Almosen*, die sich auch in formaler Hinsicht eng anschließt. Der gemeinsame Fluchtpunkt beider Szenen liegt im Zentrum der Mauer, die sie voneinander trennt. Doch der wesentlich größere ›perspektivische Tiefensog‹ der rechten Szene läßt Stephanus, der Almosen verteilt, und seinen Helfer, der eine Liste verliest, optisch stärker hervortreten. Rechts von ihnen faltet ein grün gekleideter Mann im andächtigen Gebet die Hände und bildet so eine Art Tabernakel über dem Akt der Annahme von Stephanus' Gaben durch Mutter und Kind. Hinter der Mutter nähern sich einige Personen, um Almosen entgegenzunehmen, während sich andere bereits wieder entfernen und so den Blick auf die nächste Szene lenken.

Weder in der Apostelgeschichte noch in der *Legenda aurea* wird erwähnt, daß der hl. Stephanus jemals Almosen verteilt hätte, doch tatsächlich gehörte das zu den Aufgaben der Diakone. Zudem war das Verteilen von Almosen für Nikolaus V. von besonderer Bedeutung, denn er hatte im Vatikan ein großes Armenhaus gegründet. Demnach verweist diese Szene also auch auf seine Wohltätigkeit gegenüber den Römern und auf deren fromme Dankbarkeit. Die unausgeführte, implizierte Botschaft kündet von der wirtschaftlichen Not in Rom, die das Verteilen von Almosen notwendig machte, und von dem Widerstand der Römer gegen den päpstlichen Machtanspruch. Immerhin sollten einige Bürger der Stadt in den folgenden Jahren versuchen, den Papst zu ermorden.

Sixtinische Kapelle: 1475-82

Von zirka 1475 bis 1482 ließ Sixtus IV. seinen Baumeister Baccio Pontelli die alte Palatinische Kapelle von Nikolaus III. wieder erneuern (Abb. 76 und Abb. 39, S. 62). Die Kapelle war für die Zeremonien einer Körperschaft gedacht, die *capella papalis* (Päpstliche Kapelle) genannt wurde. Zu ihr zählten der Papst und rund zweihundert hochrangige Kleriker und nichtkirchliche Beamte. Man trat wenigstens 42mal pro Jahr zusammen, und 27mal davon wurden Messen gefeiert. Eine marmorne Trennwand *(cancellata)* teilte die Kapelle in zwei Hälften. Der westliche Bereich mit dem Altar *(sancta sanctorum)* war den Mitgliedern der Päpstlichen Kapelle vorbehalten, die andere Hälfte war für weniger wichtige Kleriker und Laien gedacht. Von zirka 1480 bis zu ihrer Weihung an Mariä Himmelfahrt, dem 15. August 1483, wurde die Kapelle von einer Gruppe mittelitalienischer Maler mit Fresken ausgeschmückt. Die überwiegende Zeit hatte Pietro Perugino (um 1448-1523) die Leitung inne.

Die ersten Päpste von Petrus bis Marcellus I. (307-8) waren in 28 illusionistisch gemalten Nischen zwischen den Fenstern verewigt worden, die rhythmisch vom Altar bis zum Eingang angeordnet waren. Zwei großformatige Bildzyklen verliefen chronologisch unterhalb der Fenster in parallelen Erzählsträngen vom Altar zum Eingang: Links stellten acht Szenen aus dem Leben Mose die Welt unter dem alten Gesetz dar; rechts illustrierten acht Szenen aus dem Leben Christi den Triumph der kämpfenden Kirche.

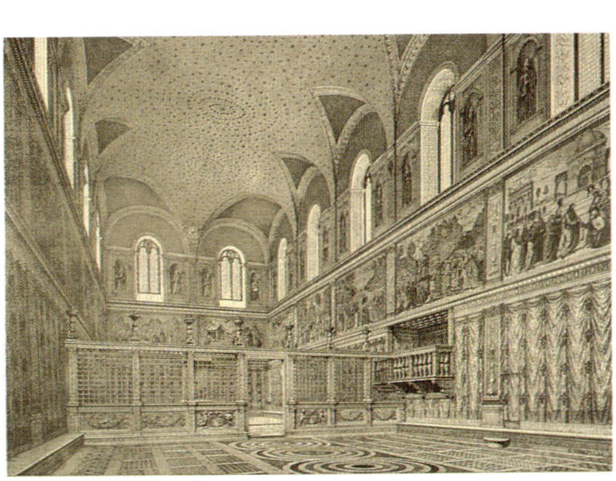

76. Rekonstruktion der Sixtinischen Kapelle des 15. Jahrhunderts.

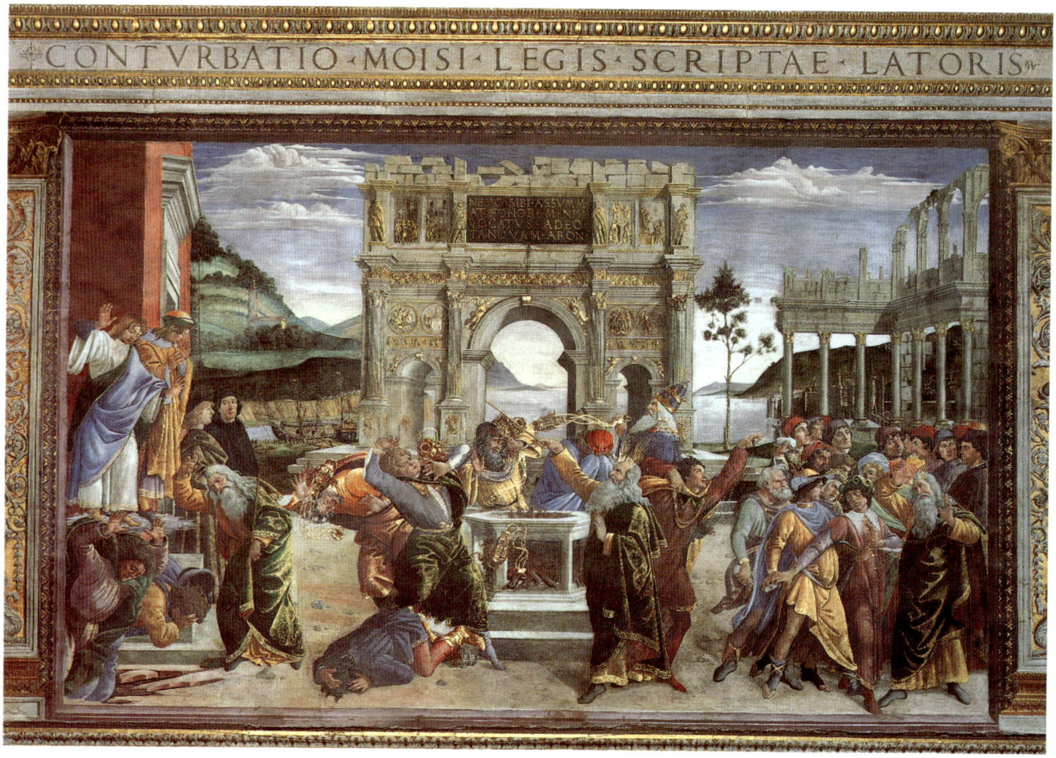

77. Sandro Botticelli, *Die Bestrafung der Rotte des Korah,* 1480-82, Fresko, Sixtinische Kapelle, Vatikan.

Die Bestrafung der Rotte des Korah von Sandro Botticelli (1445-1510), die sechste Szene aus dem Moses-Zyklus, ist wie auch alle anderen narrativen Bilder gestaltet, als wäre sie ein Ausschnitt der Wirklichkeit, der durch eine Öffnung in der Wand sichtbar wird (Abb. 77). Die Inschrift über der Szene hält das allgemeine Thema fest: »Moses, Träger des geschriebenen Gesetzes, wird herausgefordert.« Wie die anderen Szenen ist sie in drei Teile mit mehreren Episoden gegliedert. Der weißhaarige, bärtige Moses wird dreimal gezeigt: Goldene Lichtstrahlen leuchten von seiner Stirn, und er ist mit einem grünen Umhang und einer goldfarbenen Tunika bekleidet. Rechts führt eine Gruppe israelischer Rebellen den Aufstand gegen Moses und will ihn steinigen. Links läßt Moses die jüdischen Schmismatiker Datan und Abiram von der Erde verschlingen, während er gleichzeitig die Israeliten beschützt, besonders die Söhne Korahs. In der Mitte vernichtet Moses durch das Feuer seines Stabes fünf Personen mit Weihrauchbehältern, die um einen brennenden Altar stehen: Vermutlich handelt es sich dabei um Korah, Datan und Abiram, die Söhne Eliabs, sowie Nadab und Abihu, die rebellischen Söhne Aarons. Unmittelbar hinter Moses befinden sich zwei weitere Personen mit Weihrauchbehältern: Aaron ist blau gekleidet; die Figur zwischen Aaron und Moses ist vermutlich Eleasar, Aarons Sohn und rechtmäßiger Priester. Die Inschrift auf dem Konstantins-Bogen lautet übersetzt: »Kein Mann soll sich diese Ehre [der Priesterschaft]

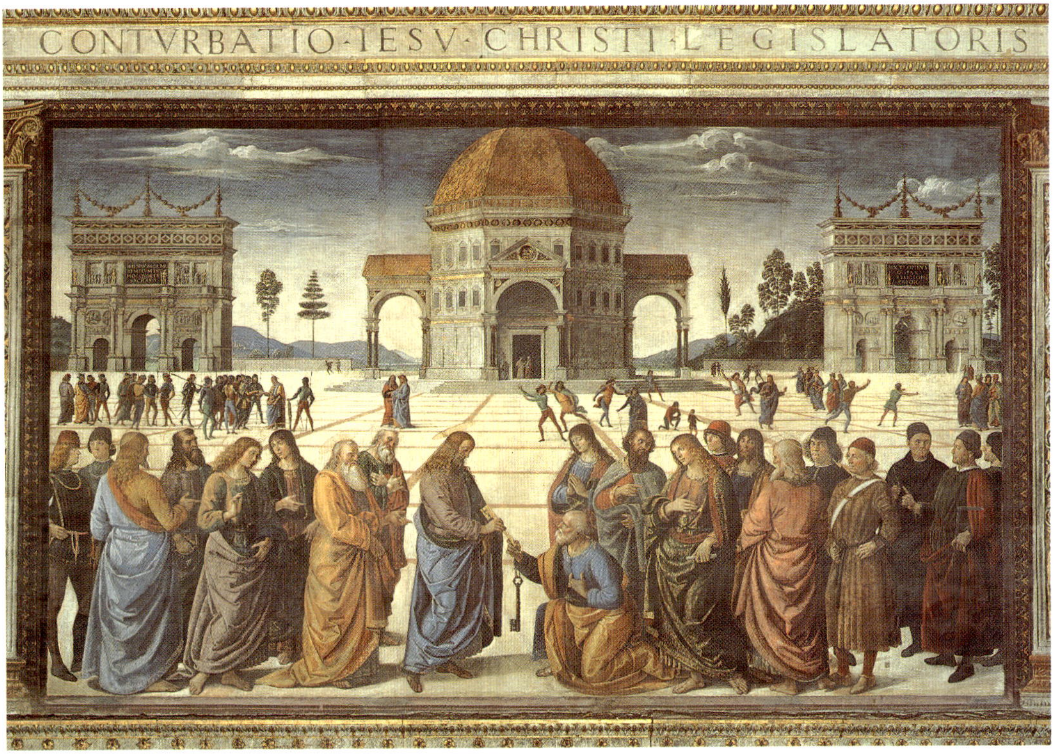

selbst nehmen, wenn er nicht wie Aaron von Gott dazu berufen wurde.« Die Szene stellt also Moses' Triumph über diejenigen dar, die seine Vorherrschaft angezweifelt hatten. Da Moses stets mit Christus verglichen wurde und sein Nachfolger Aaron eine päpstliche Tiara trägt, läßt die Szene bereits erahnen, daß Christus die Schlüssel an Petrus übergeben wird. Die Darstellung bestätigt damit die Glaubenslehre der Nachfolge Petri und ist zugleich eine Ermahnung an Schismatiker, die päpstliche Autorität nicht in Frage zu stellen.

Die Ähnlichkeit zwischen der Inschrift über Peruginos Fresko *Christus übergibt dem hl. Petrus die Schlüssel* - »Christus, Träger des Gesetzes wird herausgefordert« - und der bereits zitierten Inschrift über der *Bestrafung der Rotte des Korah* macht deutlich, daß diese beiden Szenen, wie alle einander gegenüberliegenden Paare, als Einheit empfunden wurden, und daß die Figuren des Alten Testaments auf die des Neuen verweisen (Abb. 78). Im Mittelgrund sind die Herausforderungen Christi dargestellt. Links ist vermutlich die Episode »Der Zinsgroschen« zu sehen, bei der es um den Versuch geht, Christus der weltlichen Autorität unterzuordnen. Die Steinigung Christi, ein Versuch, seine Stellung als Gottes Sohn zu leugnen, ist rechts dargestellt. Die Nachbildung des Konstantins-Bogens hinter der jeweiligen Szene verweist darauf, daß Christus bei beiden Herausforderungen triumphierte. Im Vordergrund begleiten jeweils sechs Apostel zu bei-

78. Pietro Perugino,
Christus übergibt dem hl. Petrus die Schlüssel,
1480-82, Fresko,
Sixtinische Kapelle, Vatikan.

Es wird vermutet, daß die fünfte Figur von rechts ein Porträt Peruginos ist; die dritte von rechts, die einen Kompaß hält, Baccio Pontelli, Architekt der Sixtinischen Kapelle; und die zweite von rechts mit dem Winkelmaß eines Zimmermanns Giovanni de'Dolci, der die Aufsicht beim Bau der Sixtinischen Kapelle führte.

den Seiten Christi mit würdevollen Gebärden die feierliche Übergabe der Schlüssel von Christus an Petrus, den Begründer seiner Kirche. Das Gebäude im Hintergrund, auf das die Fluchtlinien des perspektivischen Systems zulaufen, ist der Tempel des Salomo in Jerusalem, an dessen Stelle die römische Kirche treten wird, weil Petrus von Osten nach Westen zieht. *Die Bestrafung der Rotte des Korah* und *Christus übergibt dem hl. Petrus die Schlüssel* künden gemeinsam von der päpstlichen Schlüsselgewalt, die zu verdammen und zu erretten berechtigte. Ebenso zeugen die Triumphbögen von der Einheit zwischen Kirche und Reich unter Konstantin und von der Universalität der päpstlichen Macht. In *Christus übergibt dem hl. Petrus die Schlüssel* ist Petrus in Blau und Gold gekleidet, den Farben der della Rovere, also der Familie von Sixtus IV., und auf den Bögen prangt die Inschrift: »Du, Sixtus IV., an Reichtum unübertroffen, weiser als Salomon, hast diesen gewaltigen Tempel [die Sixtinische Kapelle] geweiht.« Diese Details legen die Deutung nahe, daß die Sixtinische Kapelle den neuen Tempel von Jerusalem darstellen sollte und daß Sixtus IV. einen neuen Salomon und neuen Petrus verkörpern wollte. Wenn man diese Darstellungen mit den von Masolino oder Fra Angelico geschaffenen Szenen vergleicht, wird deutlich, daß sie mit ihrer geometrischen und mathematischen Klarheit der Zentralperspektive, der Weite und Tiefe des Raumes, der prachtvollen Architektur und feierlichen Haupthandlung einen Meilenstein abendländischer Kunst bilden.

Carafa-Kapelle, S. Maria sopra Minerva

Für das Fresko der *Himmelfahrt Mariä* von 1488-93 in der Carafa-Kapelle imitierte Filippino Lippi die reale Architektur des beeindruckenden Kapellen-Portals (Abb. 79 und 80). Auf diese Weise hat er die Wand hinter dem Altarbild, der *Verkündigung*, das in Kapitel vier behandelt wurde (siehe Abb. 59, S. 85), gleichsam weggemalt. Die Szene ist zwar räumlich einheitlich, aber durch das Banner über dem Altarbild wird sie in zwei Ebenen, Erde und Himmel, unterteilt. Man kann dieses Banner zur unteren, irdischen Welt gehörig betrachten, doch da es einen Thronhimmel darstellt, der von Engeln gestützt und an seinen ordnungsgemäßen Platz getragen wird, gehört es ebenso in die obere, spirituelle Welt.

Die lebhaften Diskussionen sowie die aufgeregte Mimik und Gestik der Apostel im unteren Teil des Freskos verbinden Erde und Himmel. Der hl. Peter und der hl. Paul knien auf beiden Seiten des Altarbildes und haben den Blick fromm himmelwärts gerichtet. Petrus hat dabei den Ehrenplatz zur Rechten der Heiligen Jungfrau inne und befindet sich ihrem klassisch gestalteten Sarkophag am nächsten. Der hl. Thomas im linken Mittelgrund hat soeben den Gürtel der Jungfrau empfangen. Da er der Legende nach bei der Himmelfahrt nicht anwesend war, ließ Maria ih-

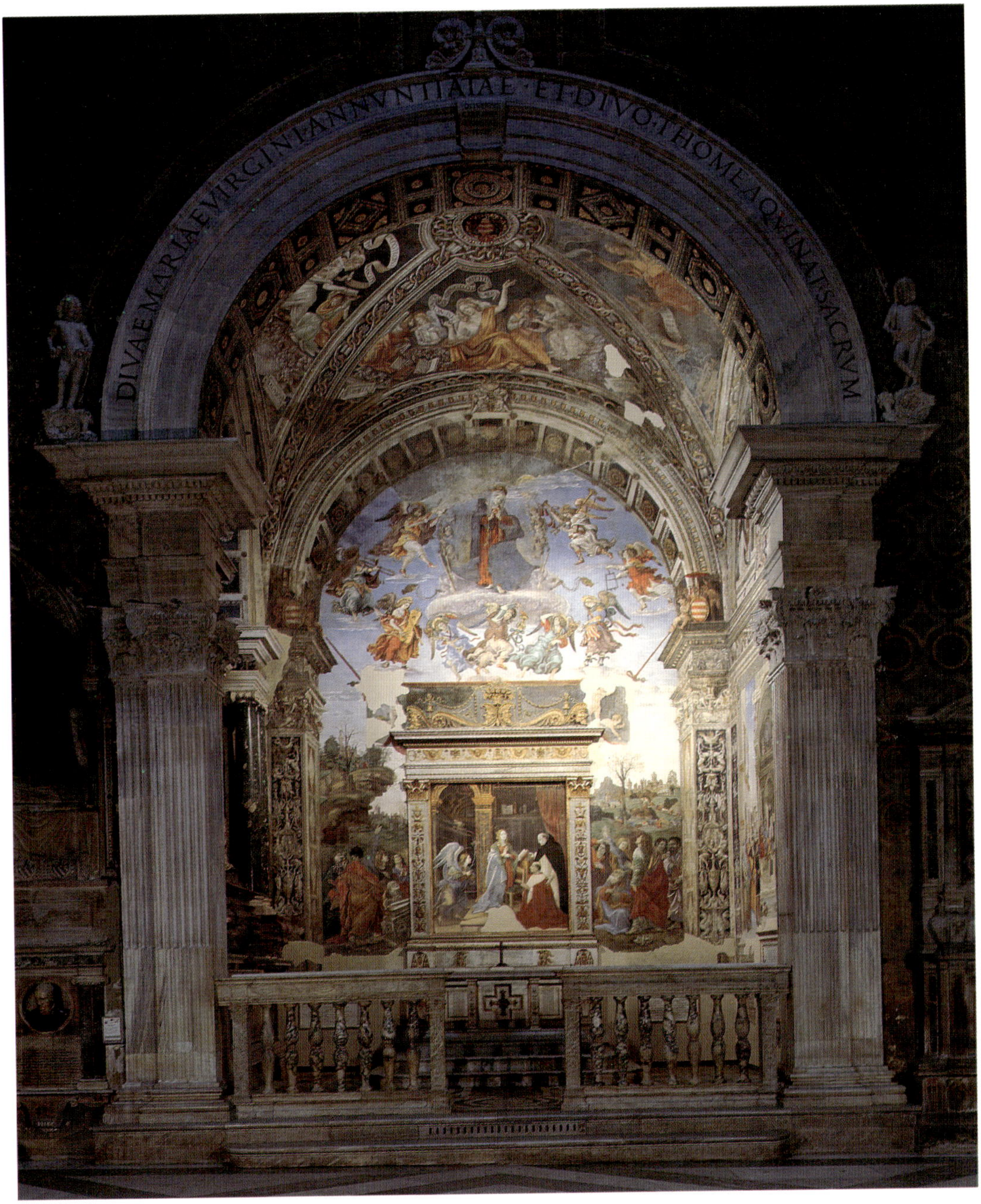

79. Filippino Lippi, Carafa-Kapelle mit *Himmelfahrt Mariä,* 1488-93, Fresko, S. Maria sopra Minerva, Rom.

ren Gürtel fallen, um seine Zweifel auszuräumen. Maria blickt nach unten auf den Patron, während die Apostel himmelwärts schauen. Sie steht auf einer Wolke, die von drei Engeln mit Fackeln, den Symbolen spiritueller Erleuchtung, hinaufgetragen wird. Blaue Cherubim, Symbole der göttlichen Weisheit, ent-

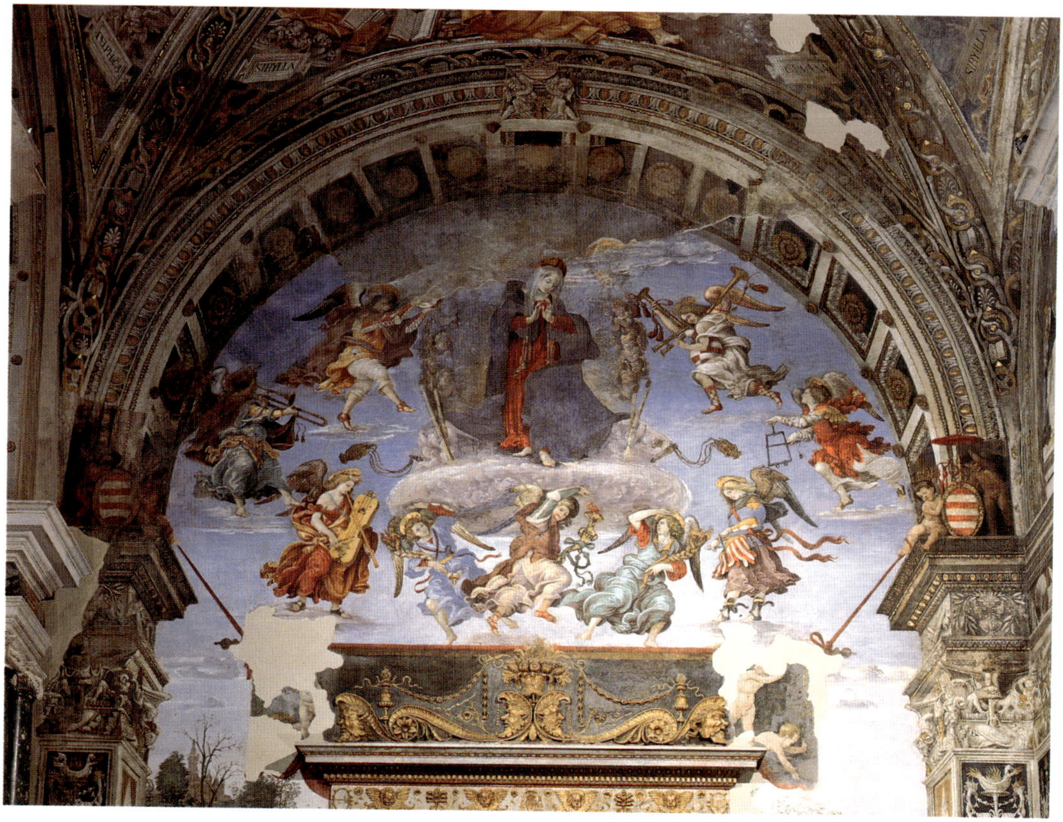

80. Filippino Lippi,
Himmelfahrt Mariä (Ausschnitt), 1488-93, Fresko, S. Maria sopra Minerva, Rom.

Die Engelschar, die die Jungfrau umgibt, musiziert mit authentischen Renaissance-Instrumenten, doch diese wären niemals gemeinsam gespielt worden, weil sie nicht miteinander harmoniert hätten und zu dominant gewesen wären. Aber genau darauf kommt es Filippino an: Die Engel machen eine laute, ausgelassene Musik, während sie mit wallenden Gewändern hin und her eilen, und vor Freude über den Triumph der Kirche Luftsprünge vollziehen.

stehen aus dem Rauch zweier Kerzenpaare und bilden eine Mandorla um die Heilige Jungfrau; innerhalb der Mandorla wird sie durch eine Vielzahl goldener Strahlen in Licht getaucht. Diese Attribute beschwören ihre Präsenz im Anbeginn der Zeiten, in diesem spezifischen Augenblick und bis zum Ende aller Zeiten. Während die Verkündigung, die unten an der Zentralachse dargestellt ist, die Gründung der Kirche markiert, zeigt die Himmelfahrt oben ihren letztlichen Triumph. Das Stifterbildnis von Kardinal Carafa, dem Nachfolger der Apostel, und die Präsentation seines Kardinalswappens, das von Engeln gehalten wird, verbinden die beiden Ereignisse mit der Gegenwart.

Sixtinische Kapelle: 1508-20

Michelangelos Deckenfresken der Sixtinischen Kapelle von 1508-12 zeigen neun Szenen aus dem 1. Buch Mose, der Genesis. Diese sind umgeben von Propheten und Sibyllen, den weissagenden Männern und Frauen der vorchristlichen Zeit, sowie von weiteren Szenen (Abb. 81 und 82). In Verbindung mit den Darstellungen auf den Wänden darunter, vervollständigen die

Genesis-Szenen von der Welt vor dem Gesetz das traditionelle dreistufige, christliche Geschichtsbild. Die neun Episoden entfalten sich mit zwei Unregelmäßigkeiten chronologisch vom Altar zum Eingang und sind in Dreiergruppen unterteilt: Drei Szenen sind der Schöpfung gewidmet, drei Adam und Eva, drei Noah. Die zentrale Szene der mittleren Dreiergruppe, die *Erschaffung Evas*, wird durch die einzigartige X-förmige Komposition und die umgebenden *Ignudi* (Nackten) ebenso betont wie durch ihren Ort über der *Cancellata* (Trennwand). Sie fungiert als Angelpunkt und teilt die Szenen in zwei wohlausgewogene Einheiten oder Zweiergruppen.

Die narrative Struktur reflektiert die in der Renaissance verbreitete Vorstellung von der Struktur christlicher Geschichte. Die chronologische Anordnung läßt den Glauben an eine lineare und regelmäßige Abfolge von Ereignissen erkennen, die sich bis zum Ende der Zeit nach einem göttlichen Plan fortsetzen wird. Die Anordnung in Zweiergruppen verweist auf die fundamentale christliche Geschichtserfahrung, auf den Kampf zwischen dualen Gegensätzen wie Geist und Materie, Gut und Böse, Leben und Tod. Die Dreiergruppen zeugen von der traditionellen Einteilung der Geschichte in drei Epochen sowie von der göttlichen Dreifaltigkeit.

Michelangelo schuf die Szenen in umgekehrter chronologischer Reihenfolge vom Eingang her Richtung Altar. Somit wurde die *Trennung von Licht und Finsternis* am ersten Tag der Welt, als letzte ausgeführt (Abb. 83). Diese Trennung wurde häufig als Zeichen des ewigen Widerstreits zwischen Gut und Böse und als der höchste Triumph der Wahrheit über die Lüge gedeutet. Da sie auch auf den irdischen Kampf Christi und seinen Sieg über die Mächte der Finsternis verweisen konnte, befindet sich die Szene über dem Altar. Zum Abschluß der überwältigenden Deckengestaltung und auf dem Höhepunkt seiner künstlerischen Ausdruckskraft, stattete Michelangelo Gott hier sowohl mit der Dynamik der Jugend als auch mit der Weisheit des Alters aus, mit männlicher Stärke und, durch die Brüste angedeutet, mit weiblicher Fruchtbarkeit. Sein Gott ist allwissend und allmächtig, er verkörpert gleichzeitig die Prinzipien von Empfängnis und Schöpfung. Diese titanische Gestalt von überirdischer anatomischer Kraft, Größe und Erhabenheit sprengt das kosmische Feld und gleitet spiralförmig auf einer diagonalen Achse durch die Zeit, eine unermeßliche galaktische Macht im Prozeß des Entstehens.

Die große Szene der *Erschaffung Adams* zeigt Gott, der den ersten Menschen mit göttlicher Gnade ausstattet (Abb. 84). Durch Kraft, Gestik und Körperbau Adams wird verdeutlicht, daß er nach Gottes Ebenbild erschaffen wurde. Doch er ist zugleich auch erdverbunden und lethargisch, seinem Wesen nach Materie. Im Gegensatz dazu wird Gott - dessen Silhouette sich vor dem Himmel abzeichnet, die wallenden Gewänder voller Engel, und der sich mit rasender Geschwindigkeit durch die

Folgende Seiten
81. Michelangelo,
Deckengewölbe, Westhälfte,
1508-12, Fresko,
Sixtinische Kapelle, Vatikan.

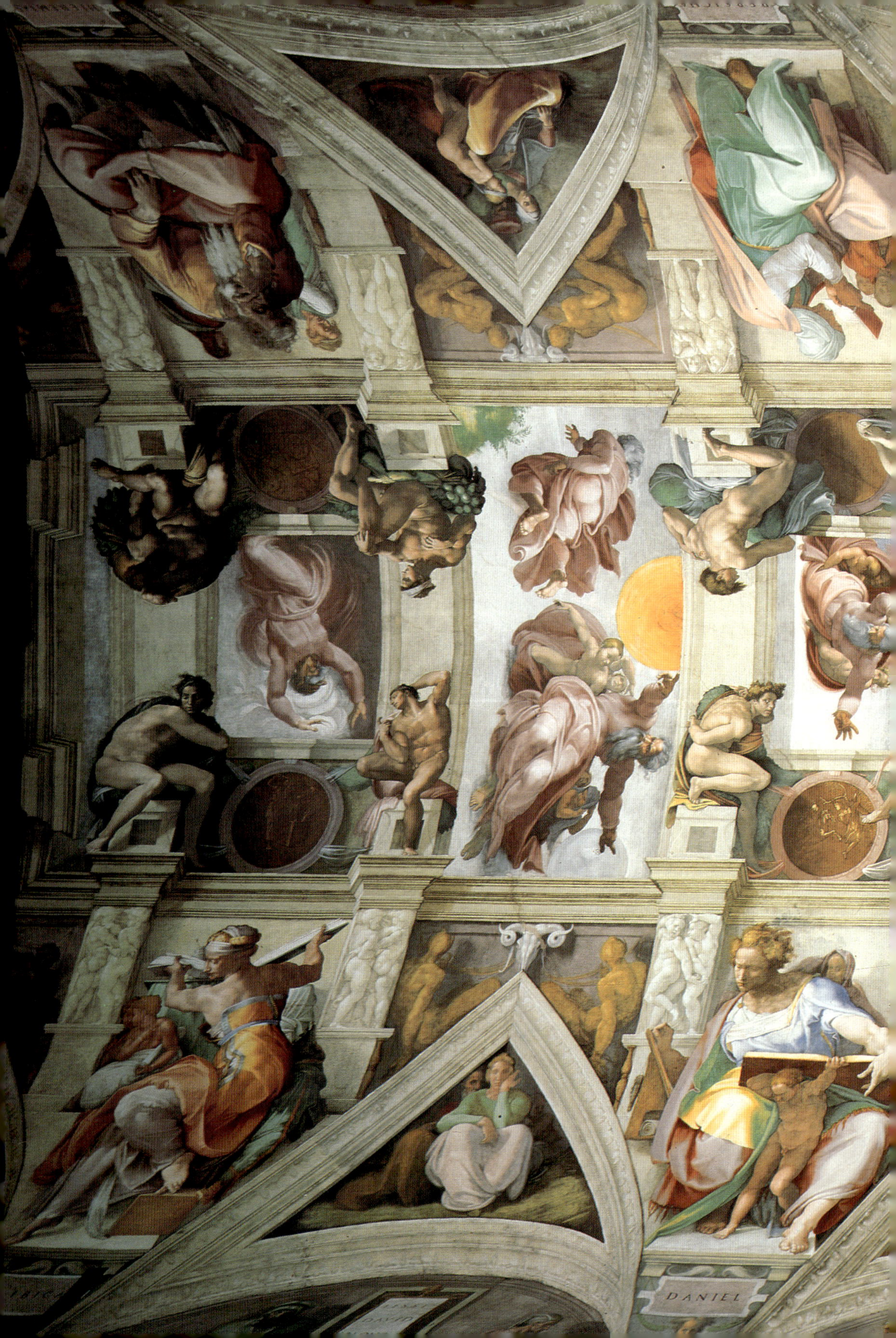
DANIEL

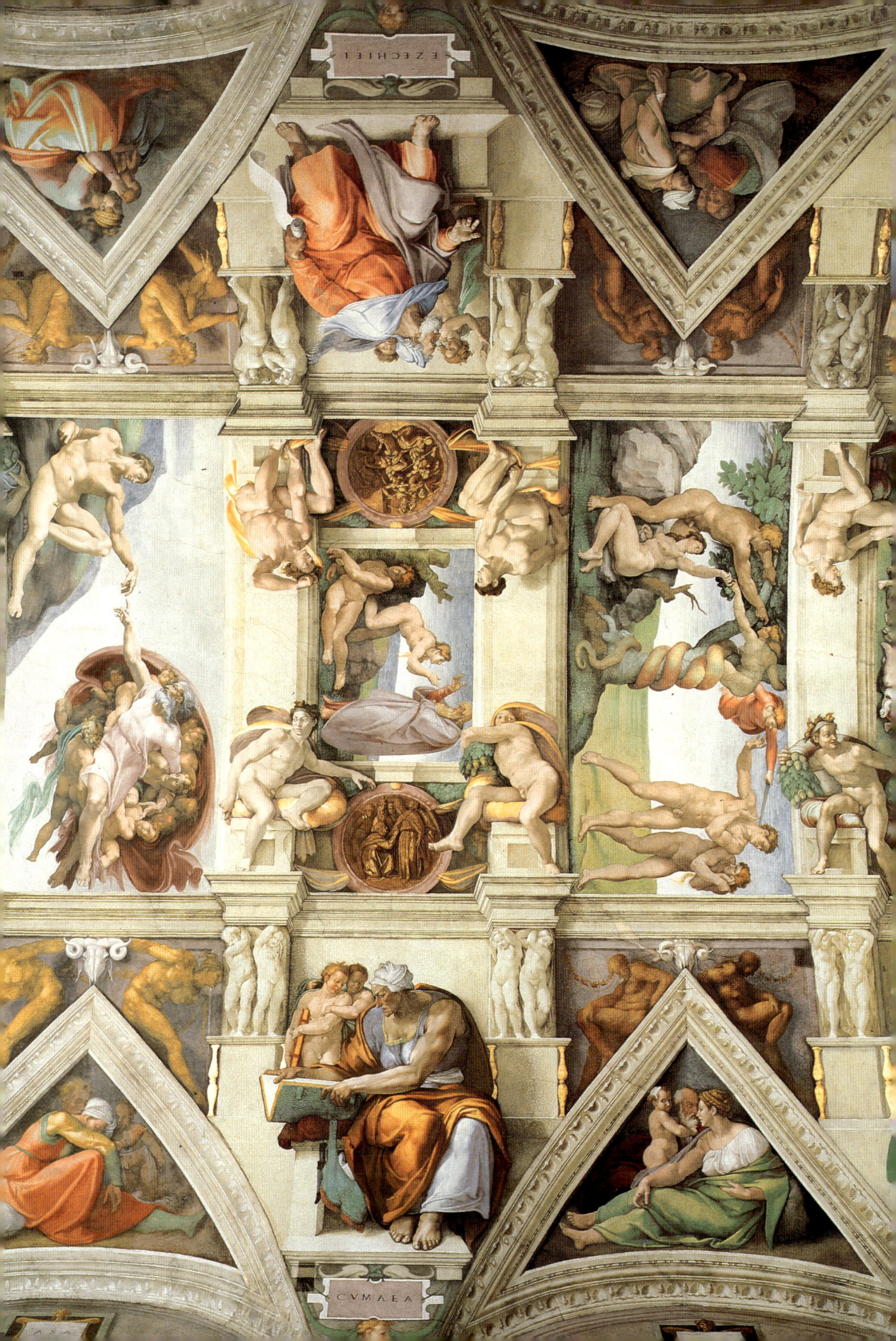
EZECHIEL
CVMAEA

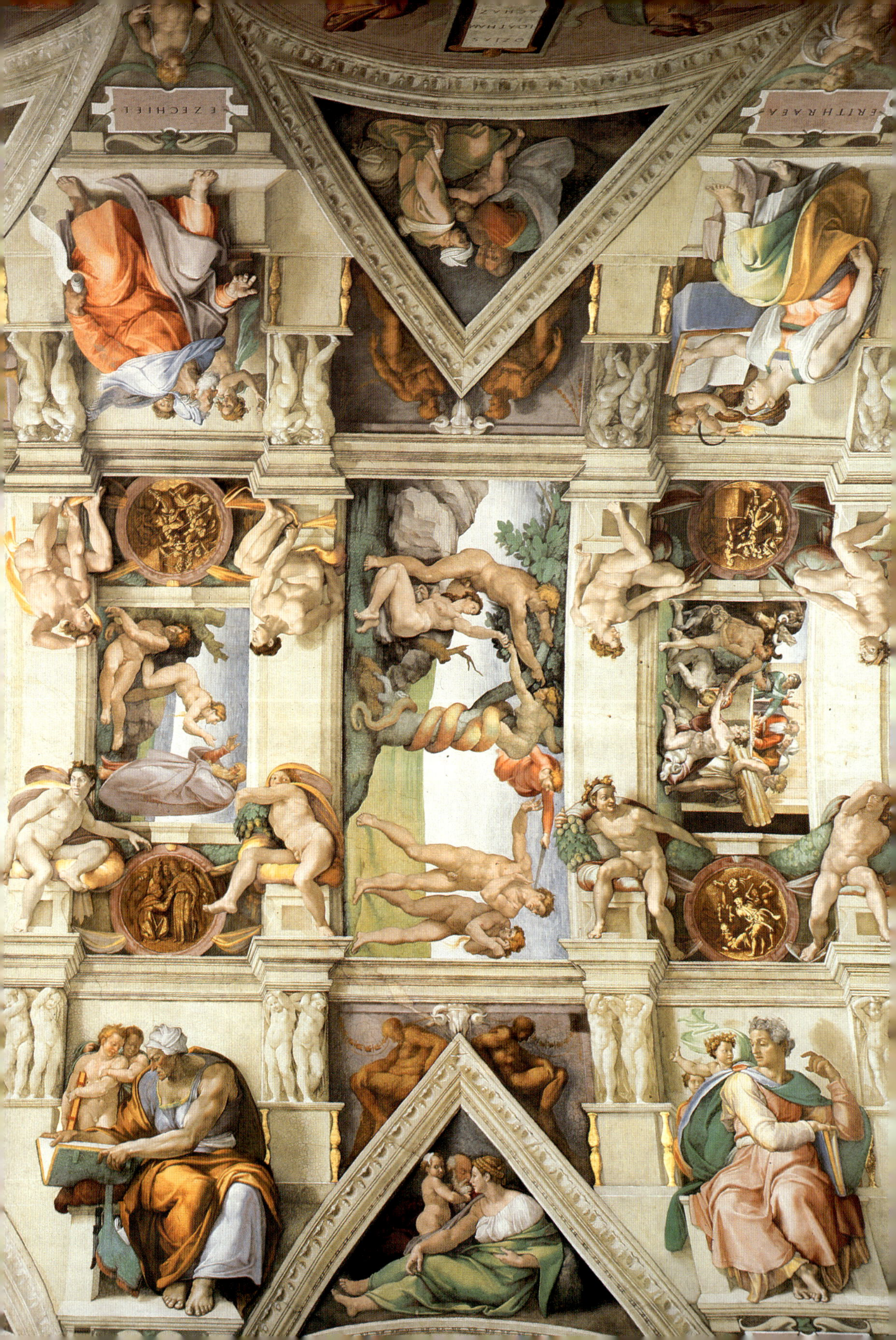
EZECHIEL
ERITHRAEA

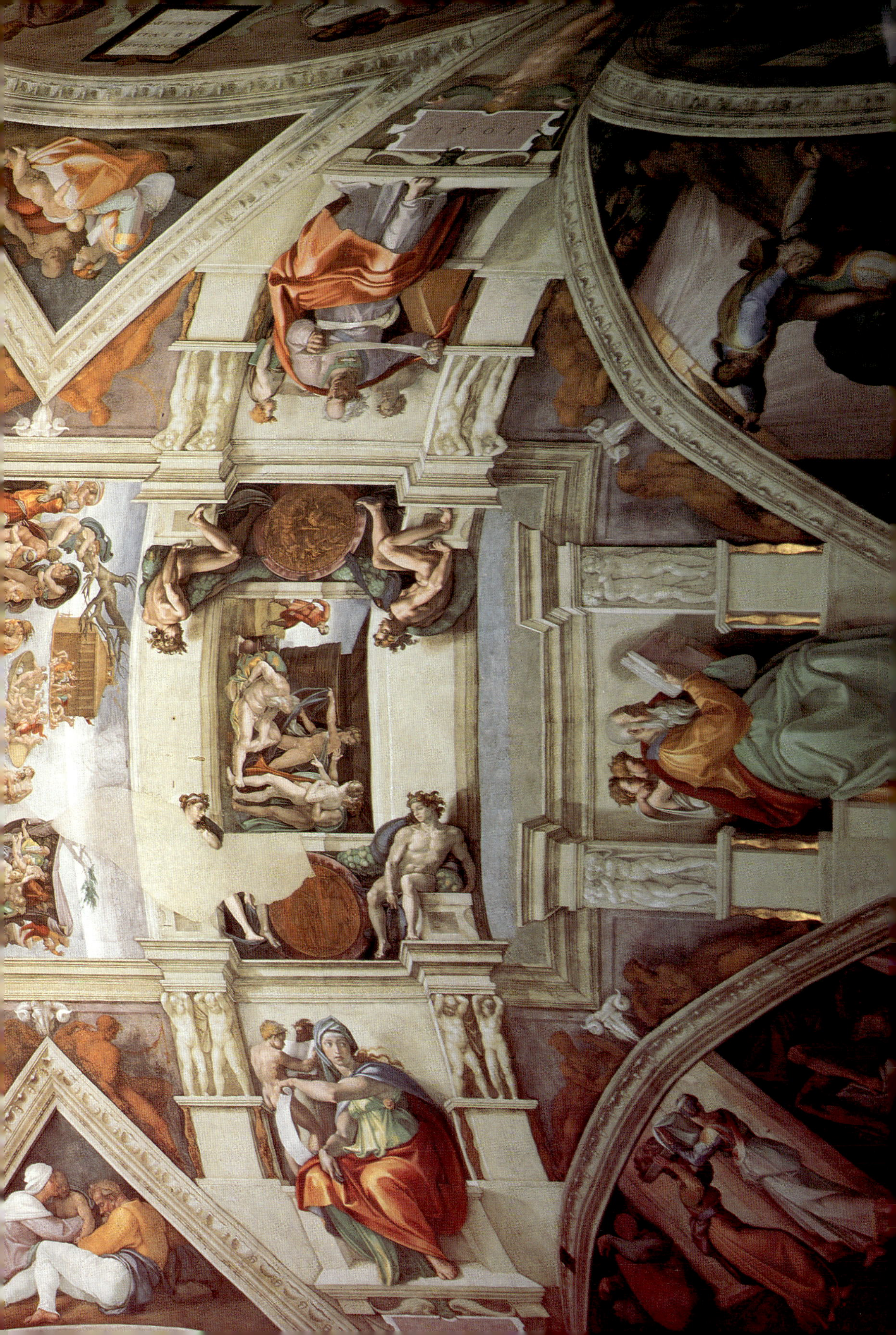

Vorherige Seiten
82. Michelangelo,
Deckengewölbe, Osthälfte,
1508-12, Fresko,
Sixtinische Kapelle, Vatikan.

Lüfte bewegt - als spirituelle Kraft dargestellt. Aber Gott verfügt auch über die Masse, Substanz und Form der Materie und Adam über die Jugend, Schönheit und Anmut des Geistes. Michelangelo hat nicht einfach nur die Erschaffung des ersten Menschen malerisch gestaltet, sondern genau den Augenblick, als Gott Adam eine Seele verleiht, indem er ihn mit der Fingerspitze berührt, den Augenblick, in dem Geist und Materie miteinander verschmelzen.

Die letzte Szene der ersten Dreiergruppe, welche die *Trennung des Wassers vom Firmament* am zweiten Schöpfungstag darstellt, durchbricht die chronologische Reihenfolge, denn die ihr vorausgehende Erschaffung von Sonne, Mond und Planeten erfolgte am dritten und vierten Tag (s. Abb. 81). Auch das *Opfer Noahs* fällt im Verhältnis zur nächsten Szene, Die Sintflut, aus dieser Chronologie heraus, da Noah und seine Familie hier ein Dankopfer für das Ende der großen Flut darbringen (s. Abb. 82). Diese chronologischen Brechungen sind von symbolischer Bedeutung. Das Wasser in der *Trennung des Wassers vom Firmament* verweist auf die erneuernde Kraft der Taufe, die die Seele vom Makel der Sünde reinigt, und Gott, der über dem Wasser schwebt, symbolisiert die göttliche Gnade, die den Gläubigen mit der Taufe zuteil wird. Noahs Widderopfer präfiguriert das Opfer Christi, das in der Messe vergegenwärtigt wurde und damit Blutopfer unnötig machte. Da die Eucharistie und die Taufe die beiden wichtigsten Sakramente zur Erlangung der Erlösung waren, hat Michelangelo diese Szenen versetzt, so daß sie die zentrale Dreiergruppe mit der Schöpfung und dem Sündenfall umrahmen.

In der Hochrenaissance war die meisterliche Beherrschung der Aktmalerei Grundvoraussetzung für jeden Künstler, und nichts stellte eine größere malerische Herausforderung dar als die antiken Plastiken. Anhand der Ignudi verfeinerte Michelangelo seine Fähigkeiten, die menschliche Anatomie darzustellen, setzte er sich mit der klassischen Kunst auseinander und entwickelte einen neuen heroischen Stil. Trotz ihrer aggressiven Männlichkeit sind die Ignudi als Engel zu deuten. Sie sind Verkörperungen des göttlichen Geistes und Beauftragte Gottes, die die früheste Menschheitsgeschichte bezeugen. Die ersten Akte, die Michelangelo um die *Trunkenheit Noahs* gruppierte, sind unmittelbar von einem bekannten klassischen Typus abgeleitet, der auf Münzen und Gemmen gefunden wurde, und daher wenig innovativ (s. Abb. 81). Die Aktdarstellungen im *Opfer Noahs*, besonders die Figur, die sich mit einer ausgeprägten Biegung des Körpers und einer heftigen Kopfdrehung nach vorne beugt, sind wesentlich kühner gestaltet und von einem weitaus anspruchsvolleren antiken Vorbild inspiriert, der

83. Michelangelo,
Trennung von Licht und Finsternis, 1508-12, Fresko,
Sixtinische Kapelle, Vatikan.

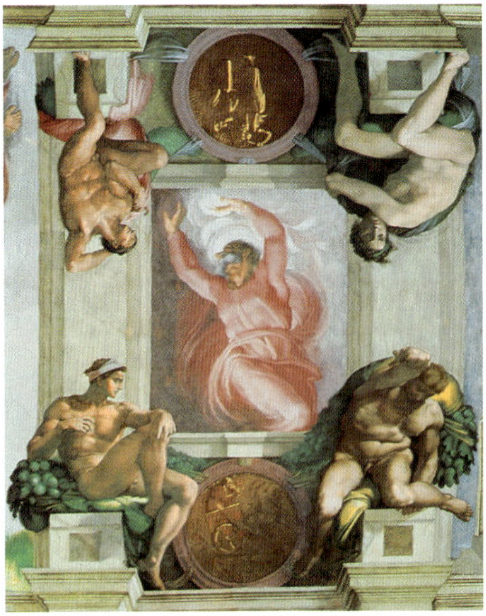

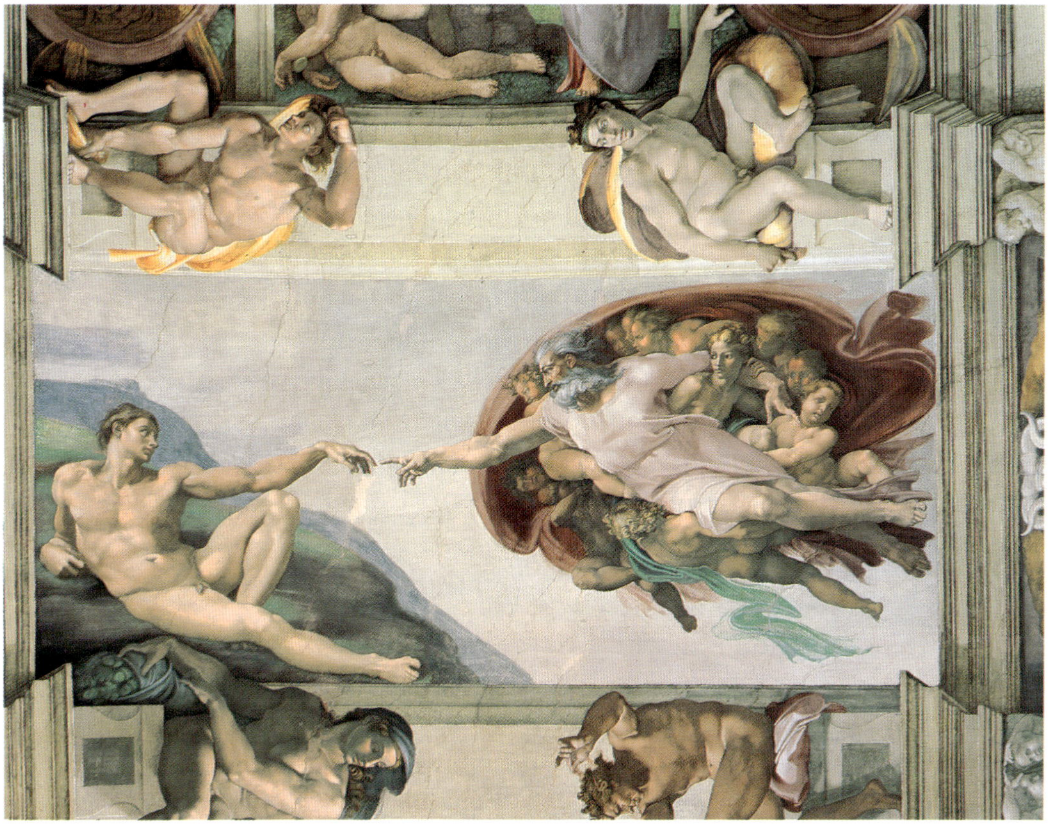

berühmten *Laokoon*-Gruppe (Abb. 85). Als Michelango mit den Aktdarstellungen in der *Trennung des Wassers vom Firmament* anfing, hatte er mittlerweile nichts Geringeres entwickelt, als einen völlig neuen Formenkanon, der von ausgeprägterer Muskulatur, schmaleren Hüften, breiteren Schultern, einem massigeren Torso und einem höheren Schwerpunkt bestimmt war, und so größere Kraft und Anmut vermittelte als alles bisher Dagewesene (Abb. 86). Die dramatische Intensität des rechten Aktes übersteigt selbst die der *Laokoon*-Gruppe. Sie drückt sich in den gegenläufigen diagonalen Achsen von Torso und Gliedern aus, in den weit zur Seite gewandten Schultern, der eindringlichen Mimik und dem nach vorne wehenden Haar, während die Figur gleichzeitig mit großer Kraft nach hinten drängt.

Im letzten Bildfeld demonstrierte Michelangelo, der die Aktdarstellung inzwischen vollendet beherrschte, seine überragende technische Virtuosität (Abb. 83). Der *Ignudo* links neben dem Bein Gottes vermittelt eine erlesene lineare Anmut, die sich entlang einer diagonalen Achse entwickelt. Sein Gefährte zur Rechten läßt auf einer gegenläufigen Diagonalen extreme körperliche Verdichtung und Anspannung erkennen, die durch seine ungewöhnliche Haltung bis an die äußerste Grenze getrieben wird.

84. Michelangelo,
Erschaffung Adams,
1508-12, Fresko,
Sixtinische Kapelle, Vatikan.

Michelangelo ist hier bis zu den absoluten Grenzen organischer Perfektion vorgestoßen, indem er engelhafte Akte geschaffen hat, die überragende herkulische Kräfte und apollinische Anmut zugleich verkörpern. Die *Ignudi* sind der vollkommene formale Ausdruck göttlicher Vollkommenheit.

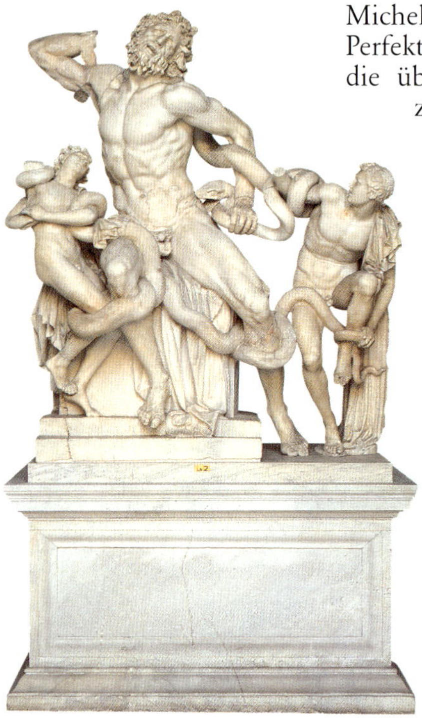

85. Hagesandros, Polydoros und Athenodoros von Rhodos, *Laokoon,* ca. 20 v. Chr.-20 n. Chr., Marmor, Höhe 242 cm, Skulpturenhof, Cortile del Belvedere, Vatikan.

Die am 14. Januar 1506 in den Trajansthermen entdeckte Skulptur wurde kurz darauf in die Antikensammlung von Julius II. überführt und im Cortile del Belvedere aufgestellt. Laokoon, der trojanische Priester, und seine beiden Söhne werden von einer Schlange angegriffen, die Athene aus dem Meer gesandt hat. Da Athene im trojanischen Krieg auf Seiten der Griechen stand, war sie darüber erzürnt, daß Laokoon die Trojaner vor dem hölzernen Pferd gewarnt hatte.

Die unteren Wände der Sixtinischen Kapelle wurden noch zur Zeit Sixtus' V. (1471-84) mit illusionistisch gemalten Gobelins verziert (siehe Abb. 76, S. 115). Leo X. (1513-21) gab schließlich einen Satz von zehn echten Wandteppichen in der Brüsseler Werkstatt von Pieter von Aelst (gest. 1532) in Auftrag, der 1520 nach Entwürfen von Raffael aus den Jahren 1515-16 fertiggestellt und angebracht wurde. Unterhalb des Christus-Zyklus' zur Rechten befanden sich vier Szenen aus dem Leben des hl. Petrus, und unterhalb des Moses-Zyklus' zur Linken, sechs Szenen aus dem Leben des hl. Paulus. Wie die Fresken darüber wurde sowohl die Petrus- als auch die Paulus-Reihe so angeordnet, daß man sie in idealer Weise vom Altar her Richtung Eingang betrachten konnte, und bis auf eine Ausnahme hingen sämtliche Teppiche auf der Altarseite im westlichen Bereich der Kapelle, also hinter der Trennwand. Petrus und Paulus, die der Legende zufolge am selben Tag in Rom zu Märtyrern wurden und denselben Gedenktag haben, waren die Hauptvertreter der ersten Christen-Generation nach dem Tod Christi. *Der wunderbare Fischfang*, der rechts vom Altar hängen sollte, zeigt jenen Augenblick unmittelbar nach dem Wunder auf dem See Genezareth, als Petrus die Göttlichkeit Christi und seine eigene Unwürdigkeit erkennt und mit den Worten niederkniet: »Herr, geh weg von mir! Ich bin ein sündiger Mensch.« Christus entgegnet ihm: »Fürchte dich nicht! Von nun an wirst du Menschen fangen.« Diese Antwort markiert die Berufung des ersten Apostels und bestätigt Petri Vorrangstellung (Abb. 87).

Die Szene beginnt links mit Zebedäus, der das Boot steuert; er hat den Blick abgewandt und lehnt sich zurück, ohne etwas zu bemerken. Seine Haltung macht bewußt, daß er nicht zum Apostel berufen wird. Die diagonale Linie seines langen Stabes eröffnet jedoch ein Crescendo von Bewegung, Energie und Wahrnehmung, das mit seinen Söhnen Jakobus und Johannes fortgesetzt wird. Die beiden sind nach vorn gebeugt, zerren am Netz, ziehen es nach oben und sind sich des Wunders, das sie gerade erleben, vollkommen bewußt. Jakobus, dessen Haar nach vorn geweht wird, macht eine leichte Rückwärtsbewegung, er nimmt das Geschehen in Christi Boot nicht wahr. Als ob er die Handlung des Jakobus zu Ende führen würde, ist Johannes weniger weit vorgebeugt, er zieht nur mit einer Hand leicht nach vorn, hält das Netz höher und blickt zu Christus hinüber. Er ist geöffneter und dynamischer dargestellt. Die Anstrengungen im ersten Boot finden ihre Auflösung im zweiten, wo Andreas einen

Schritt nach vorn macht und beide Arme in einer weiten Geste ausbreitet, mit der er deutlich zeigt, daß er das Wunder und die Göttlichkeit Christi erkennt. Die Uferlinie und die Kraniche verstärken dieses Crescendo: Beide Ufer verlaufen diagonal in die Tiefe des Bildes und steigen gleichzeitig nach oben an; der erste Kranich ist ruhig, der zweite schreit und hat den Kopf in den Nacken geworfen, der dritte schreit mit gerecktem Hals und schlagenden Flügeln. Dort, wo Petrus auf die Knie fällt, sich nach vorn neigt und die Hände zum Gebet faltet, setzt eine jähe Beruhigung ein. Christus, der durch die weite ruhige Wasserfläche und den hohen Himmel besonders majestätisch wirkt, gebietet der gesamten Bewegung Halt. Mit Blickrichtung auf den Altar der Sixtinischen Kapelle und den thronenden Papst auf der linken Wand sitzt er im Boot und segnet Petrus.

Die ungemein teuren Wandteppiche, die verschwenderisch mit kostbaren Gold- und Silberfäden gewebt worden waren, demonstrierten den Reichtum, die Macht und die Herrlichkeit der Kirche. Leo X. war jedoch derartig maßlos, daß er alle drei Güter erheblich verringerte. *Die Berufung des hl. Petrus* ist als nächste Szene sowohl durch das Motiv des Bootes und durch die Uferlinie mit der vorausgehenden verbunden als auch durch die Komposition, bei der auf ein aufgeregtes Crescendo eine Beruhigung mit dem knienden Petrus folgt (Abb. 88). Das Finale hingegen fällt anders aus. Christus steht nun weiß gekleidet vor einem Berg und deutet mit einer Hand auf die Schafe, als ob er

86. Michelangelo, *Ignudo* (oberhalb der persischen Sibylle), 1508-12, Fresko, Sixtinische Kapelle, Vatikan.

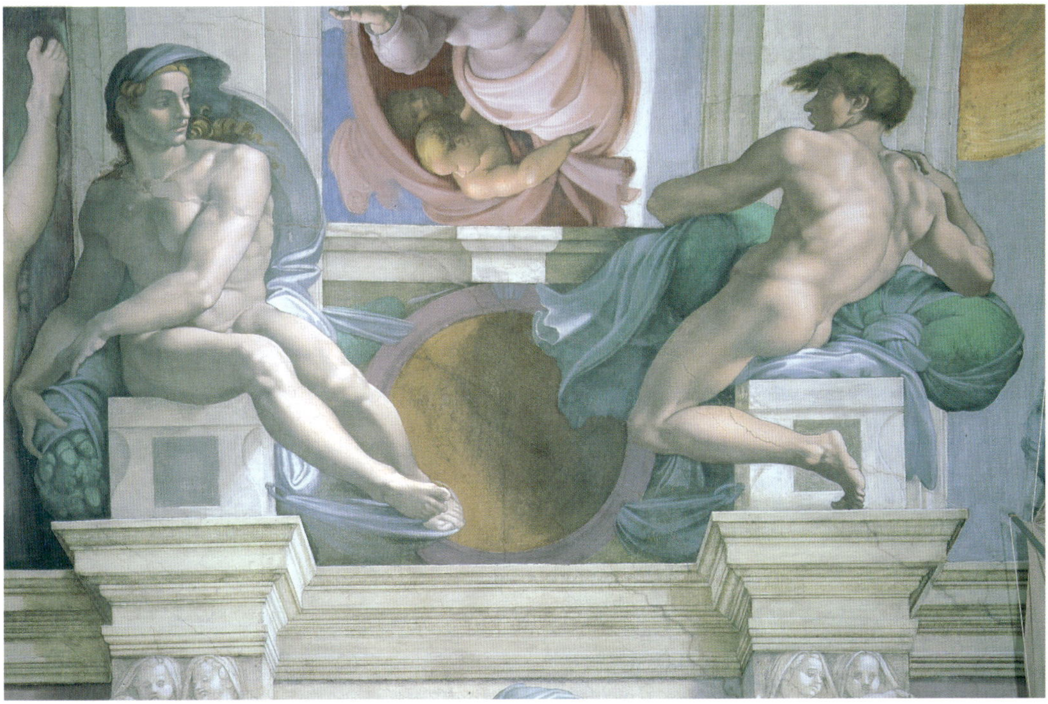

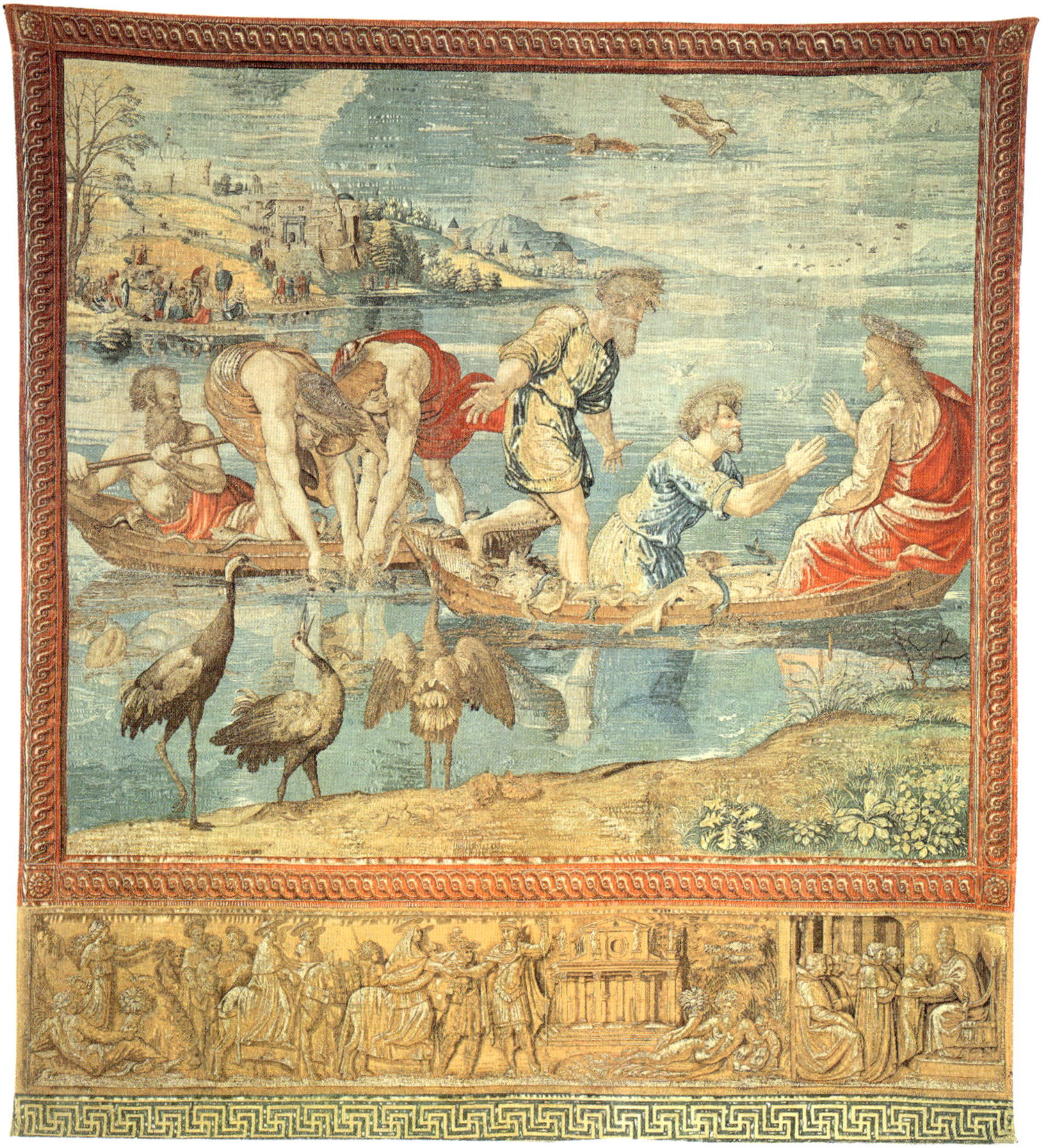

87. Pieter van Aelst, *Der wunderbare Fischfang* (nach Raffaels Entwurf von 1515-16), 1516-19, Gobelin, Seide und Wolle mit Silber- und Goldfäden, 490 x 440 cm, Vatikanische Pinakothek.

Der untere Rand zeigt Kardinal Giovanni de'Medici (1475-1521), während er Florenz verläßt - was durch allegorische Darstellungen der Stadt und des Arnos deutlich wird -, mit seinem Gefolge in Rom eintrifft - personifiziert durch den Flußgott Tiber, eine Wölfin und Romulus - und beim Handschlag mit einem Soldaten vor der Peterskirche. In diesem komprimierten Erzählstrang, der mit seiner Mischung aus Historie, Mythos und poetischer Allegorie episch wirkt, vereinigt Giovanni de'Medici auf sich also sowohl die irdische Macht des kaiserlichen Roms als auch die geistliche Autorität der Kirche. Im rechten Bereich sieht man Giovanni de'Medici, der inzwischen zum Papst Leo X. gewählt wurde, unterhalb von Christus auf dem Thron sitzen. Seinem Status als Statthalter Christi wird mit dieser Parallelisierung der Szenen Ausdruck verliehen. Die Kardinäle demonstrieren ihren Gehorsam, so wie die Apostel darüber Christus Reverenz erweisen.

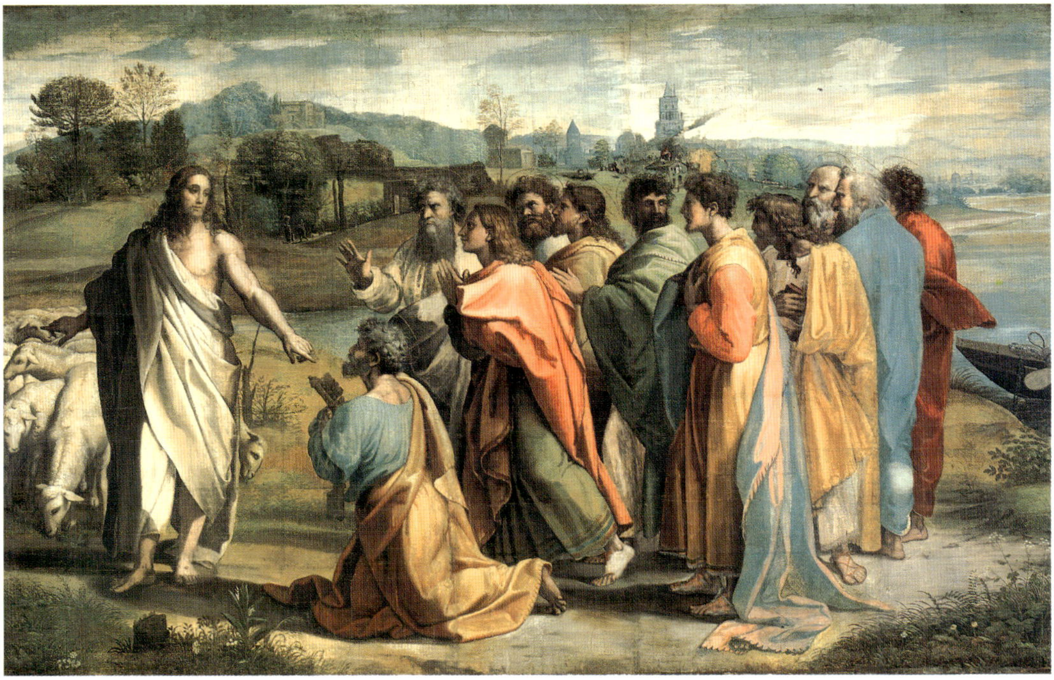

Petrus zum neuen Hirten der Herde erwählen würde, indem er ihm befiehlt: »Weide meine Lämmer.« Mit der anderen Hand zeigt er auf Petrus' Schlüssel, als würde er sagen: »Du bist Petrus, und auf diesen Felsen will ich bauen meine Gemeinde...« Es zeugt von den immer stärker werdenden Angriffen gegen die Kirche in dieser Zeit, daß die beiden Szenen zum erstenmal und in einer monumentalen Größenordnung die drei neutestamentarischen Texte vereinten, auf denen Petri Vorrangstellung basiert.

88. Raffael, *Die Berufung des hl. Petrus,* 1515-16, Gobelinentwurf (Karton), Gouache auf Papier, inzwischen auf Leinwand übertragen, 340 x 530 cm, Victoria and Albert Museum, London.

Raffael hat sämtliche Kartons seitenverkehrt angefertigt, weil die Gobelins von der Rückseite gewebt wurden. Erst mit der Fertigstellung erfolgte die Umkehrung des Motivs. Man muß sich also vorstellen, daß das Boot und die Uferlinie ganz rechts die Fortsetzung des Bootes und der Uferlinie aus der vorangehenden Szene mit dem *Wunderbaren Fischfang* bilden.

Borgherini-Kapelle, S. Pietro in Montorio

Auch die *Geißelung Christi* von Sebastiano del Piombo (unter Mitarbeit von Michelangelo), die 1516-24 für die Borgherini-Kapelle von S. Pietro in Montorio entstand, reagierte auf die massive Kritik, die an der katholischen Kirche geübt wurde (siehe Abb. 70, S. 108). Durch eine perspektivische Manipulation konnte Sebastiano die Krümmung der Wand neutralisieren und mit Hilfe von drei korinthischen Säulen auf jeder Seite hat er einen räumlichen Kubus konstruiert; die hintere Wand öffnet sich zu einer Nische, welche die Kapelle selbst widerspiegelt. Die vier Folterer haben einen schweren Körperbau und einen rötlichen Teint, während Christus an einen antiken Helden erinnert. Durch die Verwendung von Ölfarbe gelang dem Künstler eine tiefe Tönung, suggestive Farbgebung und ein stimmungsvolles Hell-Dunkel, das ein Gefühl von drohendem Unheil vermittelt.

In der Apsis befindet sich Sebastianos Fresko der *Verklärung* (Abb. 89). Linker Hand, entlang der Krümmung des Gesimses, ruht der hl. Jakobus fast wie ein Flußgott, die Brust dem Betrachter zugewandt, in den Kapellenraum deutend und sich umwendend, um das Licht zu betrachten. Der hl. Johannes, der so aussieht, als ob er jeden Augenblick aus seiner kauernden Position aufspringen wollte, hat den Blick auf Christus gerichtet und weist auf ihn, das Gesicht in Licht getaucht. Darüber, an der Stelle, wo sich die Apsis im scharfen Winkel nach oben neigt, präsentiert Moses die Gesetzestafeln. Rechts ruht Petrus auf dem Gesims, dem Betrachter den Rücken zugewandt, und deutet in den Bildraum. Darüber schwebt Elias, die Hände zum Gebet gefaltet. Das Schwergewicht der Komposition liegt auf der linken Seite, die dunkler gestaltet ist als die rechte. Dieser Kontrast betont die Drehbewegung Christi von links nach rechts auf das Licht zu, die durch seinen Kontrapost, die Kopfhaltung und das wallende Gewand signalisiert wird. Obwohl Christus an einem Punkt zu stehen scheint, der am weitesten vom Betrachter entfernt ist, wird er optisch durch die apsisähnliche Himmelswölbung und das intensive weiße Licht hinter ihm abgehoben. Tatsächlich scheint er verklärt im Zentrum der Apsis zu schweben, innerhalb eines vollkommen sphärischen Raumes. Dieses Sinnbild für die triumphierende Kirche steht in einem krassen Gegensatz zu dem kubischen Raum darunter, ein Symbol für die streitende Kirche.

89. Sebastiano del Piombo,
Verklärung, 1516-24, Fresko,
Borgherini-Kapelle,
S. Pietro in Montorio, Rom.

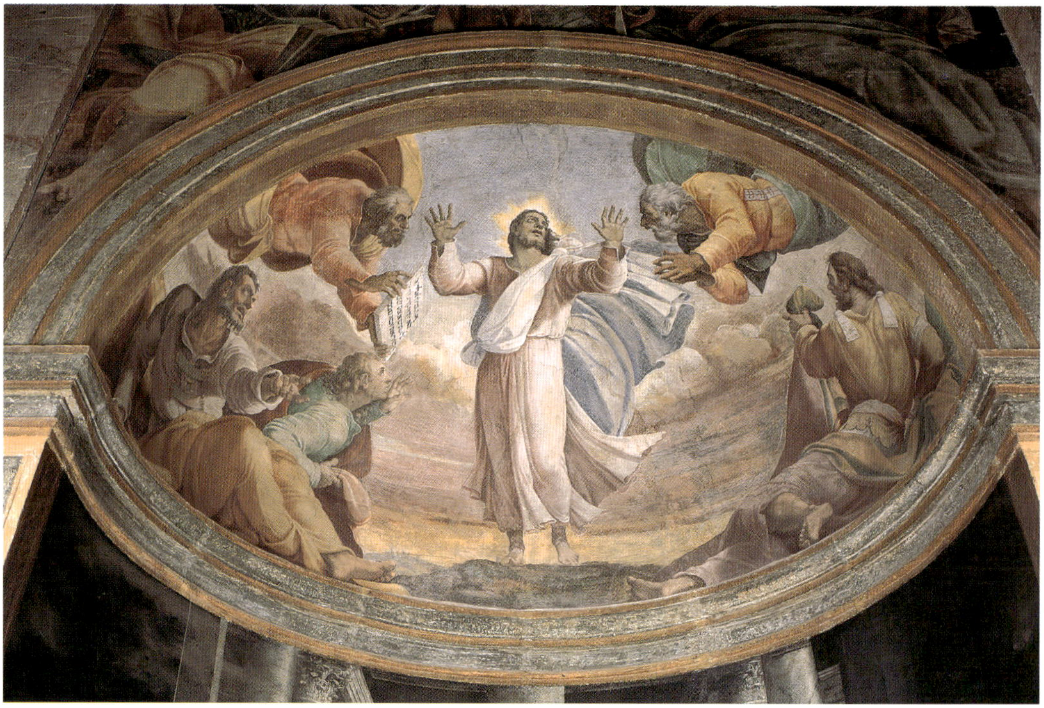

Sixtinische Kapelle: Das Jüngste Gericht

Auch Michelangelos *Jüngstes Gericht* thematisiert den Triumph der Kirche. Die Betonung liegt hier jedoch auf der Sündhaftigkeit der Menschen und ihrer völligen Abhängigkeit von der alles überwältigenden Macht Christi am Ende der Zeiten. Diese Haltung spiegelt den Pessimismus nach dem *Sacco di Roma* (1527) wider, als die meisten Römer glaubten, von Gott für ihre Sünden und ihre Mißachtung der Kirche bestraft worden zu sein. Klemens VII. (1523-34), der die Plünderung selbst miterlebt hatte, gab das Werk 1533 in Auftrag. Als er kurz darauf starb, wurde der Auftrag 1534 von seinem Nachfolger Paul III. erneuert. 1541 vollendete Michelangelo die Arbeit.

Zur Vorbereitung des Untergrundes ließ Michelangelo alle vorherigen Ausschmückungen entfernen. Außerdem veränderte er die Form der Wand, die leicht nach hinten geneigt war, so daß sie nun im oberen Bereich eine leichte Vorwärtsneigung zeigte, um seine Vision des Dramas noch eindringlicher gestalten zu können (Abb. 90). Innerhalb der irdischen Sphäre befinden sich vor dem Hintergrund eines tiefblauen Himmels vier Ebenen mit einer Vielzahl von Figuren. Alle vier Ebenen sind wie die Arme einer gigantischen Waage nach rechts geneigt und greifen so den Aufstieg der Auserwählten zur Linken und den Abstieg der Verdammten zur Rechten auf (Abb. 91). Bis zur Enthüllung dieses überwältigenden Freskos war keine Darstellung des Jüngsten Gerichts bekannt, bei der die Bewegung so überzeugend oder die Illusion, die Wand habe sich gleichsam geöffnet, um das sich vollziehende Drama zu offenbaren, von so eindringlicher Wirkung war. Der Ursprung dieser Bewegung ist Christus, die Verkörperung des höchsten Guten, unmittelbar über dem Schlund der Hölle, dem Zeichen des absolut Bösen. Christus ist der klassizistische Held mit übermenschlicher Kraft; er scheint zu stehen und eine Drehbewegung zur rechten Bildseite zu beschreiben. Seine rechte Hand hat er erhoben, um die Auserwählten emporzuheben und sie dann mit seiner linken zu sich zu ziehen. Gleichzeitig scheint er sich auf seinen himmlischen Wolkenthron zu setzen und im nächsten Augenblick die rechte Hand in die Richtung senken zu wollen, in die er blickt, und mit der linken vorzustoßen, um die Verdammten hinabzustürzen. Angesichts der Größe des Bildfeldes hat Michelangelo die Bewegung Christi durch trompetenblasende Engel ergänzt, die den Erwählten bei ihrem Weg nach oben helfen, die Verdammten hinabtreiben und die Attribute der Passion tragen. Die Mutter Gottes, die sich an Christus schmiegt, verstärkt dessen optische Wirkung, die Bewegungsrichtung ihrer komplexen, gewundenen Körperform von

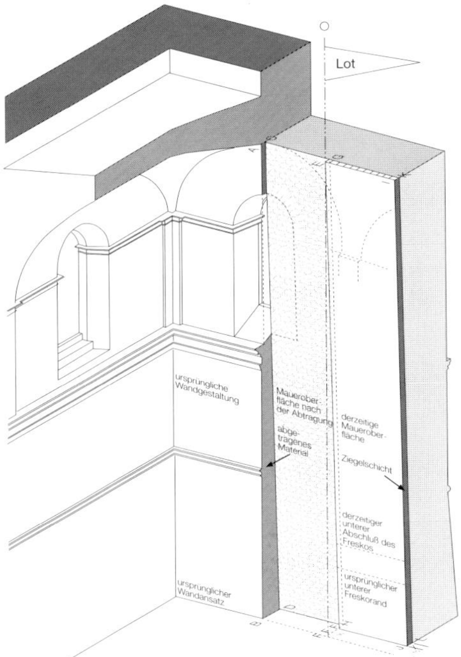

90. Maßstabgetreues Diagramm der baulichen Änderungen für das *Jüngste Gericht* an der Westwand der Sixtinischen Kapelle.

Die Wand wurde im oberen Bereich rund 15 cm (AC) und nach unten hin immer stärker abgetragen, so daß man den unteren Wandansatz schließlich um rund 60 cm zurückversetzte (BD). Für diese Arbeit mußten zirka 62 Kubikmeter Mauerwerk mit Hammer und Meißel entfernt werden. Um die intonaco-Schicht (Grundierung) auftragen zu können wurde die gesamte Wand mit 15 cm dicken Ziegeln verkleidet (EG, IK, FH, JL). Das Endergebnis war eine Wand, deren oberer Teil im Verhältnis zum unteren Ansatz rund 30 cm weit vorstand, wenn man von der Lotrechten ausging. Dieser Überhang ist auch heute noch sichtbar .

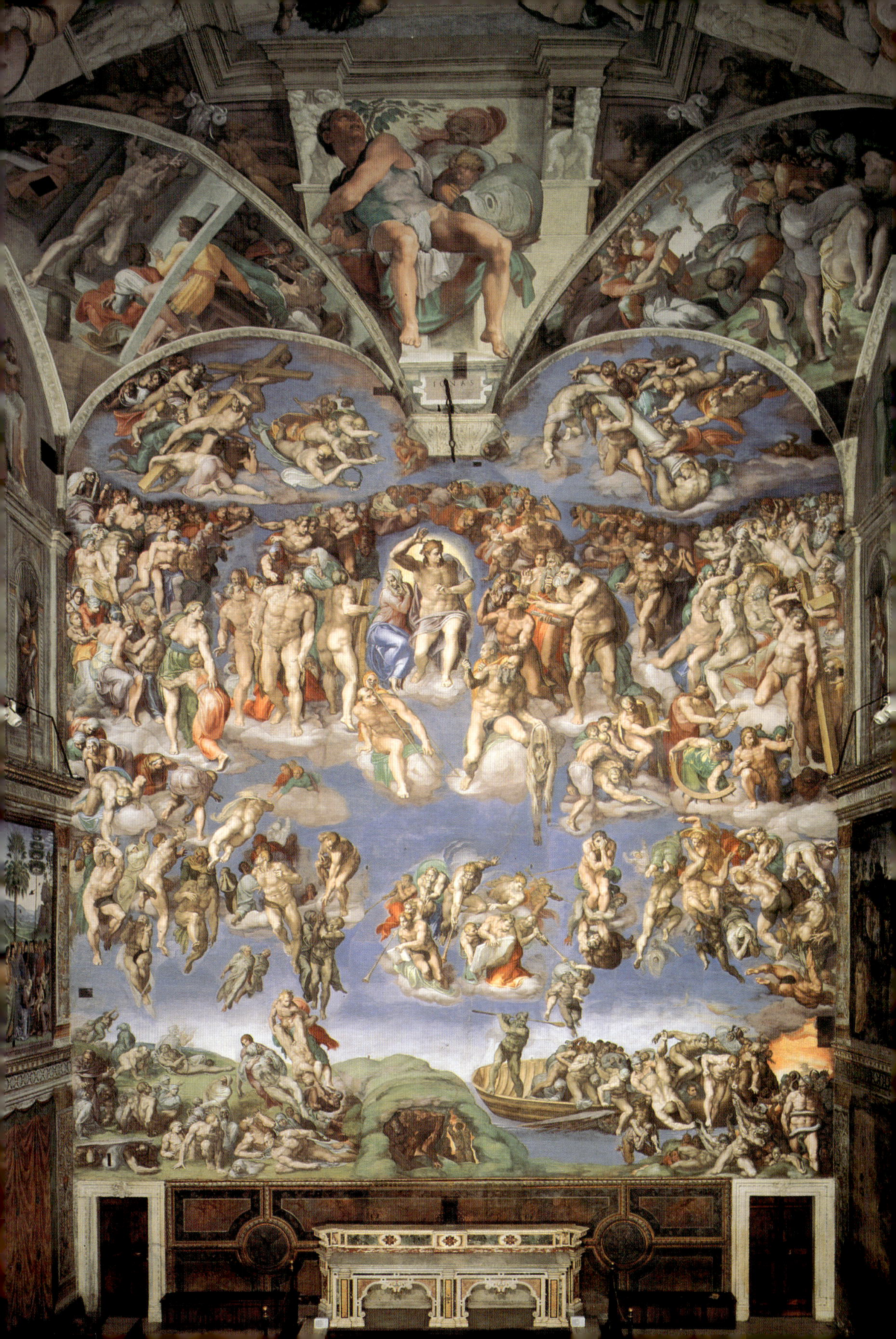

links nach rechts greift seine Bewegung auf. Doch sie ist eine geschlossene, verschleierte Figur, die selbst keine Handlung in Gang setzt, was einen Hinweis darauf gibt, daß die streitende Kirche am Ende der Zeiten keine Rolle mehr spielt. Dementsprechend will auf der rechten Bildseite der hl. Petrus seine Schlüssel an Christus zurückgeben. Dennoch symbolisiert Petrus neben Paulus - ein noch nie dagewesenes Nebeneinander in der Tradition bildlicher Darstellungen des Jüngsten Gerichts - zweifellos die Gründung der Kirche und deren Bedeutung als Vermittlerin der Heilsbotschaft. Neuartig ist auch, daß sich Johannes der Täufer an der privilegierten rechten Seite von Jesus (also auf der linken Bildseite) befindet und mit ähnlicher Statur als Gegenpart zu Petrus dargestellt ist. Somit spielt Johannes hier seine historische Rolle als Vorbote Christi, der die alttestamentarische und neutestamentarische Ära miteinander verbindet. Zudem verkörpert er die für die Erlösung unerläßliche Buße und Taufe. Hinter Johannes sind Adam und Eva zu sehen, die Repräsentanten der Zeit vor dem göttlichen Gesetz. Demzufolge werden alle Zeiten von Christus beherrscht, zusammengeführt und zu einem Abschluß gebracht.

Wenn man sich das Ende der dramatischen Szene vergegenwärtigt, kann man besser verstehen, warum die gesamte Wand geneigt sein mußte. Die Verdammten in den beiden unteren Ebenen auf der rechten Seite werden durch den Eingang rechts außen in der Unterwelt verschwinden. Diese verlorenen Seelen werden von zwei mythologischen Figuren aus Dantes *Göttlicher Komödie* geleitet, gemeint sind der Fährmann Charon und der von einer Schlange umschlungene Minos. Die Seelen im unteren linken Bereich werden sich von den irdischen Fesseln befreien, in die nächste Ebene aufsteigen und die Ebene der Auserwählten in großer Zahl bevölkern. Diese Ebene wird zusätzlich von oben durch die Engel in den Lünetten optisch komprimiert. Am Ende werden nur die Auserwählten in Christi Nähe bleiben. Je zahlreicher die Auserwählten werden, desto raumgreifender wird die Wand und drängt die Figuren nach vorn. Im Gegenzug scheinen sich die Auserwählten aus dem Hintergrund in den Vordergrund zu schieben, wobei sie zunehmend größer, anatomisch ausgearbeiteter und energischer werden. Anders ausgedrückt könnte man sagen, daß Michelangelo hier auf ähnliche Weise, wie er die Kuppel der Peterskirche in der dichten, kompakten und klar hervortretenden Laterne kulminieren ließ, die erretteten Seelen in festen, voluminösen und energievollen Formen gestaltete, die unter Mißachtung der Schwerkraft am Himmel zu schweben scheinen.

Links außen, in der Zone der Auserwählten, ist eine Gruppe dargestellt, die sich überwiegend aus Frauen zusammensetzt. An ihrer Spitze legt eine barbusige Personifizierung der Kirche schützend den Arm um eine kniende Frau, die den fruchtbaren Leib der Kirche umarmt. Diese Figurengruppe bildet demnach einen Verweis auf das erneuernde Potential der Kirche. Auf der

91. Michelangelo,
Das Jüngste Gericht,
1534-41, Fresko,
Sixtinische Kapelle, Vatikan.

Neben dem linken Fuß Christi kniet der hl. Bartholomäus auf einem Stein und hält eine Menschenhaut, die wahrscheinlich ein Selbstporträt Michelangelos trägt. Diese Art der Signatur läßt die Auseinandersetzung des Künstlers mit seinem näherrückenden Tod und seine Hoffnung auf Auferstehung erkennen. Das Fresko bot er als herausragendes Werk und gewaltiges physisches und intellektuelles Opfer Gott dar.

gegenüberliegenden Seite, an der Spitze einer Gruppe, die sich überwiegend aus Männern zusammensetzt, richtet ein Mann ein Kreuz auf. Diese Szene erinnert an Christi Opfer, durch das die Erlösung möglich wurde. Zwischen diesen beiden Gruppen verbinden sich das männliche und weibliche Prinzip harmonisch in Christus und der Heiligen Jungfrau.

Im Unterschied zu den heroischen und anmutigen Figuren im Deckengewölbe sind die Figuren des *Jüngsten Gerichts* von geringer Schönheit und voller Unruhe. Allein Christus wirkt jugendlich, anmutig und würdevoll. Doch die Entwicklung der Figuren hinsichtlich Größe, Klarheit und Eindringlichkeit von unten nach oben und vom Hintergrund zum Vordergrund impliziert, daß am Ende dieses Dramas alle Seelen nach dem Ebenbild Christi gestaltet sein werden. Die Neigung der Wand drängt die Figuren zudem mit Macht in das natürliche Licht, das durch die Fenster fällt. Doch ihre stoffliche Materie und das natürliche Licht werden in Geist umgewandelt, denn Christus - der dem berühmten *Apoll vom Belvedere* im Skulpturenhof des Cortile del Belvedere nachempfunden ist und von einer großen goldenen Mandorla umgeben wird - ist ein neuer Apoll, die ewig leuchtende Wahrheit, die sich mystisch im Westen erhebt, entgegen allen Gesetzen der Natur.

Laienbruderschaften und ihre Andachtsräume

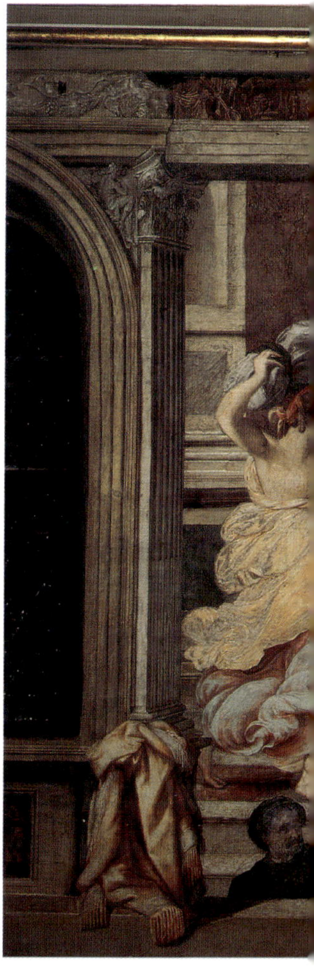

Die ersten Bruderschaften entstanden im Mittelalter, und sie verbreiteten sich rasch in ganz Europa. Ihre Mitgliederzahlen variierten zwischen einigen Dutzend bis zu etlichen hundert, sie konnten rein männlich, rein weiblich oder gemischtgeschlechtlich sein und wurden von einem gewählten Vorstand geleitet. Die Mitglieder kamen aus allen gesellschaftlichen Schichten, obschon sie überwiegend der Mittel- und Unterschicht entstammten, und häufig hatten sie eine Gemeinsamkeit wie denselben Beruf oder dieselbe Heimat. Von dem Gefühl der eigenen Sündhaftigkeit getrieben, kamen die Mitglieder der Bruderschaften regelmäßig in ihren Andachtsräumen zusammen, um durch gemeinsame Gebete, Gesänge und Messen ihre Seelen zu stärken. In Bruderschaften, die die Selbstgeißelung praktizierten, den sogenannten Flagellantenorden, peitschten sich die Mitglieder bei Bußprozessionen selbst den Rücken, um für die Sünden der Welt Buße zu tun und den Zorn Gottes durch das Nachleben der Leiden Christi zu mildern. Die Bruderschaften übten sich darüber hinaus durch gute Werke in Barmherzigkeit. Sie gewährten Inhaftierten und zum Tode Verurteilten geistigen Beistand, wie die Bruderschaft *S. Giovanni Decollato,* oder kümmerten sich um Kranke und Alte, wie die Bruderschaft *Confraternità del Gonfalone.* Außerdem unterstützten sich die Mitglieder untereinander finanziell und sorgten für eine angemessene Bestattung.

Nach dem *Sacco di Roma* (1527) entstanden mit Förderung des Papstes mehr als sechzig neue Bruderschaften, um die während der Gegenreformation zunehmend frommer werdende Bevölkerung seelsorgerisch zu betreuen. Die meisten benutzten bereits bestehende Kapellen in Kirchen als Versammlungsorte, doch sieben von ihnen errichteten neue Gebäude, von denen drei mit Fresken ausgeschmückt wurden. Viele Zeitgenossen betrachteten den Bau und die Ausschmückung eines Andachtsraumes (Oratorium) als unangemessenen Ausdruck von Weltlichkeit, und die Tatsache, daß in Rom im Vergleich zu Venedig so wenige neue Oratorien entstanden, zeigt, wie asketisch es im Rom der Gegenreformation zuging.

Das Oratorium von *S. Giovanni Decollato* wurde in den dreißiger Jahren des 16. Jahrhunderts für die Florentiner Gemeinde erbaut und zwischen 1536 und 1553 mit acht Szenen aus dem Leben Johannes des Täufers ausgeschmückt, dem Schutzpatron von Florenz. Der Zyklus beginnt rechts vom Altar und verläuft

92. Francesco Salviati, *Die Heimsuchung,* 1538, Fresko, S. Giovanno Decollato, Rom.

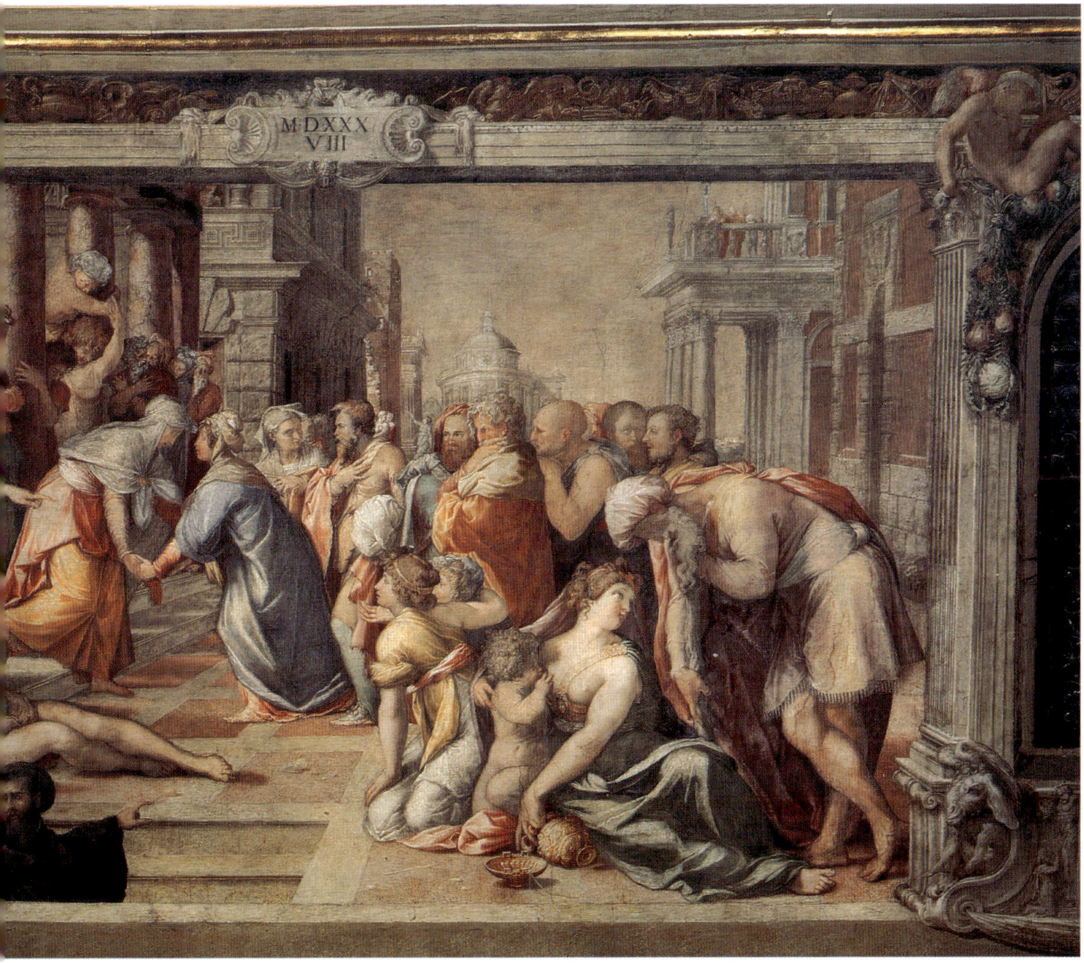

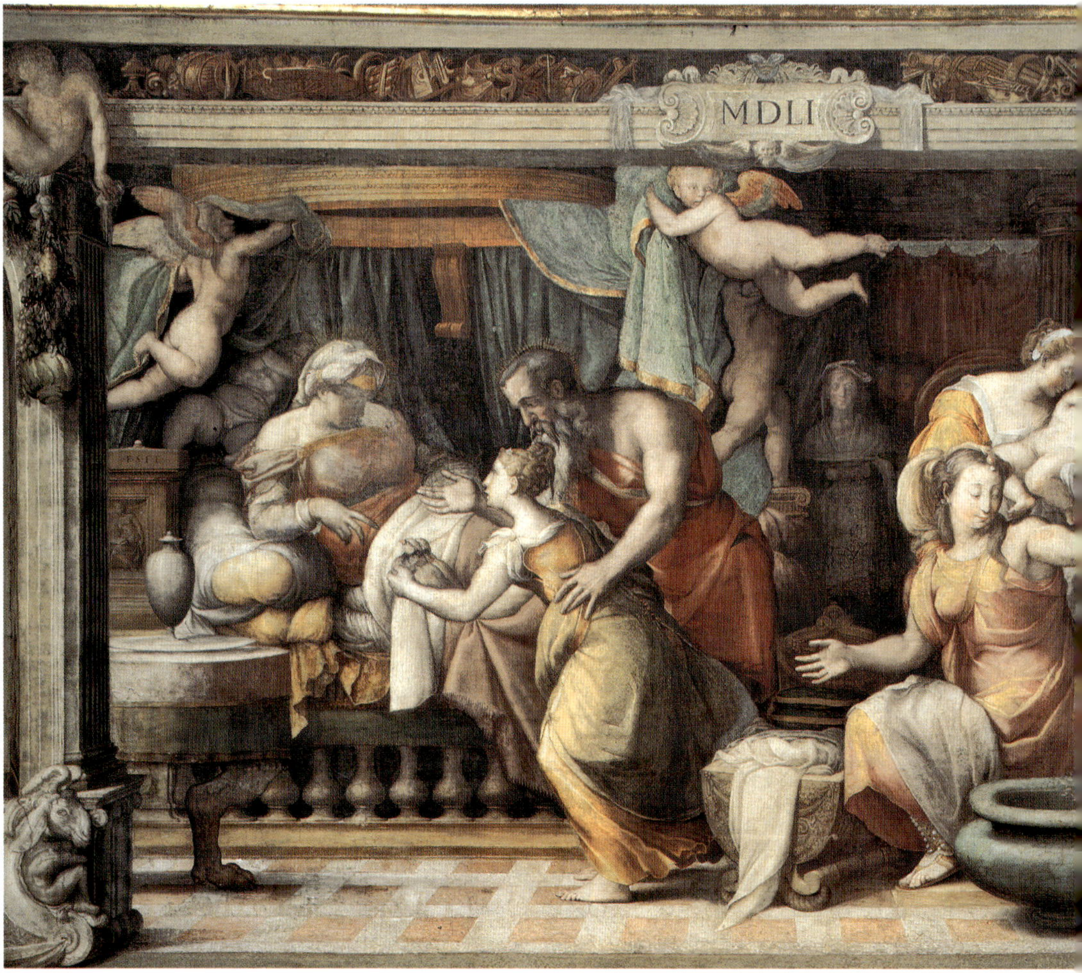

93. Francesco Salviati,
Die Geburt von Johannes dem Täufer, 1551, Fresko, S. Giovanni Decollato, Rom.

Die Jugend und Fruchtbarkeit der dienenden Frauen (eine von ihnen trägt einen Blumenkorb auf dem Kopf), die Siegessäule, die durch die Tür zu sehen ist, und der Gegensatz zwischen der Ahnenbüste der alten Generation und dem Kinderbett einer neuen verweisen auf den nahenden Triumph einer neuen Ordnung durch Christi Gnaden, von dem Johannes künden wird.

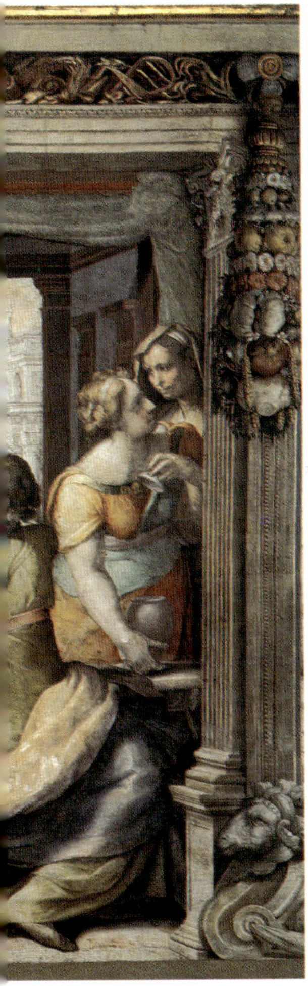

im Uhrzeigersinn rundherum an den Wänden entlang. Die zweite und die dritte Szene der rechten Wand stammen von Francesco Salviati (1510-63) und wurden 1538 bzw. 1551 ausgeführt. Das frühere Fresko mit dem Titel *Heimsuchung* (Abb. 92) bietet ein typisches Beispiel für den Manierismus, wie er in Kapitel vier erörtert wurde (siehe Abb. 63, S. 93). Den Betrachtern wird suggeriert, daß sie das Ereignis durch eine illusionistische Öffnung in der Wand verfolgen können. Die Szene ist asymmetrisch aufgebaut und wird aus einem schrägen Blickwinkel betrachtet. Die beiden Stifter - Battista da Sangallo, der Erbauer des Oratoriums, und Giovanni da Cepperello - kommen in dunklen Gewändern eine Treppe hinauf, als ob sie an dem sakralen Drama unmittelbar teilnehmen könnten. Zugleich wird die Szene aber gezielt als Kunstwerk vorgeführt und erzeugt so eine gewisse Distanz: Die Bildbühne ist ein künstlicher Raum, die Architektur wurde bewußt kunstvoll gestaltet, die Perspektive verzerrt, und die Komposition nimmt Anleihen bei den Werken anderer Künstler - ein verbreitetes Merkmal des Manierismus -, um diese Zitate dann zu verfremden und zu übersteigern.

So orientierte sich der Künstler bei der Figur der Dienerin, die sich in der linken Bildhälfte befindet, an den Werken von Pontormo (1494-1557) und Raffael. Die aufwendige Haartracht, die kräftigen Farben und der bauschige Faltenwurf des Gewandes übertreffen aber sowohl die künstlerischen Vorbilder als auch die Realität und die Erfordernisse der Szene. Ihre weibliche Potenz wird durch ihre entblößten Brüste und durch ihre Nähe zu dem heroischen halbnackten Jüngling betont. Tatsächlich ist die weibliche Fruchtbarkeit ein durchgängiges kompositorisches Thema, denn fast alle Frauen sind jung, schön und fruchtbar, während die Männer meist alt sind und Nebenrollen einnehmen. Abgesehen von Zacharias und Josef, die im Hintergrund unterzugehen drohen, sind diese Personen für die dargestellte Episode unwesentlich, sie bilden optisches Beiwerk. Es entsteht durch die genannten Besonderheiten der Komposition eine Spannung zwischen der räumlichen Unmittelbarkeit eines aktuellen Geschehens und der ästhetischen Distanz einer überfrachteten, überhöhten, feminisierten Welt, die dem Inhalt Ausdruck verleiht: der Freude, Erregung und Ekstase über die bevorstehende Geburt von Johannes dem Täufer und Christus. Ein Vergleich mit Federico Baroccis *Heimsuchung* (siehe Abb. 67, S. 100) verdeutlicht die erheblichen Unterschiede zwischen manieristischer Kunst und der Kunst der Gegenreformation.

Das angrenzende Fresko, *Die Geburt von Johannes dem Täufer* aus dem Jahre 1551 markiert einen radikalen Stilwandel, der zum Teil auf den Einfluß von Michelangelos *Jüngstem Gericht* zurückzuführen ist (Abb. 93); die kräftigeren Figuren, der langsamere Rhythmus und die gedämpftere Atmosphäre zeugen davon. In den stilistischen Veränderungen wird aber auch die Wirkung der Gegenreformation spürbar, die sich in der größeren räumlichen und narrativen Klarheit und in dem symbolisch dichteren und

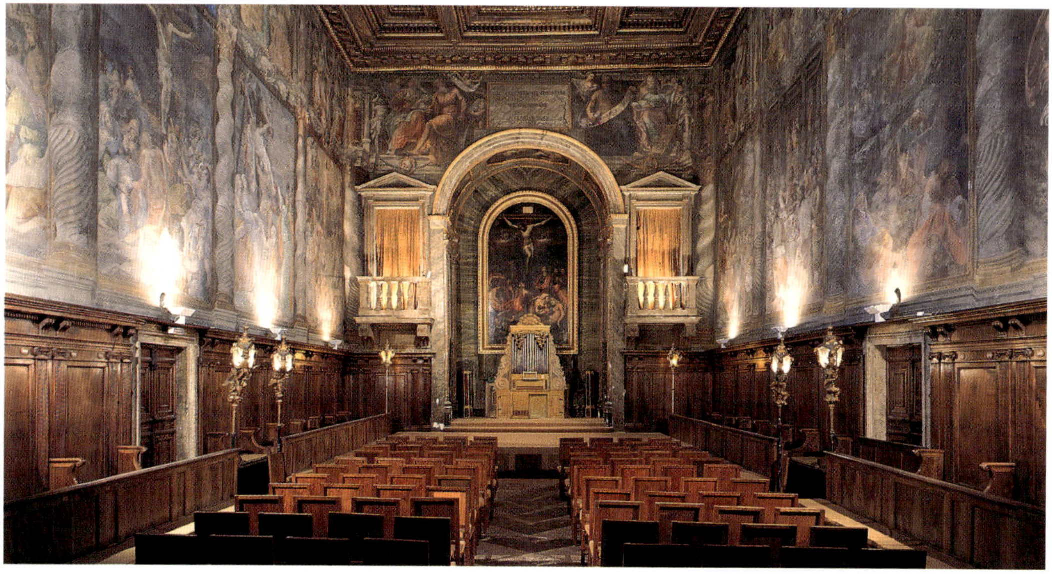

94. Oratorio del Gonfalone,
Blick auf den Altar.

Der Freskenzyklus erinnert an das Passionsspiel, das die Bruderschaft von 1490 bis 1539 regelmäßig im Kolosseum aufführte. Das Privileg wurde jedoch von Paul III. widerrufen, weil die brutale Behandlung Christi im Passionsspiel zu Unruhen geführt hatte, bei denen mehrere Juden erschlagen wurden.

betont frommeren Inhalt niederschlägt. Diese Szene würde sich kaum von einer Darstellung der Geburt Christi unterscheiden, wenn da nicht Zacharias wäre, von dem Johannes seinen Namen erhält. Der kreisrunde, von fünf Engeln getragene Baldachin ist demnach sowohl ein Symbol für die Vollkommenheit der jugendlichen Maria, die der *Legenda aurea* zufolge bei der Geburt von Johannes anwesend war, als auch für die Heiligkeit der beiden Alten, Elisabeth und Zacharias. Die Geste des kleinen Johannes deutet seinen Tod durch Enthauptung an, und das Wasser, das zum Bade eingegossen wird, seine Funktion als Täufer. Aber Johannes erinnert darüber hinaus auch an Christus, durch dessen Opfer die Taufe erst sinnhaft wurde.

Die *Confraternità del Gonfalone*, die Mitte des 13. Jahrhunderts als Flagellantenorden gegründet worden war, ließ zwischen 1544 und 1557 ein neues Oratorium erbauen. Von 1568 bis 1576 wurde es unter der Schirmherrschaft der Kardinäle Alessandro Farnese und Otto Truchseß von Waldburg (1514-73), dem Bischof von Augsburg, mit Fresken ausgeschmückt. Das Thema des Zyklus' ist die Passion Christi, dargestellt in zwölf Szenen, die rechts vom Altar beginnen und dann im Uhrzeigersinn an den Wänden entlang verlaufen (Abb. 94). Passionszyklen dieser Größenordnung waren in Rom bis dahin nahezu unbekannt, fanden jedoch später größere Verbreitung. Die Wahl dieses Themas ist ein deutliches Zeichen für die im Zuge der Gegenreformation immer stärker werdende Betonung des Opfertodes Christi. Der von Jacopo Bertoja (1544-74) entworfene Grundplan besteht aus Bildern mit illusionistischer Rahmung zwischen dynamischen Spiralsäulen, die eine Attika mit Propheten und Sibyllen tragen. Der Zyklus beginnt mit Bertojas

Einzug in Jerusalem (Abb. 95). Die Personen der linken Bildseite unterstützen mit ihren Gesten den erzählerischen Fluß von links nach rechts und lenken die Aufmerksamkeit auf Christus, der einen bescheidenen Esel reitet, aber auf majestätische Weise seinen Segen erteilt. Die Menge liefert dazu mit ihren Gesten und Posen der Anbetung, Frömmigkeit und Freude eine Gegenbewegung. Der bärtige Mann auf der rechten Seite trägt die Züge des Künstlers, stellt also ein Selbstporträt dar. Die bildliche Wiedergabe der Grabeskirche Christi im Hintergrund verweist auf den Anfang und das Ende der Passion.

Die *Geißelung Christi* von Federico Zuccari ist 1573 entstanden (Abb. 96). Obwohl auch dieses Fresko mit einem illusionistisch gemalten Rahmen ausgestattet ist, erinnert es doch weit eher an eine Theaterbühne. Zurückgezogene Vorhänge eröffnen den Blick auf Soldaten, die auf einem Gesims stehen oder daran lehnen und die Dornenkrone und den Stab halten, der als Zepter fungieren soll. Manche schauen den Betrachter an und lenken so die Aufmerksamkeit auf sich, andere sehen bei der Geißelung zu, die auf einer erhöhten Bühne stattfindet. Wieder andere sehen von einer Balustrade aus zu, die sich hinter Christus befindet. Dieses plastische Theater erinnert nicht nur an das Passionsspiel,

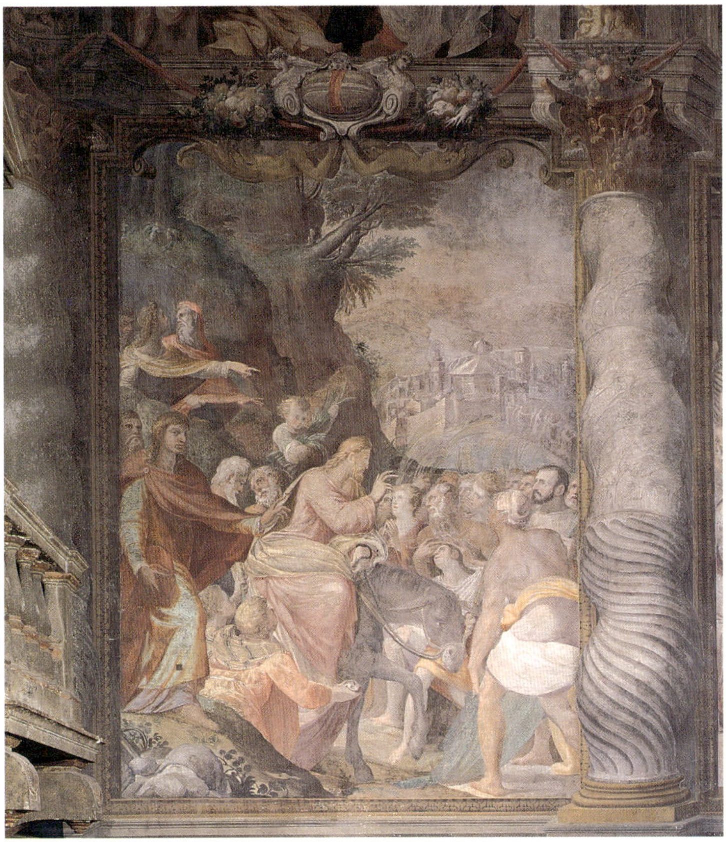

95. Jacopo Bertoja,
Einzug in Jerusalem,
1568, Fresko,
Oratorio del Gonfalone, Rom.

Dem Geschmack seiner Zeit entsprechend hat Bertoja seinen manieristischen Stil - der in dem Fries mit den rhythmisch verbundenen Figuren, die von der Landschaft nach vorne gedrängt werden, noch spürbar ist - erheblich abgeschwächt.

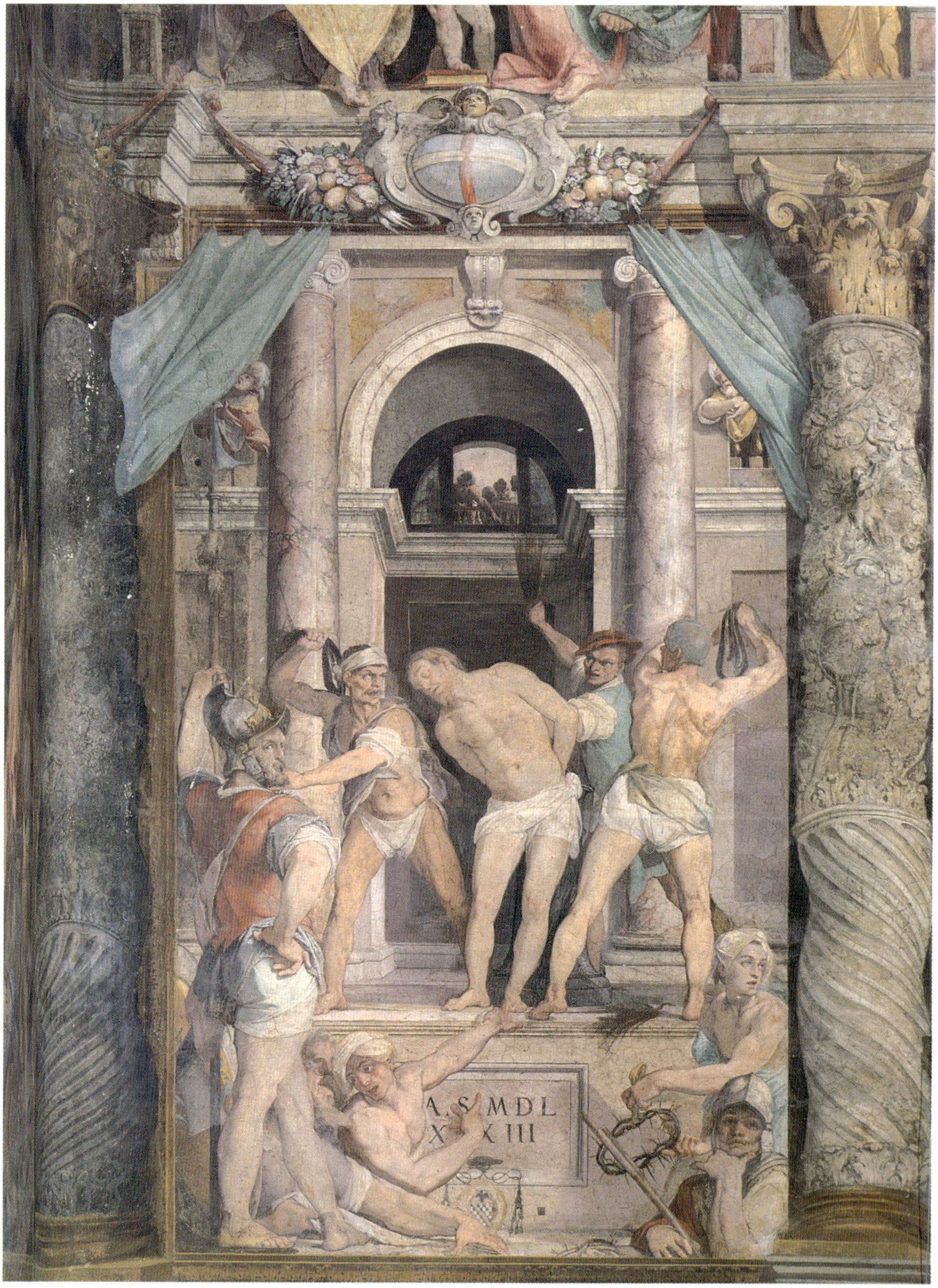

96. Federico Zucchari, *Geißelung Christi,* 1573, Fresko, Oratorio del Gonfalone, Rom.

Zum erstenmal wird Christus an eine niedrige Säule gefesselt dargestellt, die der angeblich authentischen Reliquie in S. Prassede nachempfunden ist, jenem Stück einer Säule, das 1233 nach dem fünften Kreuzzug von Jerusalem nach Rom gebracht worden war.

das früher von der Bruderschaft aufgeführt wurde, sondern es läßt eine narrative Klarheit entstehen, die von den Kritikern gefordert wurde. Die Architektur kann gleichermaßen als Triumphbogen und als verhängtes Tabernakel zur Aufbewahrung der Hostie gedeutet werden. Somit verlagert sich die Handlung vom Kampf zum Triumph, von der Historie zur Liturgie. Als Vorbild hatte ein zentrales Werk der Hochrenaissance gedient, Sebastianos *Geißelung Christi* (siehe Abb. 70, S. 108).

Die Geißelung war ein öffentlicher Ausdruck von Buße angesichts der protestantischen Auflehnung, und wie die Säule deutlich macht, war sie auch eine Wiederholung der Leiden Christi. So wird in den Ordensregeln der *Gonfalone*-Bruderschaft aus dem Jahre 1572 festgeschrieben: »Das Sakrament der Buße und das der Heiligen Kommunion sind die beiden Säulen, von denen das geistige Gebäude der Bruderschaft fest und sicher getragen und bewahrt wird... Sie [die Mitglieder der Bruderschaft] werden die Peitsche benutzen... im Andenken an die Peitschen, mit denen unser Herr selbst, als er an die Säule gefesselt war, für unsere Sünden geschlagen wurde; sie werden sie benutzen... nicht nur für ihre eigenen Sünden, sondern auch für die der ganzen Menschheit.« Federicos Szene verweist also auf die geistigen Säulen der *Confraternità del Gonfalone.*

Die ausgereifte Kunst der Gegenreformation unterscheidet sich nur graduell von der ihr vorausgegangenen Renaissance-Kunst, die wir bereits erörtert haben: Sie ist fester in der Bibel verankert und bezieht sich in ihrer Symbolik unmittelbarer auf Buße und Eucharistie. Wie die *Geistlichen Übungen (Exerzitien)* des Ignatius von Loyola (1491-1556) strebt sie nach einer aktiven und sinnlichen Identifikation mit der Passion durch Visualisierung, um die Erlangung eines wahre Verständnisses der sakramentalen Glaubenslehre zu erleichtern.

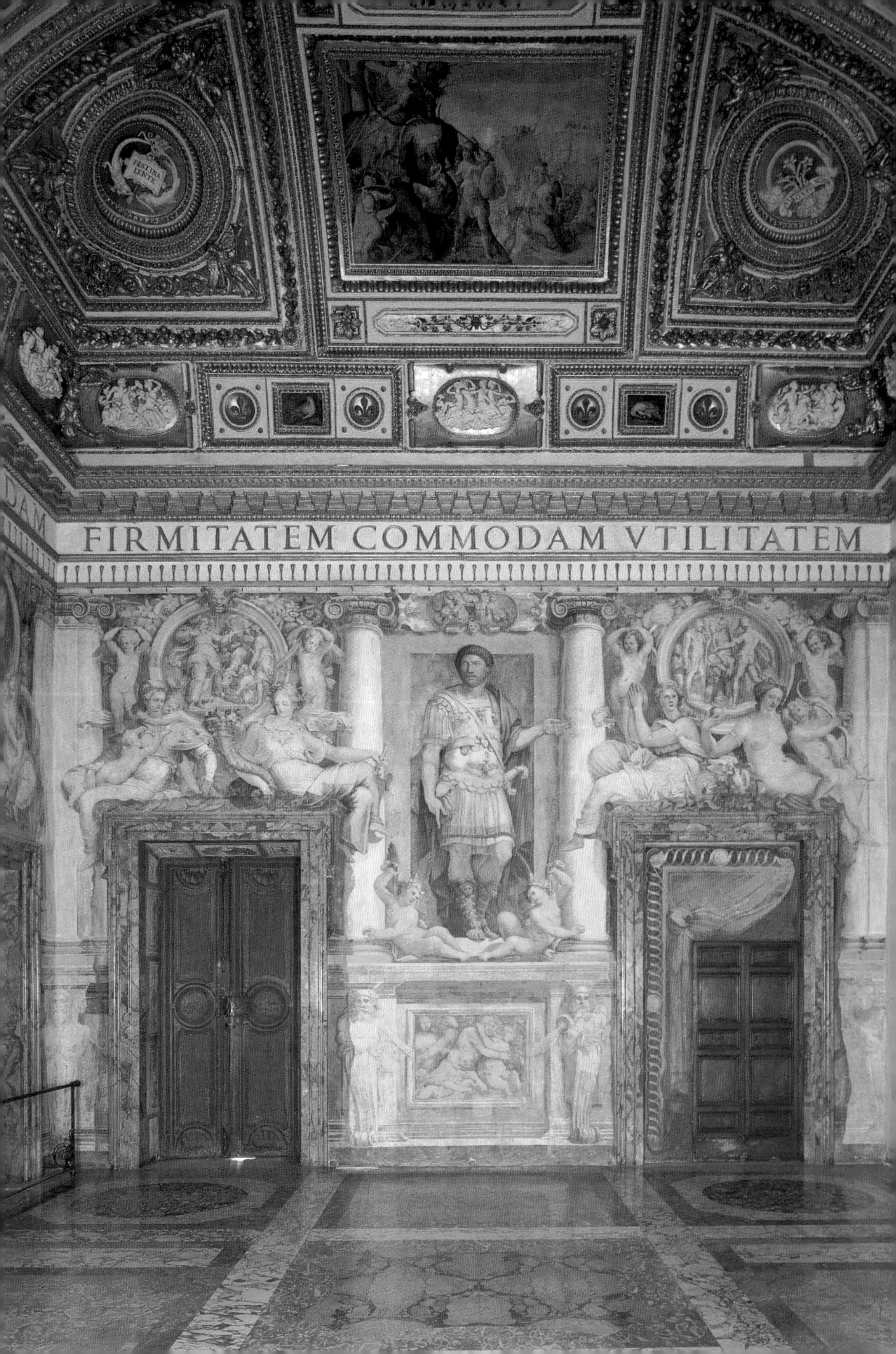
FESTINA LENTE
FIRMITATEM COMMODAM VTILITATEM

Kapitel 6

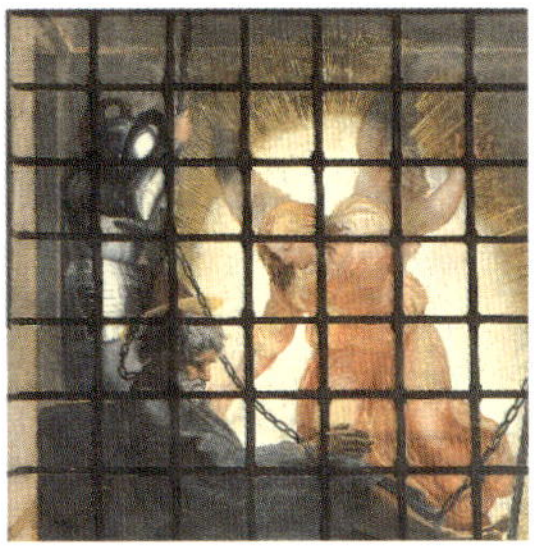

Repräsentationsräume: Die Kunst der Macht

Ein Repräsentationsraum der römischen Renaissance war ein ungeweihter Ort, an dem politische Macht ausgeübt oder demonstriert wurde. Die meisten dieser Räume wurden von Päpsten in Auftrag gegeben, viele entstanden aber auch auf Initiative von Kardinälen und städtischen Beamten. Die Ausschmückung sollte die Prätendenten (Amtsanwärter) und Herrschenden verherrlichen und legitimieren. Wie in einer Kapelle waren die Szenen meist in chronologischer Reihenfolge so angeordnet, daß sie am Kopfende des Raumes begannen oder endeten. Im Unterschied zu einer Kapelle wurden die Themen jedoch überwiegend der weltlichen Historie oder, wenn auch seltener, der Mythologie entnommen. Anstelle des Altars befand sich am Ende der Raumachse ein Podest mit Thron und Thronhimmel oder, im Falle städtischer Beamter, eine Sitzbank ohne Baldachin. Da die Päpste nicht nur geistliche, sondern auch politische Macht beanspruchten, suggerierten die Ausschmückungen in ihren Räumen fast immer, daß der päpstliche Körper als Vermittler zwischen Himmel und Erde praktisch gleichbedeutend war mit einem Altar.

Zu den frühesten erhaltenen und ausgeschmückten päpstlichen Repräsentationsräumen zählen die Säle des Appartamento Borgia im Vatikanpalast, die von Alexander VI. in Auftrag gegeben und von Pinturicchio (1454-1513) und seiner Werkstatt zwischen 1492 und 1494 gestaltet wurden (siehe Abb. 39, S. 62). Der wichtigste Raum der Borgia-Gemächer war die Sala dei Santi (Abb. 98). Ein Bittsteller oder Bote näherte sich dem Papst damals vermutlich von der Sala dei Misteri kommend durch die Tür in der Ostwand und blickte dann Richtung Südwand, wo aller Wahrscheinlichkeit nach der Thron stand. Szenen aus der Bibel und den Heiligenleben in den Lünetten, Szenen, die man eher in Kapellen als in einem Repräsentationsraum erwarten würde, lassen den Übergangscharakter dieses Raumes erkennen. In den beiden Kreuzgewölben spiegeln die Darstellungen der

97. Perino del Vaga und Schüler, *Kaiser Hadrian* (Mitte); *Das Opfer in Lystra (mit Caritas und Abundantia)* (über der linken Tür); *Die Martyrien des hl. Paulus und des hl. Petrus (mit Spes und Venus coelestis)* (über der rechten Tür), 1545-48, Fresko, Südwand, Sala Paolina, Engelsburg, Rom.

98. **Pinturicchio und Werkstatt,** Appartamento Borgia, Sala dei Santi, Süd- und Westwand, 1492-94, Vatikan.

Im Appartamento Borgia wird heute religiöse Kunst der vatikanischen Sammlung ausgestellt.

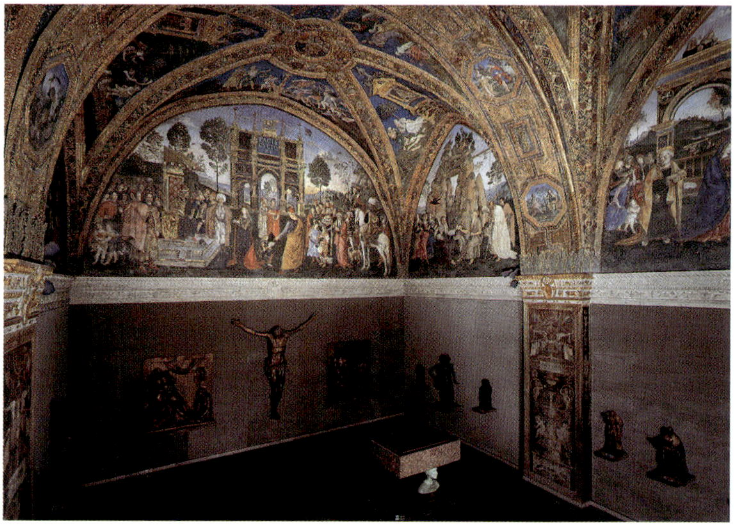

Mythen von Osiris und Isis, den beiden wichtigsten Gottheiten im alten Ägypten, die Interessen von Giovanni Annio aus Viterbo (um 1432-1502). Er war der Sekretär des Papstes, und es ist anzunehmen, daß er das Thema der Ausschmückung anregte. Da die Menschen der Renaissance glaubten, daß die spirituelle Weisheit dieser Begründer der ältesten Religion auf Moses übergangen war

99. **Pinturicchio und Werkstatt,** *Mythen von Isis und Osiris,* 1492-94, Fresko, Südgewölbe, Sala dei Santi, Appartamento Borgia, Vatikan.

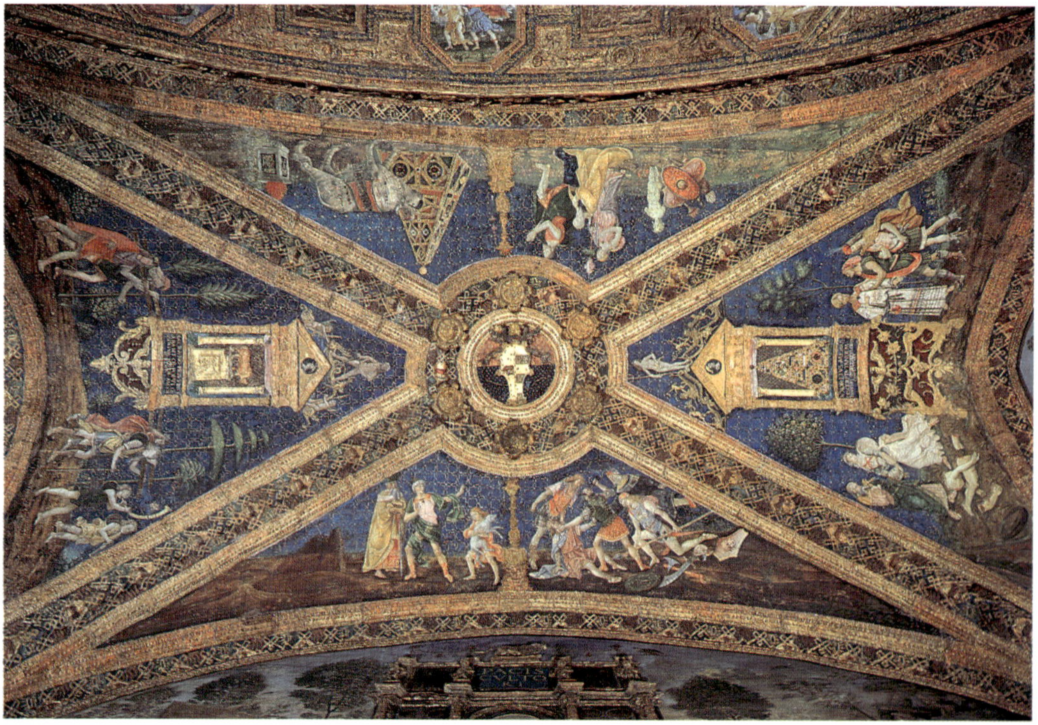

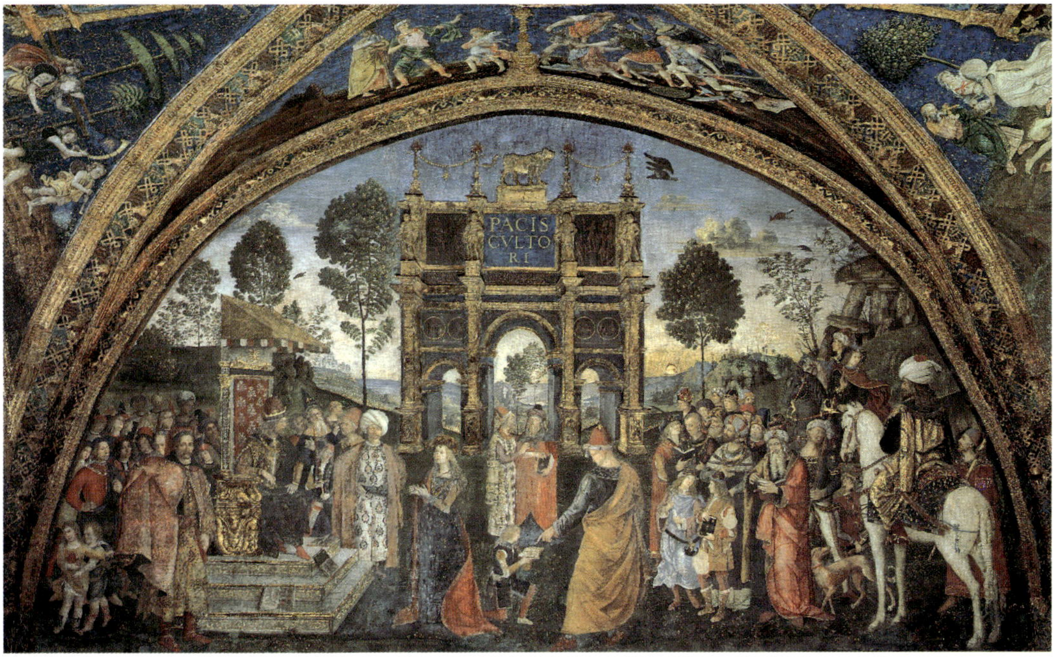

100. **Pinturicchio und Werkstatt,**
Disput der hl. Katharina von Alexandrien vor dem Kaiser Maxentius, 1492-94, Fresko mit Stuckrelief, Südlünette, Sala dei Santi, Appartamento Borgia, Vatikan.

und von Moses wiederum auf Christus, kann davon ausgegangen werden, daß diese Mythen als Präfigurationen der christlichen Geschichte verstanden wurden.

Die vier Szenen im Südgewölbe über dem Thron sind gegen den Uhrzeigersinn angeordnet (Abb. 99). Die ersten zeigen, wie Osiris von seinem Bruder Seth ermordet und zerstückelt wird, was auf das Opfer Christi verweist. Die nächste Szene, welche demnach sinnbildlich für Christi Bestattung steht, trägt die Inschrift: »Seine Frau [Isis] findet die verstreuten Gliedmaße [des Osiris], für die sie ein Grab errichten läßt.« Das Grab ist eine Pyramide, das ägyptische Symbol für göttliches Licht, wie es in der Renaissance richtig verstanden wurde. In der nächsten Szene sieht man, daß Osiris als Apis, der ägyptische Gott des Ackerbaus und der Fruchtbarkeit, in der Gestalt eines Stieres wiederauferstanden ist. Dieses Motiv sollte wohl nicht nur auf die Auferstehung Christi anspielen, sondern auch auf die Wahl Alexanders VI. zum Statthalter Christi auf Erden, da der Stier im Wappen der Borgias enthalten war. Die letzte Szene mit dem Triumph des Apis verweist auf den Triumph Christi und trägt die Inschrift (mit Bezug zur vorausgehenden Szene): »Kaum hatten sie mit den heiligen Riten begonnen, da erhoben sich die Knochen und boten sich als Stier dem Volke dar.« Diese Szenen mit ihrem sternenübersäten blauen Hintergrund wirkten vermutlich über dem Thron des Papstes wie ein himmlischer Baldachin und machten ihn so zum Teil des göttlichen Plans.

Ein Bote oder Bittsteller, der in diesen Raum eingelassen wurde, konnte an der Wand hinter dem thronenden Papst das größte und am besten beleuchtete Bildfeld des Raumes sehen. Es zeigte die hl. Katharina beim Disput mit Kaiser Maxentius und seinen Gelehrten über die Fleischwerdung und Passion Christi (Abb. 100). Im Vergleich zu Masolinos Gestaltung derselben Episode rund sechzig Jahre früher (siehe Abb. 72, S. 111) ist diese Szene zum einen wegen ihrer eindrucksvollen Größe und abwechslungsreichen Rhetorik bemerkenswert, zum anderen wegen der auffälligen Präsenz des Konstantins-Bogens, der ein Zeichen für den Sieg der hl. Katharina über das Heidentum und der bekehrten Gelehrten über die Unwissenheit ist.

Katharina ist nicht in der Mitte, sondern in der linken Bildhälfte dargestellt, um nicht von der axialen Anordnung des thronenden Papstes mit dem Bogen und der Apis-Statue abzulenken, deren Inschrift »Dem Bewahrer des Friedens« sich auf Apis, Christus und Alexander VI. gleichermaßen bezieht. Die Dekoration rückt also den Papst in den Mittelpunkt und dient dazu, seinen Anspruch auf höchste weltliche und geistliche Macht sowie seine Rolle als Vermittler zwischen Erde und Himmel zu untermauern.

Stanza d'Eliodoro

Am 26. November 1507 gab Julius II. bekannt, daß er sich im Appartamento Borgia umgeben von den Waffen, Möbeln und Porträts seines Erzfeindes Alexander VI. nicht mehr wohl fühlte und deshalb in die darüberliegenden Gemächer im dritten Stock ziehen wollte (siehe Abb. 40, S. 62). Einer dieser neuen Räume wurde von Raffael und seiner Werkstatt zwischen 1511 und 1514 ausgeschmückt und ist heute als Stanza d'Eliodoro bekannt (Abb. 101). Wie in der Sala dei Santi so befand sich der Thron auch in dieser Audienzhalle vermutlich an der Südwand. Jeder, der sich ihm näherte, trat also, von der Sala di Costantino kommend, durch die Tür an der Ostwand und ging dann nach links. Die Fresken beginnen chronologisch an der Ostwand mit der altestamentarischen *Vertreibung des Heliodor* und setzen sich gegen den Uhrzeigersinn rundherum fort; die neutestamentarische *Befreiung Petri aus dem Gefängnis* schmückt die Nordwand, *Leo I. bewegt Attila, von Rom abzulassen*, eine historische Begebenheit aus dem Jahre 452, die Westwand und die *Messe von Bolsena im Jahre 1263*, eine legendenhafte Episode aus dem späten Mittelalter, die Südwand hinter dem Thron. Verglichen mit der Sixtinischen Kapelle liegt der Schwerpunkt dieses Bildprogramms weit stärker bei der jüngeren Geschichte, zumal Julius II. und sein Nachfolger Leo X. als Zeugen dargestellt sind, als ob diese Gefährdungen der Kirche noch bis in die Gegenwart anhielten. Diese Zeitgenossenschaft vermittelt ein starkes Gefühl der Dringlichkeit, als würde die apokalyptische Zeit der Katastrophen unmittelbar bevorstehen. Paradoxerweise wird jedoch zugleich, da diese Gefahren allesamt überwunden sind, auf das Nahen des Tausendjährigen Reiches verwiesen. Die chronologische

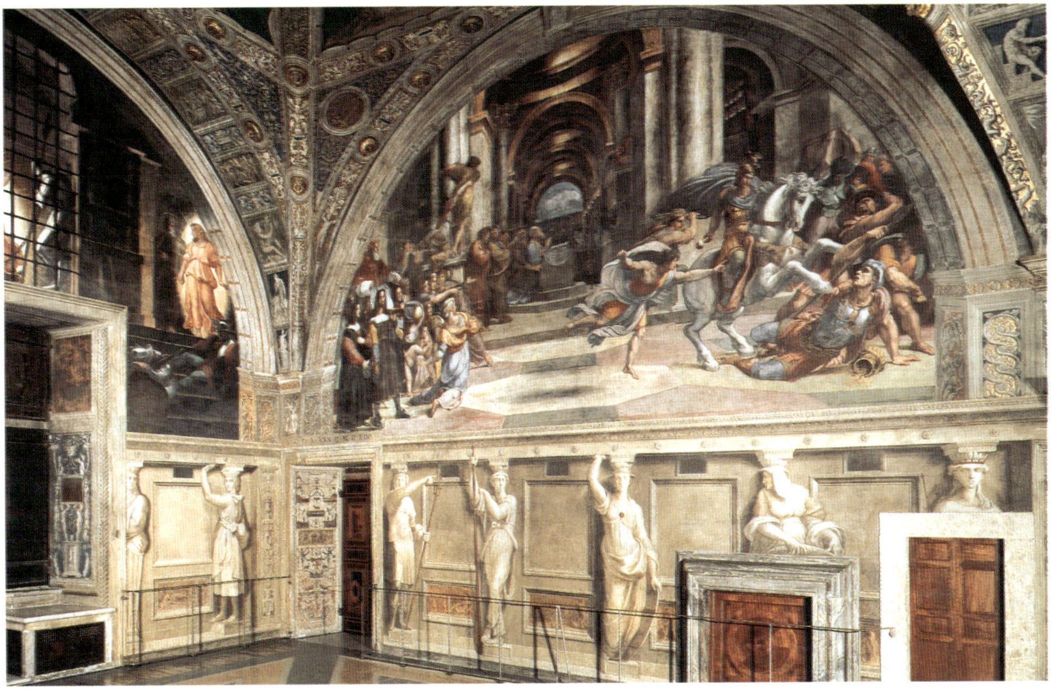

101. Raffael und Werkstatt,
Stanza d'Eliodoro,
Nord- und Ostwand,
1511-14, Vatikan.

Abfolge beginnt und endet am Thron, als ob die Historie im Papst als Kulminationspunkt zusammenliefe.

In der normalen Leserichtung von links nach rechts betrachtet, beginnt die *Vertreibung des Heliodor* mit Julius II., der auf einem tragbaren Thron von Raffael (unter seiner linken Hand) und anderen Höflingen getragen wird, die durch ihren nach außen gerichteten Blick den Betrachter in ihren Bann ziehen (Abb. 102). Julius II., ein Bild lebhafter körperlicher und psychischer Unmittelbarkeit, leitet mit seinem konzentrierten Blick zu Onias über, dem Hoherpriester im Tempel von Jerusalem, der um die Errettung vor Heliodor betet, weil dieser den Tempelschatz plündern will. Diese Szene konnte als Warnung für all diejenigen verstanden werden, die die römische Kirche berauben wollten.

Trotz enormer Schwierigkeiten und trotz einer Erkrankung im Jahre 1511, an der er fast gestorben wäre, ist Julius II. auf dem Thron sitzend und erhöht dargestellt, eine Ikone höchster Zuversicht, Selbstgerechtigkeit und Autorität. Zusätzlich verstärkt wird der Eindruck männlicher Macht durch den Kontrast zu den verängstigten Frauen und Kindern zu seinen Füßen, die das rechts dargestellte Wunder in Ehrfurcht bestaunen, aber zum gegenseitigen Schutz zurückweichen. Die Bewegung der Frauen wird durch die beiden Jugendlichen an der Säule kanalisiert, die die Aufmerksamkeit auf Onias lenken. Der Fluchtpunkt der Perspektive fällt mit dem Altar im Zentrum des Freskos zusammen und zieht den Blick des Betrachters durch den illusionistischen weiten Bogen in die Bildtiefe über die Achtecke des Bodendekors

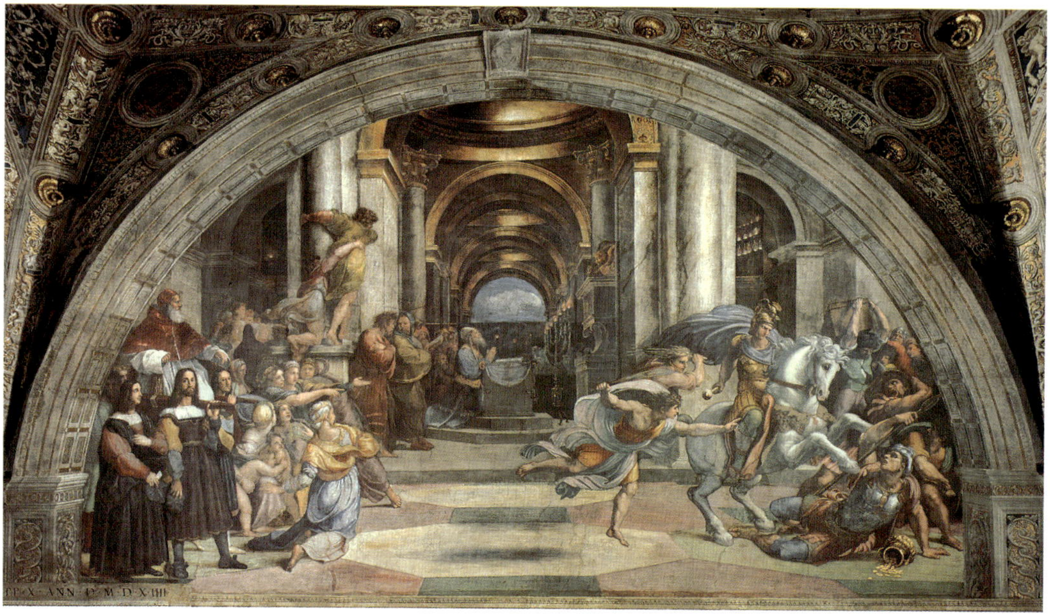

102. Raffael,
Die Vertreibung des Heliodor,
1511-14, Fresko, Ostwand,
Stanza d'Eliodoro, Vatikan.

und das Altarpodest hinweg - die Symbole für die Errettung, um die Onias betet. Die räumliche Perfektion und die ausdrucksvolle Kraft der Architektur werden durch das auffällige Spiel des flackernden Lichts der Menora (siebenarmiger Leuchter), Zeichen göttlichen Lichts, auf den vergoldeten Oberflächen aufgelockert. Das Zusammenspiel von Perspektive, Architektur und Licht ergibt eine eindrucksvolle Wirkung, die dem tiefen Glauben des Onias' (und Julius' II.) ebenso Ausdruck verleiht wie jener Macht, an die sich die Gebete richten.

Auf der rechten Seite manifestiert sich die göttliche Macht in dem Erscheinen von drei Engeln, deren Körperhaltungen und Gesten eine Vorwärtsbewegung von links nach rechts suggerieren. Dennoch scheut das Pferd zurück, wehen die Umhänge nach hinten, sind die rechten Arme der Engel weit zurückgezogen, sie werden im nächsten Augenblick zum Schlag mit Keule und Peitsche nach vorn schnellen; Heliodor und seine Gefährten weichen zurück und rüsten sich für den Widerstand. Zwei ungleiche Gewalten sind hier in dem Augenblick eines dramatischen Gleichgewichts dargestellt, kurz bevor die eine die andere zerstören wird. Ebenso sind in der Gesamtkomposition Gebet und göttliche Offenbarung, aggressiver Angriff und defensives Zurückweichen in einem spannungsgeladenen Gleichgewicht gestaltet.

Ein Vergleich zwischen der *Vertreibung des Heliodor* und Pinturicchios *Disput der hl. Katharina von Alexandrien vor dem Kaiser Maxentius* (Abb. 100) macht deutlich, daß mit der Hochrenaissance ein Stil hervorgebracht wurde, der über ein höheres Maß an Dynamik, Konzentration und Ausgeglichenheit verfügte als die Kunst der Frührenaissance. Diese Intensivierung ist zum Teil auf die Entstehung eines konkurrenzbetonten, künstlerischen Umfelds zurückzuführen. Sie wurde jedoch auch durch den gewachsenen Anspruch und Idealismus der Ära Julius' II. gefördert, in der größere Herausforderungen und Enttäuschungen möglich wurden und die Menschen stärker an die bevorstehende Apokalypse und den Anbruch des Tausendjährigen Reiches glaubten.

Vor seiner Wahl zum Papst war Julius II. 32 Jahre lang als »Kardinal hl. Petrus in Banden« bekannt gewesen. Dieser ›Titel‹ war durch den Namen seiner Titularkirche S. Pietro in Vincoli entstanden. Daher wird er in der *Befreiung Petri aus dem Gefängnis* nicht als Zeuge porträtiert, sondern er ›ist‹ der hl. Petrus (Abb. 103). Seine Gefangenschaft kann als Anspielung auf das schismatische Konzil von Pisa verstanden werden, das 1511 einberufen wurde, um Julius II. abzusetzen. Der Versuch blieb erfolglos. Damit das vergitterte Fenster nicht im Bildfeld störte, konstruierte Raffael illusionistische Stufen parallel zur Fensterebene, die eine sichere Basis für das kubische Gefängnis ergaben, das durch gewaltige Pfeiler, durch massive Wände, die ein schweres Tonnengewölbe tragen, und ein starkes Eisengitter gebildet wird. Dieses außergewöhnlich sichere und solide Gefängnis verweist sowohl auf Petrus, den Felsen, auf den Christus seine Kirche gründete, als auch auf die Bedrohung der päpstlichen Macht.

Die statische Qualität des architektonischen Rahmens wird durch die virtuose Lichtführung belebt. Der blendende Lichtkreis um den Engel in der Mitte ist so grell und leuchtend, daß er die Formen von Gefängnis und Wachen verfremdet und auflöst. Die Nähe zum Fensterlicht steigert seine Intensität und der ihn umrahmende Bogen dient als optische Vergrößerung. Auf der rechten Seite wird die Befreiung von einem weicheren, samti-

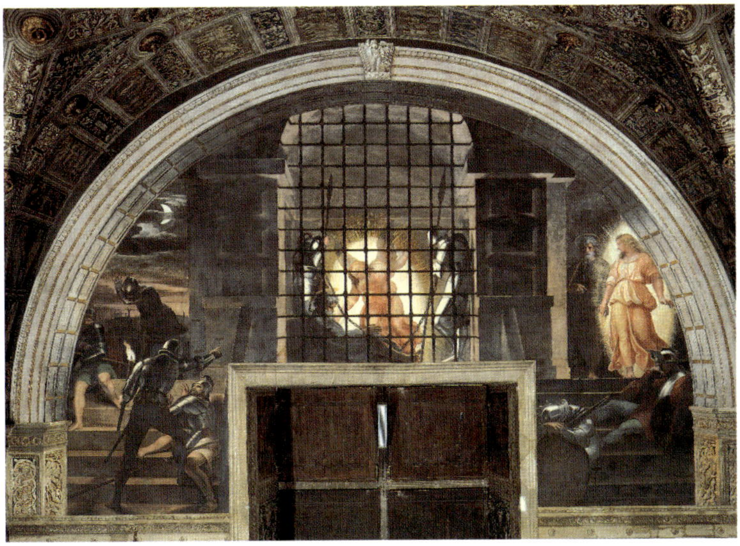

103. Raffael, *Die Befreiung Petri aus dem Gefängnis,* 1511-14, Fresko, Nordwand, Stanza d'Eliodoro, Vatikan.

geren Licht begleitet. Die ovale Form des Lichtkegels unterstützt die steile Abwärtsbewegung des Bogens und lenkt den Blick auf den geräuschlosen Abstieg von Petrus und dem Engel, vorbei an den schlafenden Wachen. Linker Hand akzentuieren die dramatischen Gesten und extremen Körperhaltungen das laute Alarmschlagen. Die ungewöhnlich vielseitige Lichtgestaltung - das flackernde Fackellicht, das auf den Wachen und der Architektur umhertanzt, der Schimmer der aufgehenden Sonne, die den Horizont gelb, orange und rosa tönt, und das silbrigweiße Mondlicht, das von den Wolken gespiegelt wird - erzeugt dieselbe Wirkung. Aus dem Gegensatz zwischen fester Materie und dem beweglichen Schimmer, der sie belebt, ergibt sich ein adäquates Zeichen für die streitende und die triumphierende Kirche.

Sala di Costantino

Die Sala di Costantino wurde von Raffael und seiner Werkstatt von 1519 bis 1524 für die Medici-Päpste Leo X. (1513-21) und Klemens VII. (1523-34) ausgeschmückt. Diesen Repräsentationsraum nutzte man für geheime und halböffentliche Konsistorien, Papstaudienzen, Ernennungs- und Investiturzeremonien, gelegentlich sogar für Predigten, Messen, Hochzeiten und Bankette (Abb. 104). Acht im Uhrzeigersinn angeordnete, überlebensgroße Päpste, vom hl. Petrus bis zu Gregor dem Großen, die in Nischen mit Engeln thronen und jeweils von zwei personifizierten Tugenden flankiert werden, zieren die Ecken des Saals. Gemeinsam ›bezeugten‹ sie die bis auf die Apostel zurückgehende Amtsnachfolge und legitimierten die geistlichen Amtsträger. Zwischen den Päpsten befanden sich, ebenfalls im Uhrzeigersinn angeordnet, vier illusionistisch gemalte Wandteppiche mit Szenen aus dem Leben Konstantins. Diese Szenen schilderten den Ursprung der weltlichen Autorität des Papstes und demonstrierten die Vorherrschaft der Kirche über das Reich.

In ihren stilistischen Besonderheiten ähnelt die Dekoration den Deckenfresken der Sixtinischen Kapelle, das wird besonders deutlich bei den Formen die sich scheinbar in einer Ebene mit der Oberfläche des Freskos befinden, knapp dahinter oder auch leicht davor. Die Position dieser Details ist in der Sala di Costantino jedoch unbestimmter, und die meisten Figuren wirken weniger real und greifbar. Das liegt an ihren aufwendigen zeremoniellen Gewändern, ihrer allegorischen Bedeutung und sicher auch an ihrer Zugehörigkeit zu einer anderen Kunstgattung, die malerisch imitiert wird, wie beispielsweise die Kunstform des Wandteppichs oder des Bronzereliefs. Derlei Spannungen und Doppelsinnigkeiten markierten das erste Auftreten eines überfrachteten manieristischen Stils in römischen Repräsentationsräumen, der gleichsam die künstlerische Entsprechung zur stetig wachsenden Kritik an Papsttum und Kirche darstellte. Die Ausschmückung bildete darüber hinaus den Beginn einer ver-

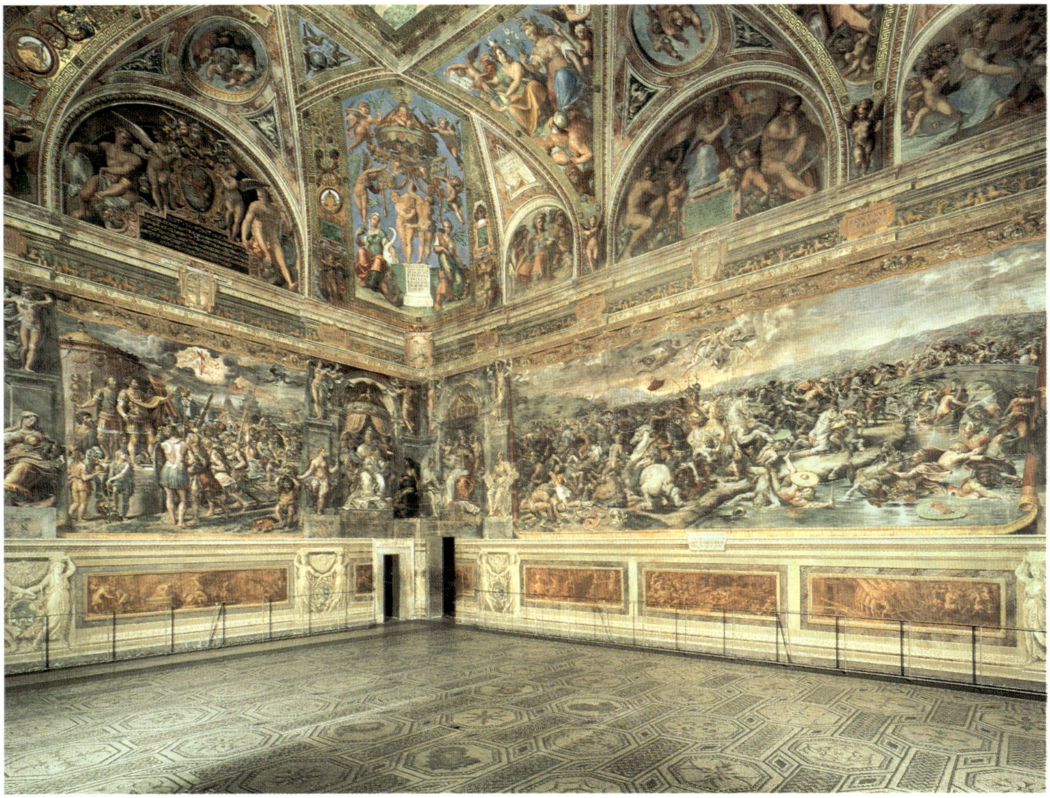

herrlichenden Ästhetik der Verschwendung. Diese entstand als Reaktion einer verunsicherten Kirche auf die gegen sie geführten Angriffe. Immer selbstherrlichere Versicherungen der eigenen Legitimität, Autorität und Stärke waren die Folge. Repräsentationsräume wurden ausgeschmückt, als wären sie Trophäenschränke, Schatztruhen oder Museen, und diese Verherrlichung beschwor ein Bild von Reichtum, Wohlstand, Frieden und Gelehrsamkeit, das durch die pure Häufung von Zeichen und Symbolen überwältigen und überzeugen sollte.

Petrus mit Ecclesia und Aeternitas in der nordöstlichen Ecke des Raumes demonstriert, wie dicht dieses Zeichensystem sein konnte (Abb. 105). Obwohl die päpstlichen Insignien zu seinen Lebzeiten noch unbekannt waren, ist Petrus mit den Zeichen des höchsten Kirchenamtes ausgestattet, die in der Renaissance bei offiziellen feierlichen Anlässen getragen wurden. Die Tiara und der königliche Purpur der Gewänder symbolisieren seine universale weltliche Autorität. Der Heiligenschein und die Engel, die die Vorhänge des Thronhimmels anheben, als ob es sich um eine göttliche Erscheinung handelte, sind Zeichen seiner universalen Autorität, während die Schlüssel und die Geste, die zwischen Segen und Willkommensgruß, Befehl und Unterwerfung angesiedelt ist, von seiner Macht, zu erretten und zu verdammen,

104. Raffael und Werkstatt, (Mitarbeit von Giulio Romano und Gianfrancesco Penni), Ost- und Südwand, Sala di Costantino, 1519-24, Vatikan.

Der Raum besaß ursprünglich eine Holzdecke, die mit den geschnitzten Medici-Wappen und Verzierungen von Antonio da Sangallo d.J. versehen war. Zwischen 1582 und 1585 wurde das gemauerte Gewölbe eingezogen und von Tommaso Laureti mit Fresken ausgemalt. Der Originalboden wurde im 19. Jh. durch das heute noch vorhandene römische Mosaik aus dem 2. Jahrhundert v. Chr. ersetzt.

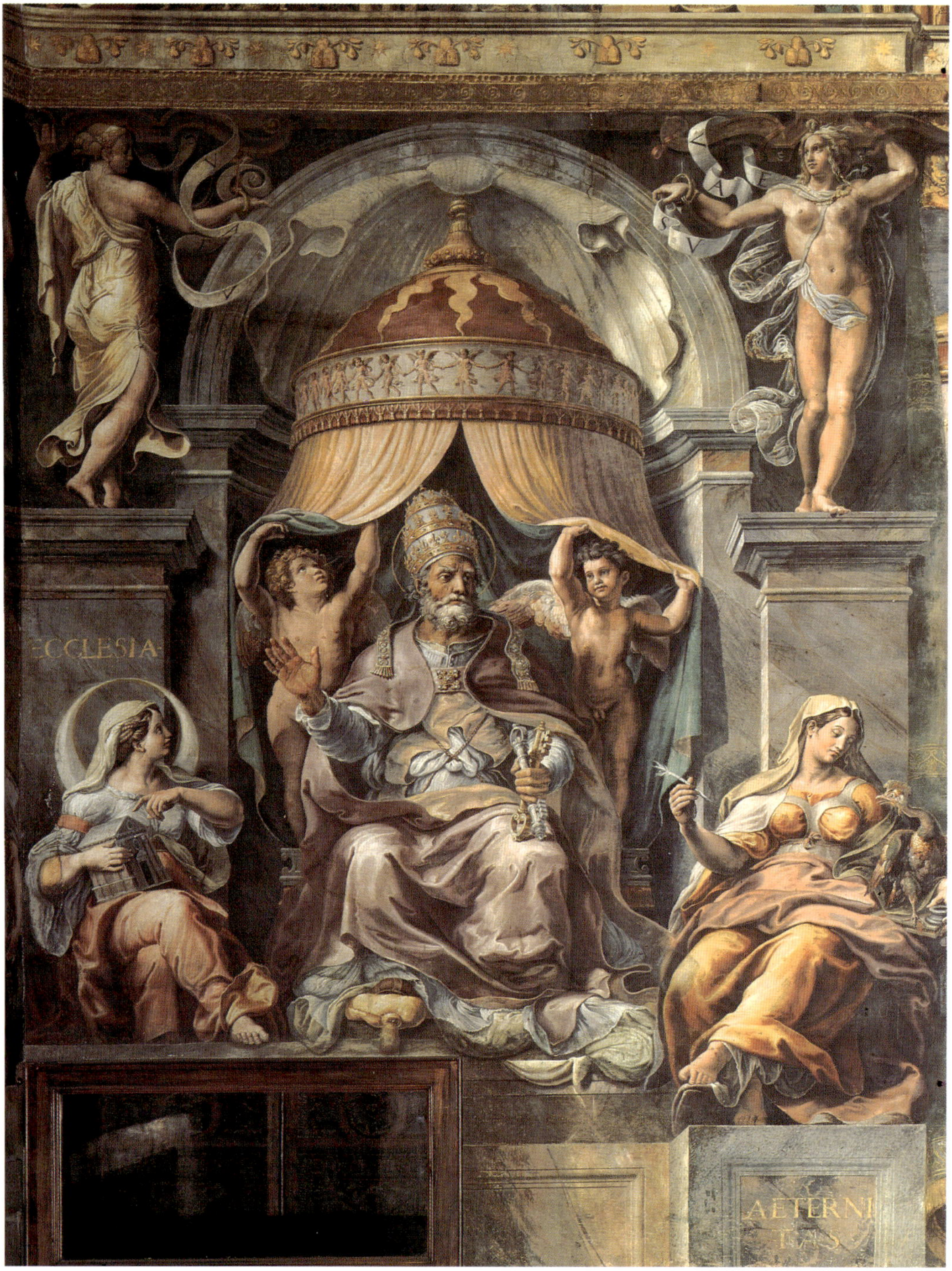

105. Raffael und Werkstatt,
Petrus mit Ecclesia und Aeternitas, 1519-21,
Fresko, Ostwand, Sala di Costantino, Vatikan.

künden. Der auf Kissen ruhende Schuh am rechten Fuß, der mit einem Kreuz betont wird, verweist auf das Ritual des Füßeküssens, das die demütige Unterordnung unter den Neuen Christus auf Erden forderte. Der Thronhimmel symbolisiert den Kosmos, die ihn schmückenden Engel stellen die 24 Stunden des Tages dar, und der Sonnenkranz darüber symbolisiert Christus, die Sonne der Gerechtigkeit. Der Mond der *Ecclesia* (Kirche), der das Sonnenlicht reflektiert, ist ein Attribut der Heiligen Jungfrau; das architektonische Modell, auf das sie zeigt, verkörpert die von Petrus begründete Kirche. Schreibfeder und Tintenfaß der *Aeternitas* (Ewigkeit) verweisen auf die schriftlichen Überlieferungen vergangener Zeiten; der Phönix schließlich ist Symbol für die Erneuerung des Lebens am Ende aller Zeiten.

Die Inschrift »SUAVE« auf den Bändern der Karyatiden erinnert an das Motto Leos X. nach den Worten Christi, mit denen er den Gläubigen versprach: »... so werdet ihr Ruhe finden für eure Seelen. Denn mein Joch ist sanft [suave], und meine Last ist leicht.« Das Wort weist somit darauf hin, daß die Treue zu Christus und der Gehorsam gegenüber dem Papst notwendige Voraussetzungen für die Erlösung sind. Die geforderte Unterwürfigkeit wird durch die Joche visualisiert, an die die Frauen gekettet sind, und die süße Belohnung für die Last kann man in der jugendlichen Anmut und erotischen Sinnlichkeit der Frauen erkennen. Hier handelt es sich eindeutig um eine männliche Sichtweise der Erlösung, die durch das erotisch freizügige Klima am Hofe der Medici begünstigt wurde.

Sämtliche Textquellen und früheren Darstellungen nehmen Bezug auf einen Traum, den Konstantin in der Nacht vor der Schlacht gegen Maxentius im Jahre 312 n. Chr. hatte. In diesem Traum gebot ihm ein Engel, mit einem Kreuz in die Schlacht zu ziehen, denn im Zeichen des Kreuzes werde er siegen. In der *Ansprache Konstantins an seine Truppen* erscheinen drei Engel, die das Kreuz und den griechischen Satz »Sei damit siegreich« tragen, während Konstantin vor der Schlacht eine Rede an seine Soldaten hält (Abb. 106). Der vermeintlich authentische klassische Hintergrund ist einem Relief mit demselben Thema entnommen, das sich am Konstantins-Bogen befindet, der zum Gedenken an seinen Sieg über Maxentius erbaut wurde. Vorbild für die Detaildarstellungen war die antike Reliefkunst. Aber mit einem raffinierten manieristischen Trick wird die Authentizität der Legende nicht nur durch die ästhetische Verfeinerung der Formen gesteigert, sondern auch durch den Kunstgriff, ein Fresko wie einen Wandteppich erscheinen zu lassen, der wiederum eine antike Skulptur imitiert.

Die in die Bildtiefe verlaufende Diagonale lenkt den Blick auf eine Reihe antiker Monumente, die anhand noch bestehender Ruinen oder alter Beschreibungen rekonstruiert wurden: (von rechts nach links) das Grab des Augustus mit einem der beiden Obeliske, die Engelsbrücke, das Hadriansgrab (Engelsburg), die *Meta Romuli* (Vatikan-Pyramide) und das Hippodrom des Ha-

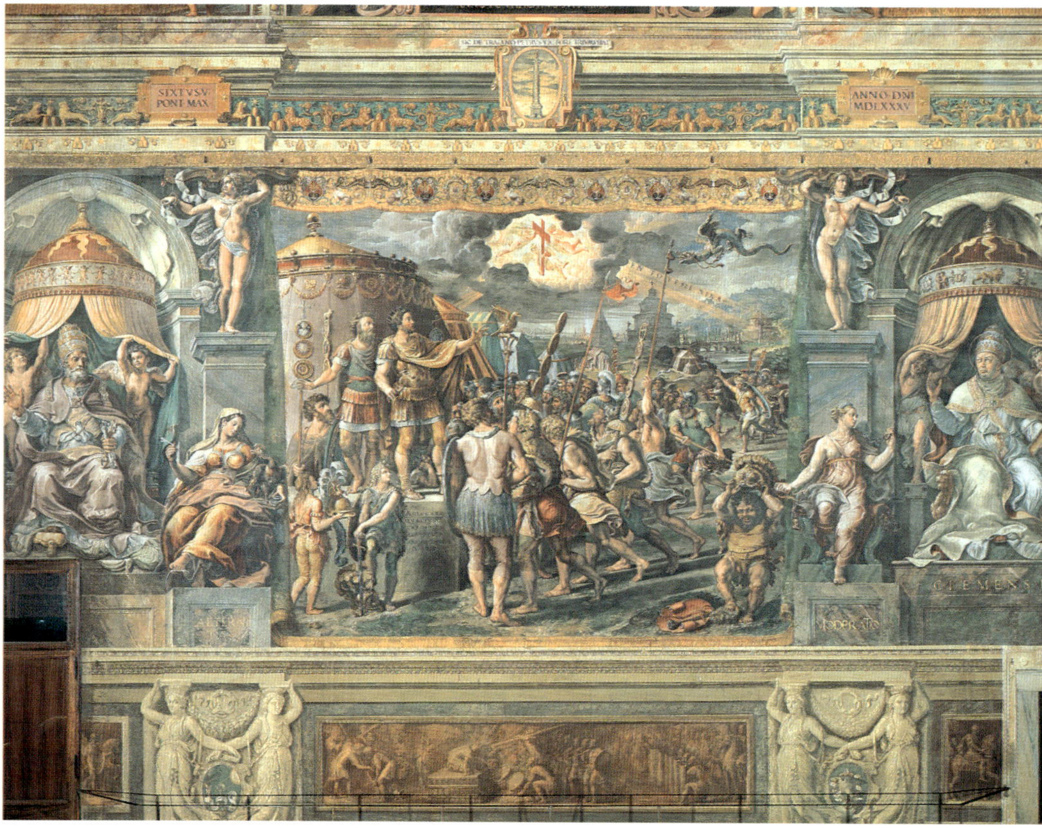

106. Raffael und Werkstatt, *Die Ansprache Konstantins an seine Truppen,* 1519-21, Fresko, Ostwand, Sala di Costantino, Vatikan.

drian. Die Genauigkeit dieser fundierten Darstellung verrät dem ortskundigen Betrachter, daß er den Tiber aufwärts nach Norden blickt in Richtung auf die Milvische Brücke und daß sich Konstantin durch göttliche Vorsehung am Westufer des Tiber befindet, genau an jener Stelle, wo er nach der Schlacht und seiner Bekehrung die erste Peterskirche erbauen lassen wird. Tatsächlich ist das Podium, auf dem er steht (mit der Inschrift: »Durch diese Ansprache trieb die Gottheit die Armeen des Konstantin dazu an, den Sieg zu erstreiten«), eine Metapher für Petrus, den Felsen, auf dem Christus seine Kirche errichtete.

Auch in der *Taufe Konstantins,* die sich an der Westwand befindet, wird ein historisches Gebäude gezeigt, nämlich das Lateran-Baptisterium, das von Konstantin erbaut und von den Medici-Päpsten wieder instand gesetzt wurde (Abb. 107). Die Inschrift auf der rechten Seite besagt: »Das von Papst Leo X. Begonnene vollendete Klemens VII. 1524.« Es ist daher Klemens VII. (1523-34) in der Gestalt von Papst Silvester I. (314-35), der die »Taufe des neuen Lebens des Gaius Valerius Constantinus« (linke Inschrift) vollzieht. Wenn der Papst also in der Sala di Costantino auf seinem Thron saß, befand sich hinter ihm ein Sinnbild seiner höchsten geistlichen Macht, Sünder zu erretten. Diese Autorität

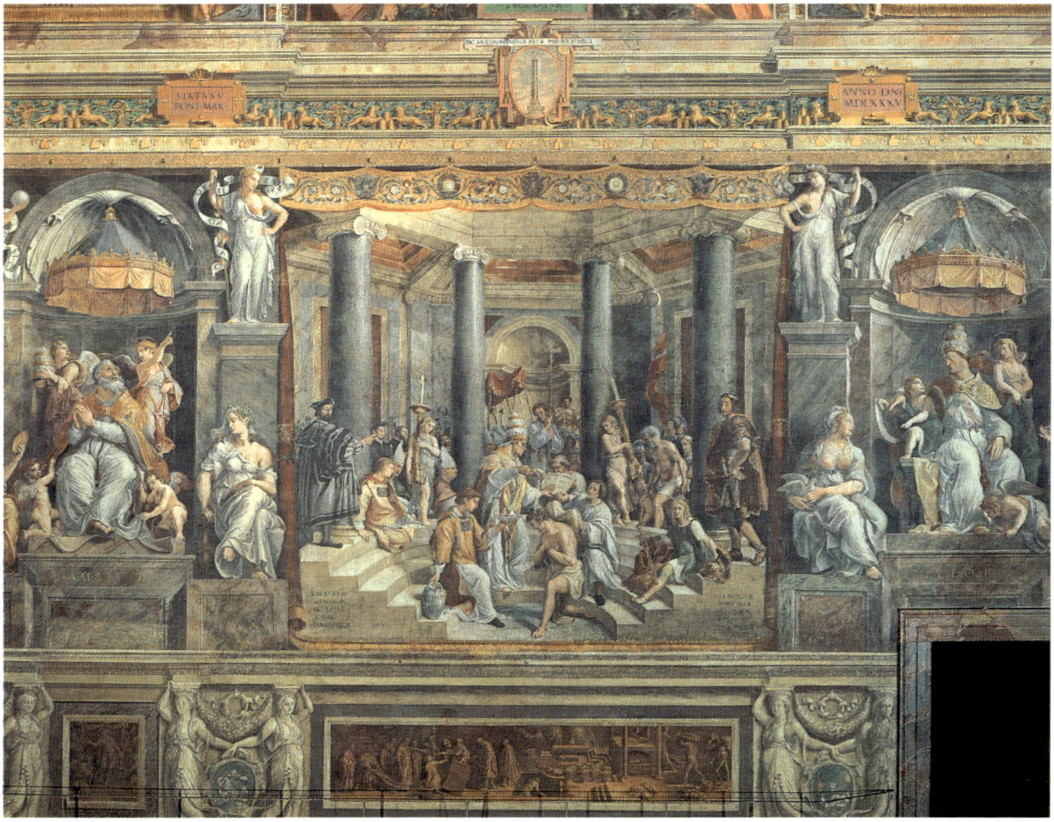

107. Raffaels Werkstatt,
Die Taufe Konstantins,
1523-24, Fresko, Westwand,
Sala di Costantino, Vatikan.

wurde symbolisch bis an den Anfang der Zeiten ausgedehnt, indem die Karyatiden an dieser Wand durch Darstellungen der antiken Gottheiten Apoll und Diana ersetzt wurden, den Präfigurationen von Christus und Maria. Indem das Fresko Gewänder, liturgische Gefäße und Porträts vorführt, die den Taufritus eher in seiner zeitgenössischen denn in seiner frühchristlichen Ausprägung wiedergeben, wird die päpstliche Autorität zugleich bis in die Gegenwart verlängert.

Die Inschrift auf dem liturgischen Buch - »Heute ist Rom und dem Reich Heil widerfahren« - ist der Zachäus-Geschichte im Lukas-Evangelium (Kap. 19, 1-10) entlehnt. Nachdem Zachäus seinen Willen kundgetan hatte, die Hälfte seiner Güter an die Armen zu verteilen, sagte Christus: »Heute ist diesem Haus Heil widerfahren.« Mit der Inschrift wird daher auf die Schenkung Konstantins verwiesen, der dem Papst angeblich die westliche Hälfte seines Reiches zugestand, wie in der nächsten Szene geschildert wird. Der Papst, der statt einer Mitra, die liturgischen Amtshandlungen angemessen war, ein Tiara trägt, welche damals noch zu den kaiserlichen Insignien gehörte und der Legende nach Teil der Schenkung war, macht so seine weltliche Macht geltend, der sich auch der Kaiser unterwirft. Umgekehrt trägt

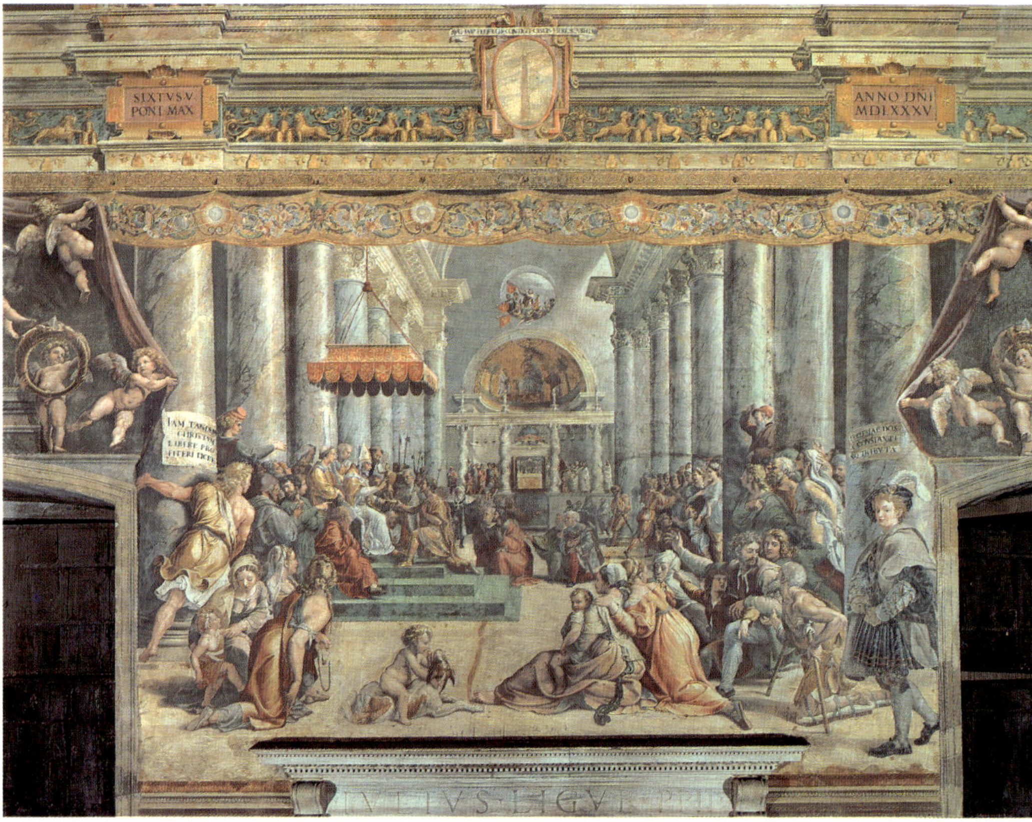

108. Raffaels Werkstatt, *Konstantinische Schenkung,* 1523-24, Fresko, Nordwand, Sala di Costantino, Vatikan.

Die Inszenierung der Szene als zeitgenössisches, halböffentliches Konsistorium und die Darstellung der Schenkung als Personifikation der *Roma aeterna* (ewiges Rom) machen deutlich, daß die weltliche und geistliche Macht der Kirche über Zeit und Raum hinwegreicht.

Papst Silvester I. in der *Konstantinischen Schenkung* eine Mitra, so daß seine geistliche Autorität mit dem Erhalt des irdischen Reiches verschmilzt (Abb. 108). Am 24. Februar 1520, also zirka vier Jahre, bevor die Schenkung fertiggestellt wurde, schrieb Luther:

»Ich habe... die durch Laurentius Valla widerlegte Schenkung Constantins in Händen,... Lieber Gott, welch eine große Finsternis oder Nichtswürdigkeit der Römlinge! und, worüber du dich in Gottes Gericht wundern kannst, daß sie nicht allein so viele Jahrhunderte lang gedauert haben, sondern auch geherrscht, und daß unter die Decretalen so unreine, so grobe, so unverschämte Lügen gesetzt worden sind und (damit nichts an dem greulichsten Greuel fehle) die Stelle von Glaubensartikeln eingenommen haben. Ich werde so in die Enge getrieben, daß ich fast nicht zweifle, daß der Pabst [sic] recht eigentlich der Antichrist sei, den nach der allgemein angenommenen Meinung die Welt erwartet; so sehr stimmt alles dazu, was er lebt, thut, redet und ordnet.«

[Doktor Martin Luthers sämtliche Schriften, hg. v. J. G. Walch, Bd. 21 (Briefe von 1507-1532), Brief 265, Groß Oesingen 1986.]

Als Reaktion auf derlei Angriffe gegen die politische Ideologie und geistliche Glaubenslehre des Papsttums bieten die Fresken ein Geschichtsbild, in dem eine idealisierte und verfälschte Vergangenheit funktionalisiert wird, um eine konfliktgeschüttelte Gegenwart zu stabilisieren und eine unsichere Zukunft zu gestalten. Die deutliche Symbolsprache des Manierismus ist eine Antwort auf die herrschende Unsicherheit in dieser Krisenzeit. Zugleich bezeugen übertriebene Gelehrsamkeit und raffinierte Kunstgriffe, daß im Augenblick höchster kultureller Leistungen Elitedenken und selbstgerechte Arroganz verbreitet waren.

Sala Paolina

Wie schlecht die Lebensbedingungen in der Engelsburg waren, wurde deren Bewohnern schmerzlich bewußt, als Klemens VII. und die Kurie während des *Sacco di Roma* (1527) gezwungen waren, dort Zuflucht zu suchen. In der Folge ließ Paul III. die Festung im Inneren neugestalten und luxuriöse päpstliche Gemächer sowie einen großen Audienzsaal, die Sala Paolina, herrichten. Der Saal wurde zwischen 1545 und 1548 von Perino del Vaga (1501-47) und seinen Schülern ausgeschmückt (Abb. 109). Die narrativen Szenen, die als gerahmte Gemälde im Gewölbe präsentiert werden, und die imitierten Bronzereliefs an den Wänden verlaufen im Uhrzeugersinn rundum und beginnen an der nördlichen Thronwand. Elf Szenen aus dem Leben Alexanders des Großen (356-23 v. Chr.), in Anspielung auf den Taufnamen des Papstes, Alessandro Farnese, beschreiben Angriffe auf die irdische Macht, die zurückgeschlagen wurden, und zeigen Mäzenatentum, Großmut, Friedenspolitik und Reichserweiterung nicht nur Alexanders des Großen, sondern auch des Papsttums, das durch die gewählten Parallelisierungen glorifiziert werden soll. Die zentrale Szene an der Ostwand zeigt Alexander, während er den Gordischen Knoten durchschlägt, um die prophezeite Weltherrschaft zu erlangen. Sie beschwört das erwartete Tausendjährige Reich, in dem die Christenheit - insbesondere das Gebiet von Alexanders Makedonien, das inzwischen zum Osmanischen Reich gehörte - erneut unter der Kirche vereint sein würde (Abb. 110). Kaiser Hadrian, Erbauer der Engelsburg, ist in der Mitte der Südwand, gegenüber dem Papstthron, als Exemplum für päpstliche Schirmherrschaft und weltliche Macht dargestellt (siehe Abb. 97, S. 144).

In den imitierten Bronzemedaillons über den Türen sind in Anspielung auf den päpstlichen Namen von Paul III. Szenen aus dem Leben des hl. Paulus zu sehen, die den Triumph über die Feinde des Papsttums verherrlichen. Durch die dynamische Figur des Erzengels Michael, der hinter dem päpstlichen Thron zu sehen ist, wie er gnädig das Schwert in die Scheide steckt und damit die strafende Pest des Jahres 590 beendet, ergibt sich eine mittlerweile vertraute Anordnung: Der thronende Papst befand sich

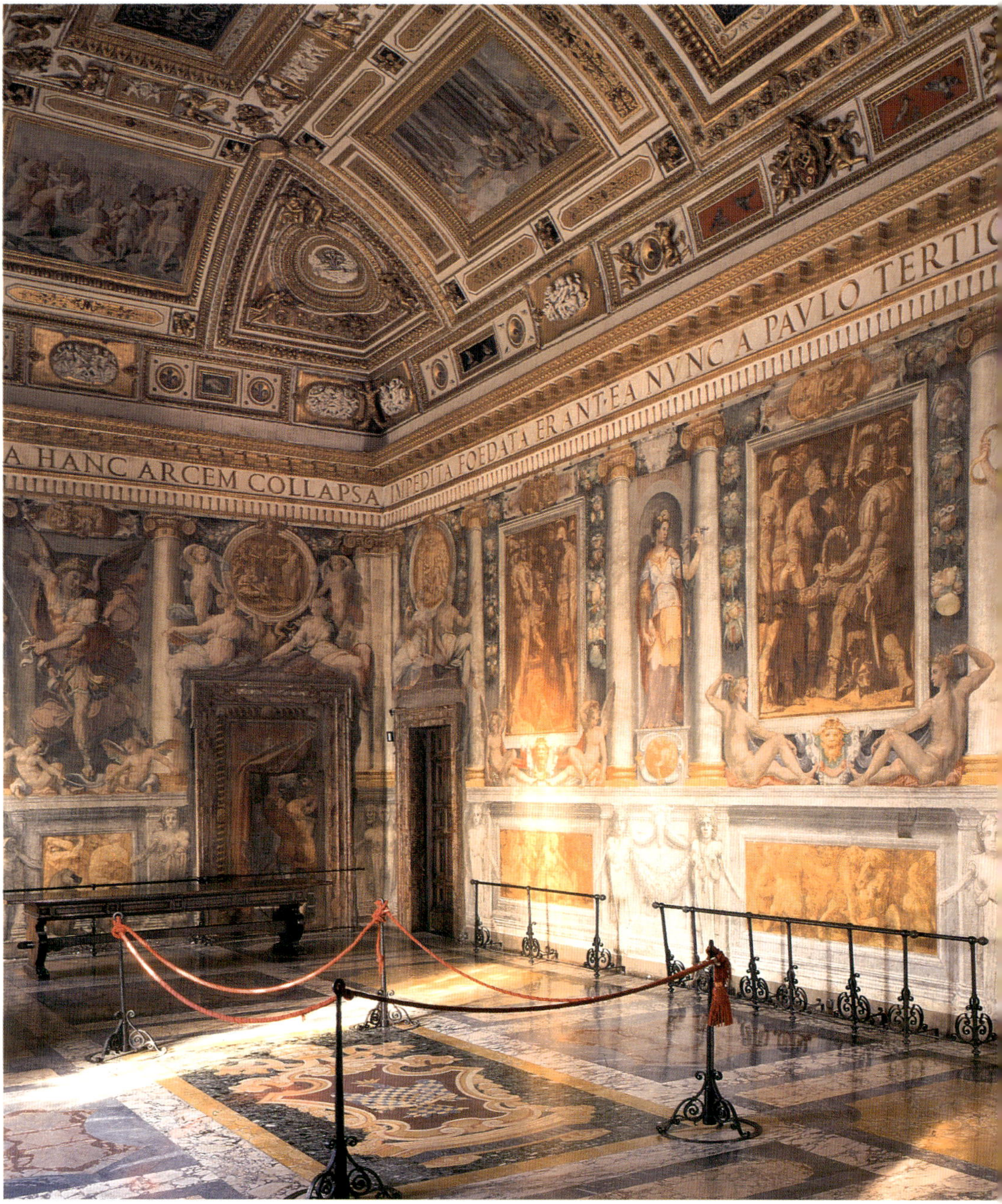

109. Perino del Vaga und Schüler,
Sala Paolina, Nord-, Ostwand und Gewölbe, 1545-48, Engelsburg, Rom.

Die Inschrift auf dem Fries des Gebälks besagt: »Die Dinge, die in dieser Festung einst zerfallen, nutzlos und zerstört waren, sind nun von Paul III., Pontifex Maximus, in starker Festigkeit, behaglicher Nützlichkeit und erlesener Schönheit für alle sichtbar ersetzt, erneuert und geschmückt worden.«

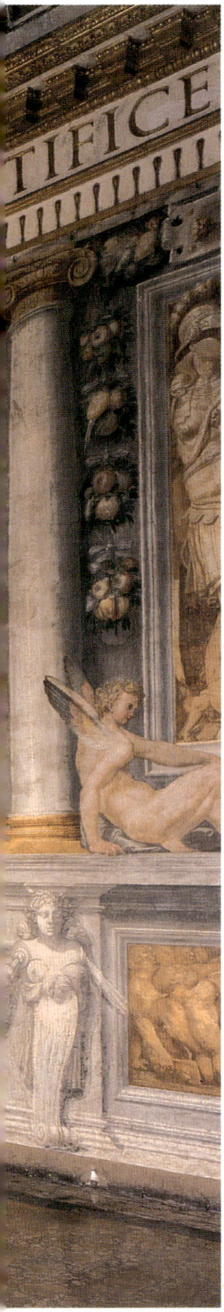

110. Perino del Vaga und Schüler, *Alexander der Große löst den Gordischen Knoten,* 1545-48, Fresko, Mitte der Ostwand, Sala Paolina, Engelsburg, Rom.

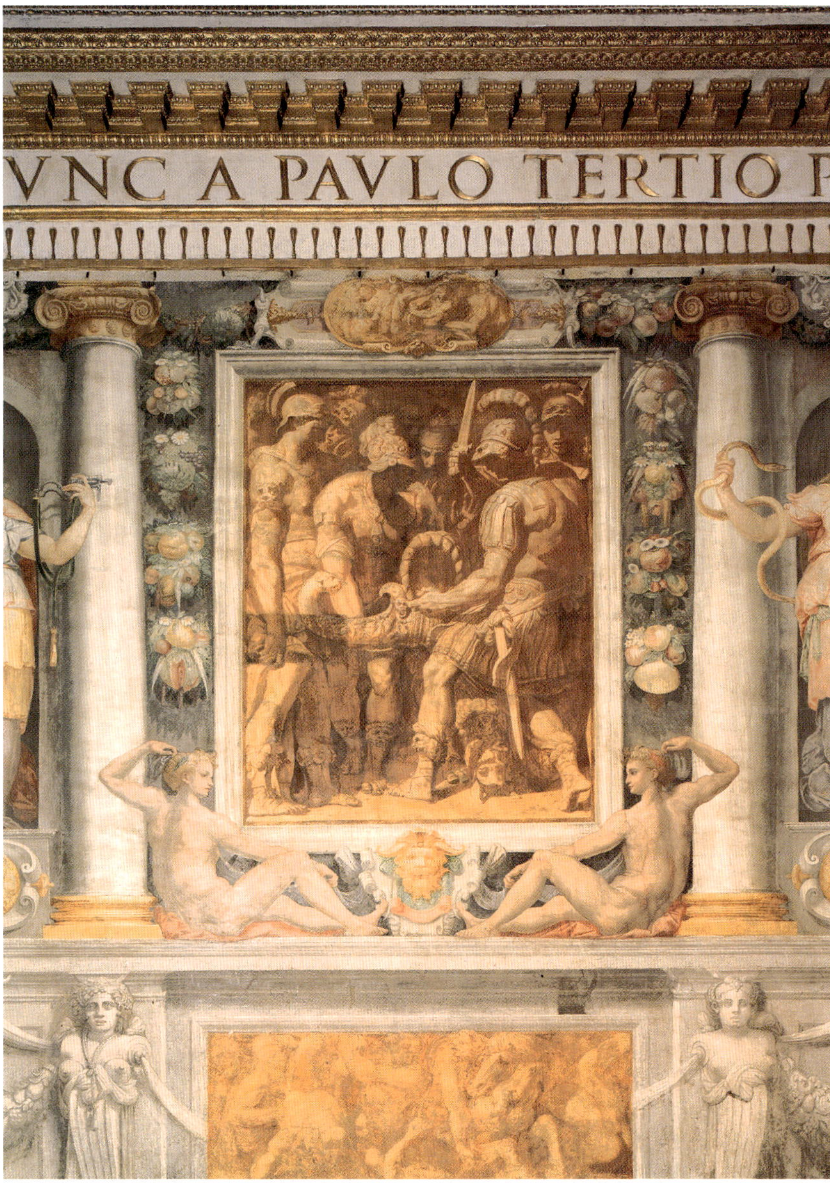

unter einem Bild göttlicher Macht. Die Nischen in den Seitenwänden präsentieren Platos Kardinaltugenden eines Herrschers - Besonnenheit, Weisheit, Tapferkeit und Gerechtigkeit -, und über den Türen sind Musen zu sehen. An den Schmalwänden über den Türen befinden sich die theologischen Tugenden - Glaube, Liebe, Hoffnung - und Allegorien von Theologie, Religion, Eintracht und Überfluß. Gemeinsam mit den Engeln und geflügelten Siegesgöttinnen der Bronzeplaketten und Medaillons suggerieren diese Personifikationen den Wohlstand und die Harmonie päpstlicher Herrschaft.

Optische Opulenz, klassische Gelehrsamkeit und eine dicht gedrängte Demonstration kaiserlicher und kirchlicher Symbole von Reichtum, militärischer Stärke, Tugend und Sieghaftigkeit überhöhen die autoritäre Papstherrschaft in einem größeren Maße als in jedem früheren päpstlichen Audienzsaal. Dennoch bleibt die Ausschmückung eine künstlerisch weniger bedeutsame Leistung innerhalb eines festungsartigen Zufluchtsortes, und die zahlreichen Szenen mit Darstellungen von Kampf, Gewalt und Verteidigung lassen zugleich stärker als je zuvor ein Bild von Angst, Befangenheit und Schwäche hervortreten.

Sala Regia

Die ursprünglich im späten 13. Jahrhundert von Nikolaus III. (1277-80) im Vatikanpalast erbaute Sala Regia, der größte päpstliche Audienzsaal, wurde unter Paul III. (1534-49) erneuert. Giorgio Vasari (1511-74), der Florentiner Künstler und berühmte Autor hielt die Sala Regia »für den schönsten und prachtvollsten Saal, den es je auf Erden gegeben hat«. (Abb. 111, 112, siehe auch Abb. 39, S. 62). Die Fertigstellung der immer wieder unterbrochenen Ausschmückung des Saales, die von vielen verschiedenen Künstlern vorgenommen wurde, erfolgte erst 1573. Wie es zu erwarten war, zielte auch hier die Planung primär darauf ab, die päpstliche Vorherrschaft zu verherrlichen, oder, wie es der anonyme Autor eines vorläufigen Entwurfs ausdrückte, »die der Priesterschaft schuldige Ergebenheit und die Unterlegenheit irdischer Macht« zu betonen. Die Szenen über den Türen führen eine Reihe von Schenkungen vor, die die Rolle des Papstes als weltlicher Herrscher und Gebieter über den Kirchenstaat legitimierten. Da der beißende protestantische Spott, der päpstliche Machtanspruch beruhe auf gefälschten Quellen, noch immer schmerzte, achteten die kurialen Planer dieser Szenen auf sorgfältige Recherche und schlugen Themen vor, die nur selten in dieser Form dargestellt worden waren. *Papst Gregor II. empfängt 716 von Liutprand die Bestätigung der Schenkung des Aritpert* ist beispielsweise dem *Liber Pontificalis* entnommen, und diese Schenkung der Cottischen Alpen (einer Gegend in den Westalpen) an Johannes VII. (705-7) wird noch heute als Beginn des Kirchenstaates betrachtet (Abb. 113). Der Ort dieser Schenkung wird im

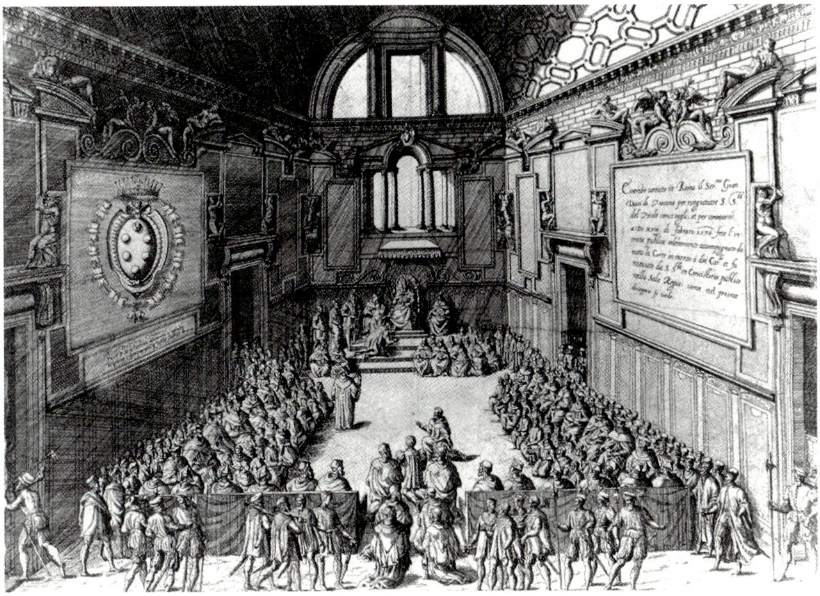

111. Étienne Dupérac, *Krönung Cosimos I. de'Medici zum Großherzog von Toskana in der Sala Regia am 18. Februar 1570*, um 1570, Kupferstich.

112. Sala Regia, Ost-, Süd- und Westwand, Vatikan.

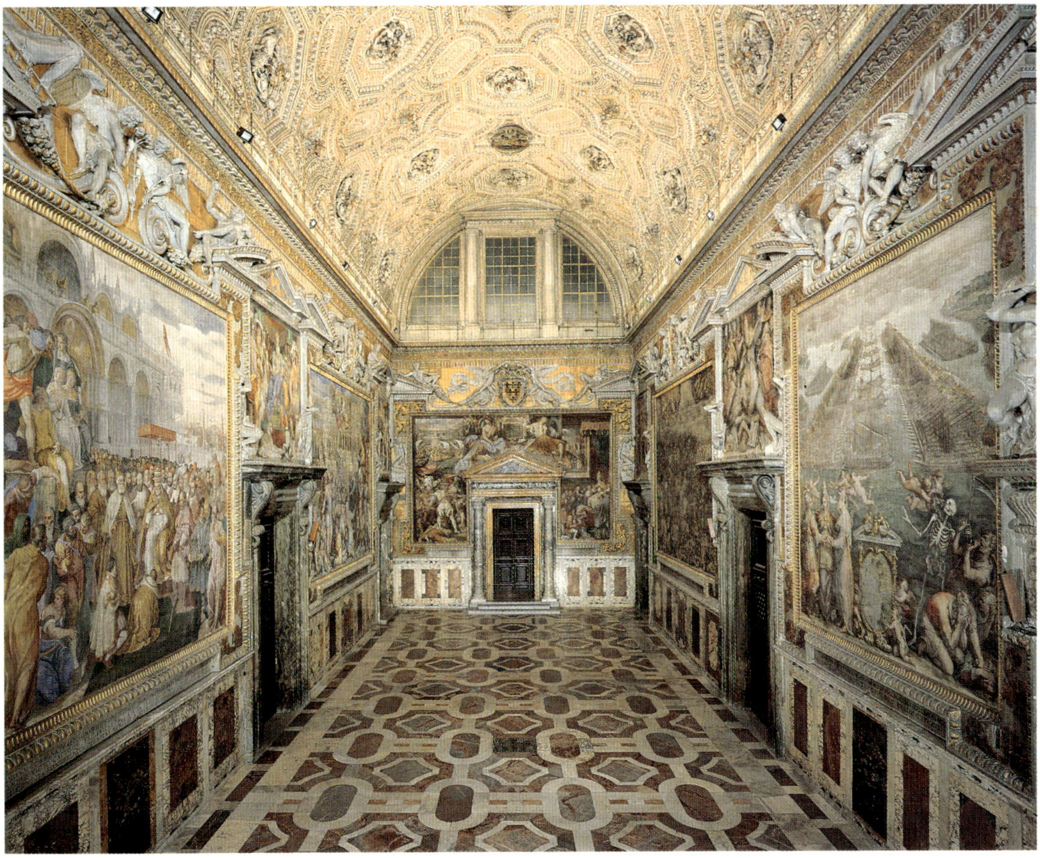

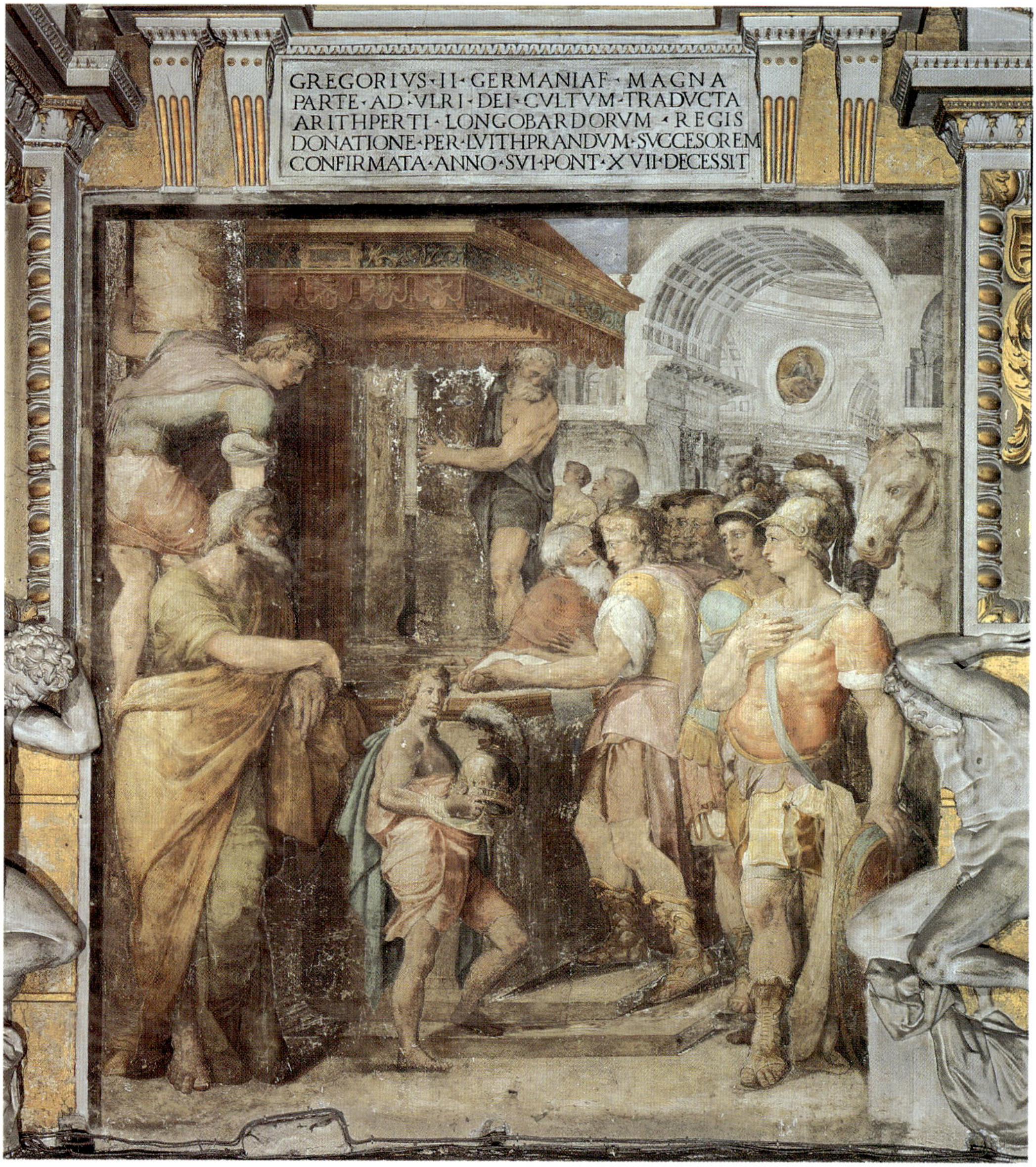

113. Giovanni Battista Fiorini, *Papst Gregor II. empfängt 716 von Liutprand die Bestätigung der Schenkung des Aritpert,* 1565, Fresko, Sala Regia, Vatikan.

Fresko durch die alte Peterskirche gebildet, wobei die im Bau befindliche, neue Peterskirche im Hintergrund zu sehen ist. Dieser Kunstgriff führt deutlich vor Augen, daß das Ereignis noch für die Gegenwart Bedeutung hat. Der Sieg über Ketzer und Heiden war ein verbreitetes Thema in den päpstlichen Repräsentationsräumen, doch die Fresken der Sala Regia sind einzigartig, weil sie auch zeitgenössische Ereignisse zeigen und nicht nur historische. Die fünf großen Szenen auf der West- und Nordwand, welche die *Niederlage der Türken bei Lepanto im Jahre 1571* und das *Massaker an den Hugenotten in der Bartholomäusnacht 1572* thematisieren, wurden bereits wenige Monate nach den Ereignissen begonnen (Abb. 114). Wie ungewöhnlich das war, wird durch die Reaktion von Vasaris Berater Vincenzo Borghini deutlich, der die Hugenottenszenen als »zu speziell, zu gemein und diesem Saal unwürdig« empfand, weil sie zuviel Aufmerksamkeit auf den »Verräter seines Herrn und Gottes« verwandten. Es fehlte ihnen in seinen Augen die rhetorische Maßhaltung und die Schicklichkeit, wie sie historische Szenen geliefert hätten.

In den Schenkungsszenen spiegelt sich das zur Zeit der Gegenreformation wachsende Interesse an Dokumentation, Berichtigung und Rechtfertigung von Grundsätzen und Überzeugungen, und zwar basierend auf einer korrekten Einschätzung der Geschichte. Die Lepanto- und die Hugenottenszene waren dagegen Ausdruck der eskalierenden Endzeitstimmung dieser Epoche und verdeutlichten die Einschätzung, daß die von den zeitgenössischen Widersachern ausgehende Gefahr die unmittelbar bevorstehende Rückkehr Christi ankündigte.

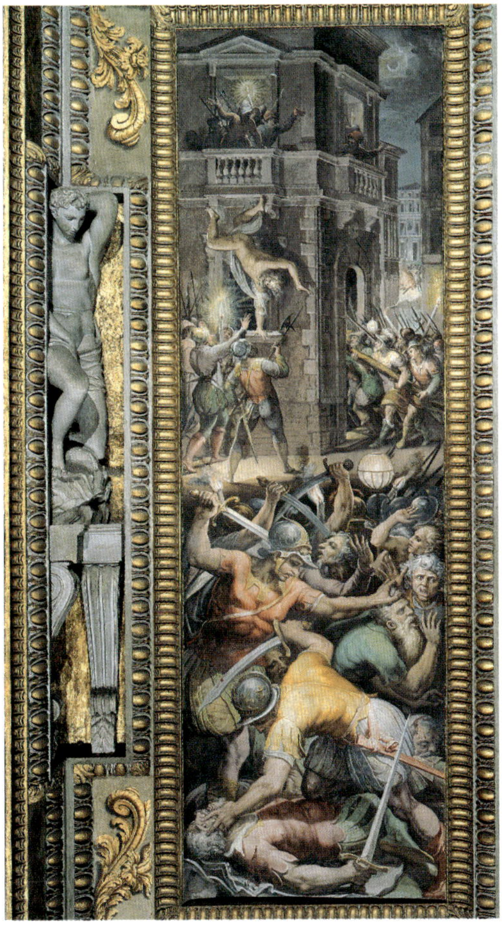

114. Giorgio Vasari und Werkstatt,
Die Bartholomäusnacht (23./24. August 1572), 1573,
Fresko, Sala Regia, Vatikan.

Wenige Tage bevor er von dem Massaker in der Bartholomäusnacht erfuhr, soll Gregor XIII. (1572-85) gesagt haben: »Zur Erhöhung des katholischen Glaubens wünschen wir nichts weiter, als daß die Hugenotten vernichtet werden.« Angesichts eines solchen Hasses ist es nicht verwunderlich, daß der Anführer des hugenottischen Adels, Admiral Coligny, der in dem Fresko vom Mob aus dem zweiten Stock seines Palastes gestürzt wird, so dargestellt ist, als würde es sich bei ihm um den bösen Simon Magus handeln, der vom hl. Petrus abgewiesen wurde, und daß seine Anhänger im unteren Vordergrund als Dämonen präsentiert werden.

115. Francesco Salviati, *Äneas wird von Venus mit Waffen ausgestattet* (Mitte); *Mars* (links); *Minerva* (rechts); *Ranuccio Farnese erhält das Kommando über die venezianischen Truppen* (oben *links); Ranuccio Farnese erhält das Kommando über die päpstlichen Truppen von Eugen IV. (1435)* (links von Äneas); *Pietro und Ranuccio Farnese kommandieren die Florentiner Truppen beim Sieg über Pisa (1363)* (rechts von Äneas); *Ranuccio Farnese erhält das Kommando über die Florentiner Truppen nach dem Tod seines Bruders Pietro (1363)* (oben rechts); 1552-55, Fresko, Nordwestwand, Sala dei Fasti Farnese, Palazzo Farnese, Rom.

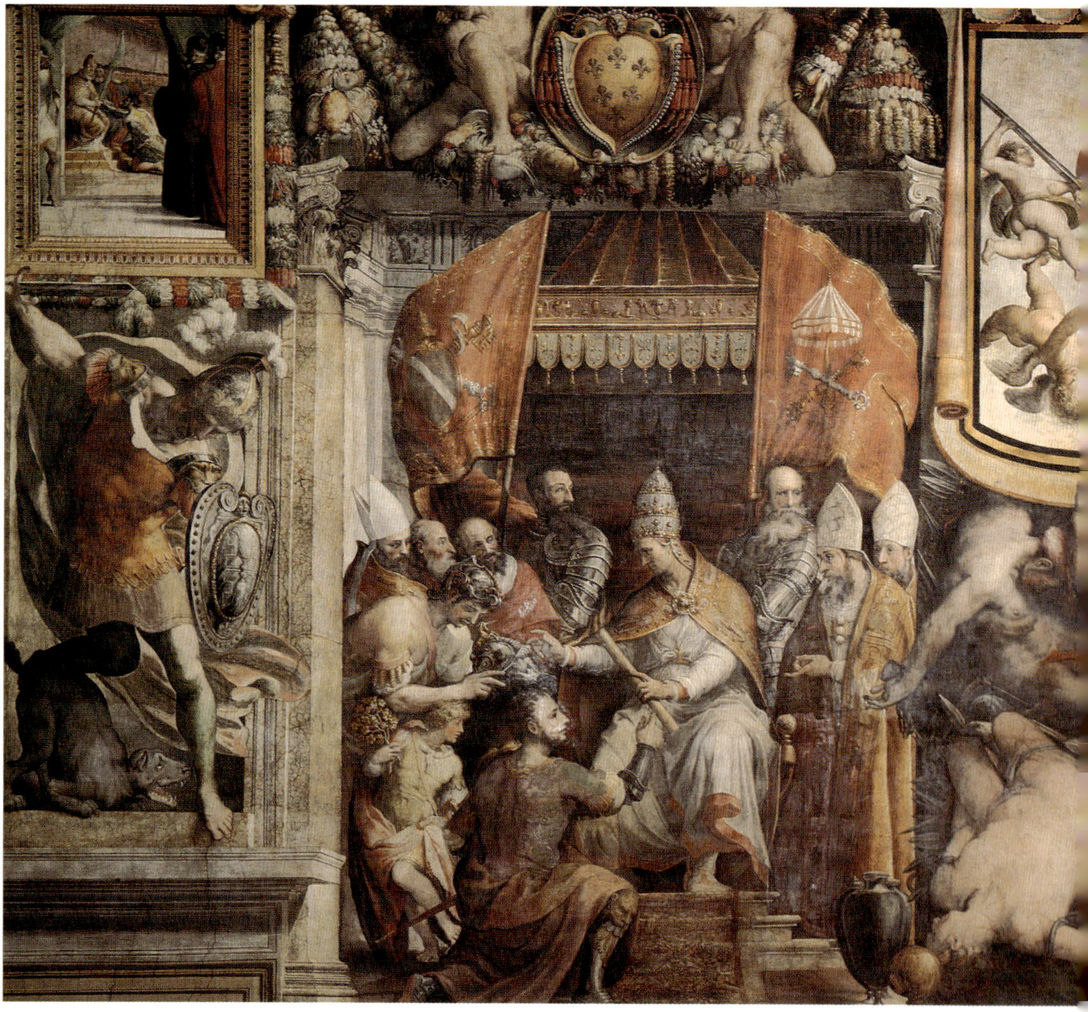

Sala dei Fasti Farnese

Während des Krieges um Parma von 1551-52 waren die Farnese aus Rom verbannt. Als Kardinal Ranuccio Farnese (1530-65) im Jahre 1552 zurückkehrte, beauftragte er Francesco Salviati, zur Feier des Sieges der Farnese über das Papsttum die glorreiche Geschichte seiner Familie auf den Wänden der zweitgrößten Empfangshalle mittels Fresken darzustellen (siehe Abb. 53, S. 76). Die langen Nordwest- und Südostwände wurden in der üblichen verherrlichenden Weise gestaltet. Es entstand eine imitierte architektonische Struktur und in illusionistischer Manier eine Fülle von gerahmten Gemälden, Wandteppichen, Festons, Wappen sowie dynamischen, an Michelangelo erinnernden, allegorischen Figuren. In der Mitte der Wand, gegenüber dem offenen Kamin, vor dem Kardinal Ranuccio vermutlich saß, wird

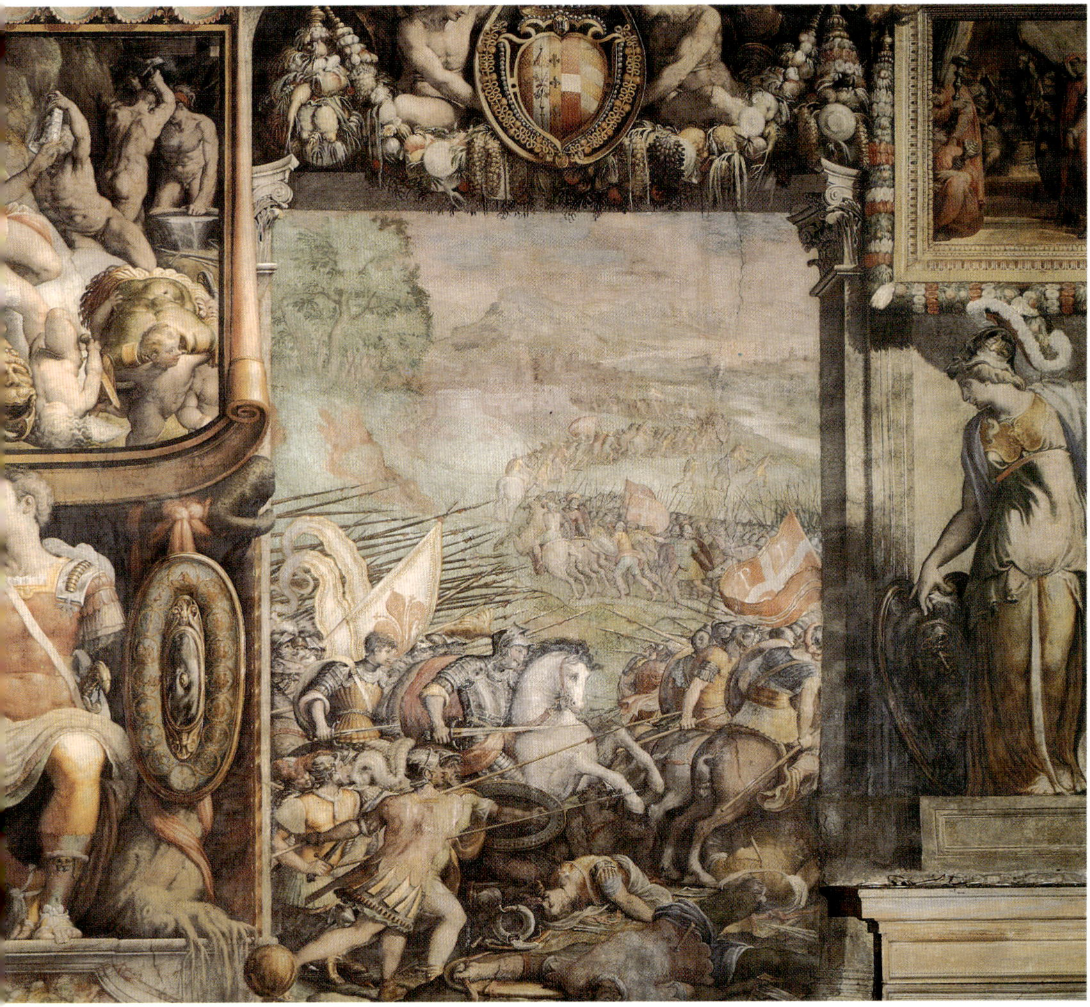

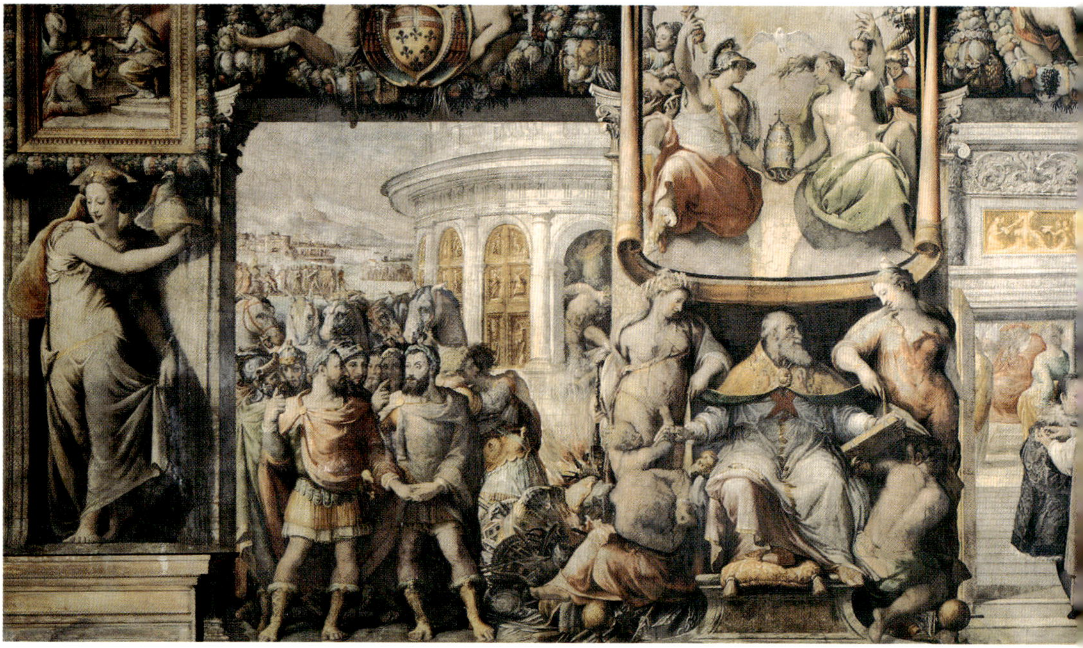

Äneas unter einer Eiche von Venus, Amoretten und Zyklopen mit Waffen ausgestattet, wie es Vergil beschrieben hatte (Abb. 115). Aufgrund seiner Kraft und Weisheit, die durch die flankierenden Gottheiten Mars und Minerva symbolisiert werden, ist Äneas bereits der siegreiche Begründer Roms, was durch die Gefangenen und die Rüstungen noch verdeutlicht wird. Daß auf seinem Schild die Wappen der Farnese zu sehen sind, weist ihn als den Begründer der Familie in Farneto (von *farnia* - die Eiche) nördlich von Rom aus.

Als Ergänzung zu den Heldentaten von Kardinal Ranuccio werden die militärischen Leistungen gleichnamiger Familienmitglieder dargestellt, der *condottiere* (Führer von Söldnerheeren), die ihren Teil zum Aufstieg der Familie Farnese beigetragen hatten. Oben links wird Ranuccio Farnese, der 1445 in der Schlacht von Taro fiel, zum Befehlshaber der venezianischen Truppen ernannt. Links von Äneas überreicht Papst Eugen IV. im Jahre 1435 einem anderen Ranuccio Farnese eine goldene Rose und den Kommandostab über die päpstlichen Truppen; dieser Heerführer, der eine römische Rüstung trägt und seinen Helm von einer Personifikation Roms erhält, während er Äenas anschaut, verbindet das Schicksal der Farnese mit dem des alten Roms. Rechts von Äneas sind Pietro und ein weiterer Ranuccio Farnese im Dienste der Stadt Florenz zu sehen. Es wird gezeigt, wie sie 1363 die Pisaner besiegten. Da die Brüder zeitgenössische und ihre Soldaten römische Rüstungen tragen, wird auch hier demonstriert, daß die Farnese den Ruhm des alten Roms fortführten. Oben rechts ist ein Nachspiel der größeren Szene dar-

116. Francesco Salviati,
Papst Paul III. (Mitte); *Allegorie der geistlichen Herrschaft* (links); *Allegorie der Schlüsselgewalt* (rechts); *Karl V. und Franz I. schließen den Frieden von Nizza (1538)* (links von Paul III.); *der Regensburger Reichstag (1541)* (rechts von Paul III.); *Papst Paul III. ernennt Alessandro Farnese und Guido Ascanio Sforza zu Kardinälen (1534)* (oben links); *Papst Paul III. führt den Bau der Peterskirche fort* (oben rechts); 1552-55,
Fresko, Südostwand,
Sala dei Fasti Farnese,
Palazzo Farnese, Rom.

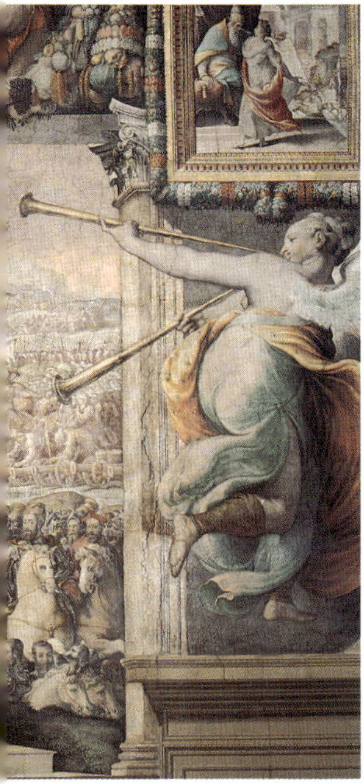

gestellt: Ranuccio wird nach dem Tode seines Bruders Pietro im Jahre 1363 zum Befehlshaber der Florentiner Truppen ernannt. Angeregt von Raffaels Wandteppichen in der Sixtinischen Kapelle (siehe Abb. 87, S. 130) hat Salviati hier Mythos, Epos und Historie in monumentaler Größe miteinander verwoben, um diese Familie mit einer majestätischen Würde auszustatten, die ihr in Wirklichkeit fehlte.

Das Zentrum der Kaminwand zeigt den wahren Begründer der Macht der Farnese: Papst Paul III. sitzt mit triumphierender Haltung vor einem Wandteppich, auf dem die personifizierte *Tugend* (einen Dolch haltend) und die *Fortuna* (hält einen Stern in der Hand) dargestellt sind. Er ist umgeben von Zeichen seiner weltlichen und geistlichen Macht sowie von seinen Tugenden (Abb. 116). Ihm zur Seite gestellt sind der *irdische Frieden* mit Weizen im Haar, der Rüstungen verbrennt, und der *geistliche Frieden* mit einer Taube im Haar. Die allegorische Figur links außen verweist auf die Kirche, der Paul III. vorsteht, und auf seine geistliche Herrschaft. Ganz rechts symbolisiert eine Kombination aus dem geflügelten Siegesengel und dem Engel der Apokalypse die Macht Pauls III., zu erlösen und zu verdammen.

Links von Paul III. schließen Karl V. und Franz I. von Frankreich (1494-1547) den Frieden von Nizza (1538). Die Schirmherrschaft hat Paul III. übernommen, der sich vor dem römischen Tempel des Friedens befindet, dessen Türen geschlossen sind und in dem die Personifikation des Krieges eingeschlossen ist. Sie tragen römische Rüstungen und Lorbeerkränze und geben einander die Hand, die alte römische Geste der Eintracht. Durch die Art der Darstellung wird deutlich, daß die beiden weltlichen Herrscher das gewaltige Schicksal Roms im Dienste der Kirche fortführen. Rechts von Paul III. disputiert Kardinal Gaspare Contarini (1483-1542) mit dem Reformator Martin Bucer (1491-1551) während des Regensburger Reichstages, den Karl V. 1541 einberief, um eine Versöhnung zwischen Katholiken und Protestanten herbeizuführen. Die Disputation findet vor den Säulen des Tempels von Jerusalem statt, und Moses, der in dem Relief über der Tür dargestellt ist, reicht die Gesetzestafeln herab, als Zeichen der Autorität des Alten Testamentes, die Contarinis Argumente unterstützen soll. Da dieser Versuch zur Versöhnung scheiterte, kam es 1546 zum Feldzug gegen den Schmalkaldischen Bund der deutschen Protestanten, welcher rechts von Contarini dargestellt wird. Neben Karl V. an der Spitze ist Ottavio Farnese (1524-86) zu sehen, der Kommandeur der päpstlichen Truppen, sowie sein Bruder Kardinal Alessandro Farnese, der päpstliche Gesandte.

Oben links wird Paul III. bei der Ernennung seiner ersten beiden Kardinäle am 18. Dezember 1534 gezeigt - sein vierzehnjähriger Enkel Alessandro Farnese d.J. (1520-89) und sein sechzehnjähriger Urenkel Guido Ascanio Sforza (1518-64) - ein unverfrorener und im Grunde illegaler Akt von Nepotismus, der jedoch 1545 wiederholt werden sollte, als ein weiterer Enkel,

Ranuccio Farnese, im Alter von 15 Jahren zum Kardinal ernannt wurde. In den Kreisen der Farnese hingegen betrachtete man die Kardinäle, die Paul III. ernannte, als wichtigen Bestandteil der kirchlichen Erneuerung, denn unter ihnen befanden sich auch einige Reformer, wie beispielsweise Contarini. Oben rechts ist Paul III. zu sehen, während er in Begleitung einer Personifikation der Architektur den Bau der neuen Peterskirche veranlaßt. Diese galt in der Renaissance als Symbol für die reformierte Kirche.

Wie dieses Beispiel zeigt, konnte der Audienzsaal eines Kardinals durchaus dem eines Papstes im Hinblick auf Inhalte, formale Struktur und Stil ähneln. Beide propagierten gleichermaßen die Legitimität der Kirche, deren universale weltliche und geistliche Gewalt sowie die Oberherrschaft der Kirche über das Reich. Da jedoch die unabhängige fürstliche Souveränität eines Kardinals erst im 17. Jahrhundert an Bedeutung gewann, wurden die Szenen nur selten auf einen Thron ausgerichtet. Die bildlichen Ausschmückungen eines Kardinalssaals thematisierten zudem eher die Geschichte der Familie und ihre Stellung in der Kirche, in Christenheit und dem göttlichen Heilsplan.

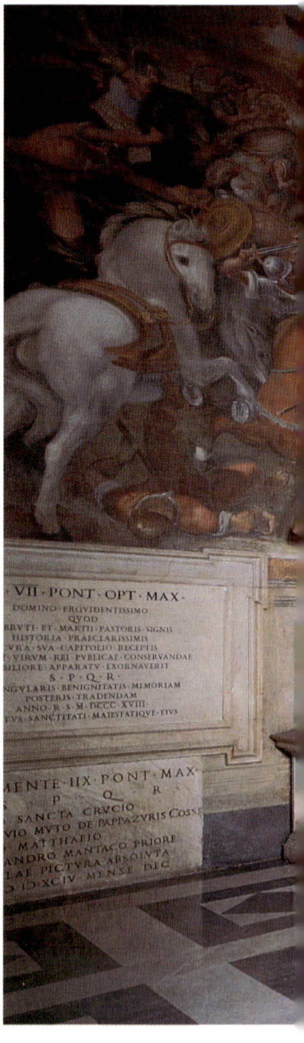

117. Tommaso Laureti, Konservatorenpalast (Kapitol), Sala dei Capitani, Süd- und Westwand, 1586-92, Rom.

Sala dei Capitani

Die Sitzungssäle für das *Consiglio Generale* (die Sala degli Orazie e Curiazi) und das *Consiglio Segreto* (die Sala dei Capitani) im Konservatorenpalast waren zu Beginn des 16. Jahrhunderts von Jacopo Ripanda (tätig 1490-1530) mit Fresken ausgemalt worden. Der erstgenannte Saal zeigte Szenen mit der Gründung Roms und der frühen Geschichte unter den etruskischen Königen, der zweite die Gründung der römischen Republik unter Brutus und den Sieg über die etruskischen Könige. Im Zuge einer Renovierung, die von Michelangelo durchgeführt worden war, hatten die Fresken erheblich gelitten, so daß man sich schließlich entschloß, sie durch Szenen desselben oder ähnlichen Inhalts zu ersetzen. Der Künstler, der die Sala dei Capitani in den Jahren 1586-92 neu gestaltete, war Tommaso Laureti (um 1530-1602) (Abb. 117). Da der Rat der Stadt Rom keine geistliche Autorität besaß, versuchte man nicht unbedingt in seinen Repräsentationsräumen eine Verbindung zwischen himmlischer und irdischer Gewalt zu schaffen. Dennoch orientierte man sich am päpstlichen Vorbild, indem eine idealisierte Geschichte als Rechtfertigung für Autorität und Legitimität in der Gegenwart herangezogen wurde. In dem aussichtslosen Bemühen, sich vom Heiligen Stuhl unabhängig zu machen, überging man jedoch die Geschichte des kaiserlichen Roms und verband das Schicksal des *Consiglio* mit der Gerechtigkeit, der Macht und der Frömmigkeit der römischen Republik.

Die Fresken der Sala dei Capitani imitieren Gemälde, die mit Hilfe von Haken im Gesims befestigt zu sein scheinen. Ihr Inhalt wurde durch die römische Geschichte von Titus Livius mit dem

Titel *Die Anfänge Roms* geprägt. Sie beginnen am Kopfende des Saales mit der *Gerechtigkeit des Brutus (509 v. Chr.)* und setzen sich chronologisch und im Uhrzeigersinn fort. Es folgt *Horaz verteidigt die Sublicanische Brücke*, danach sieht man *Mucius Scaevola versucht Porsenna zu ermorden* sowie *Die Niederlage des Tarquinius und der Latinergarde am See Regillus (449 v. Chr.)*. Die erste Szene porträtiert den Begründer der römischen Republik, Lucius Junius Brutus (Abb. 118). Er steht auf einem Podium und befiehlt dem Beamten zu seiner Rechten, einen Erlaß zu verlesen. Der Erlaß ordnet die Enthauptung seiner eigenen beiden Söhne an, die in der Mitte des Vordergrundes dargestellt sind, während die anderen Verschwörer von beiden Seiten herangeführt werden. Sie hatten ein Komplott geschmiedet, um die Republik zu stürzen und König Tarquinius wieder ein-

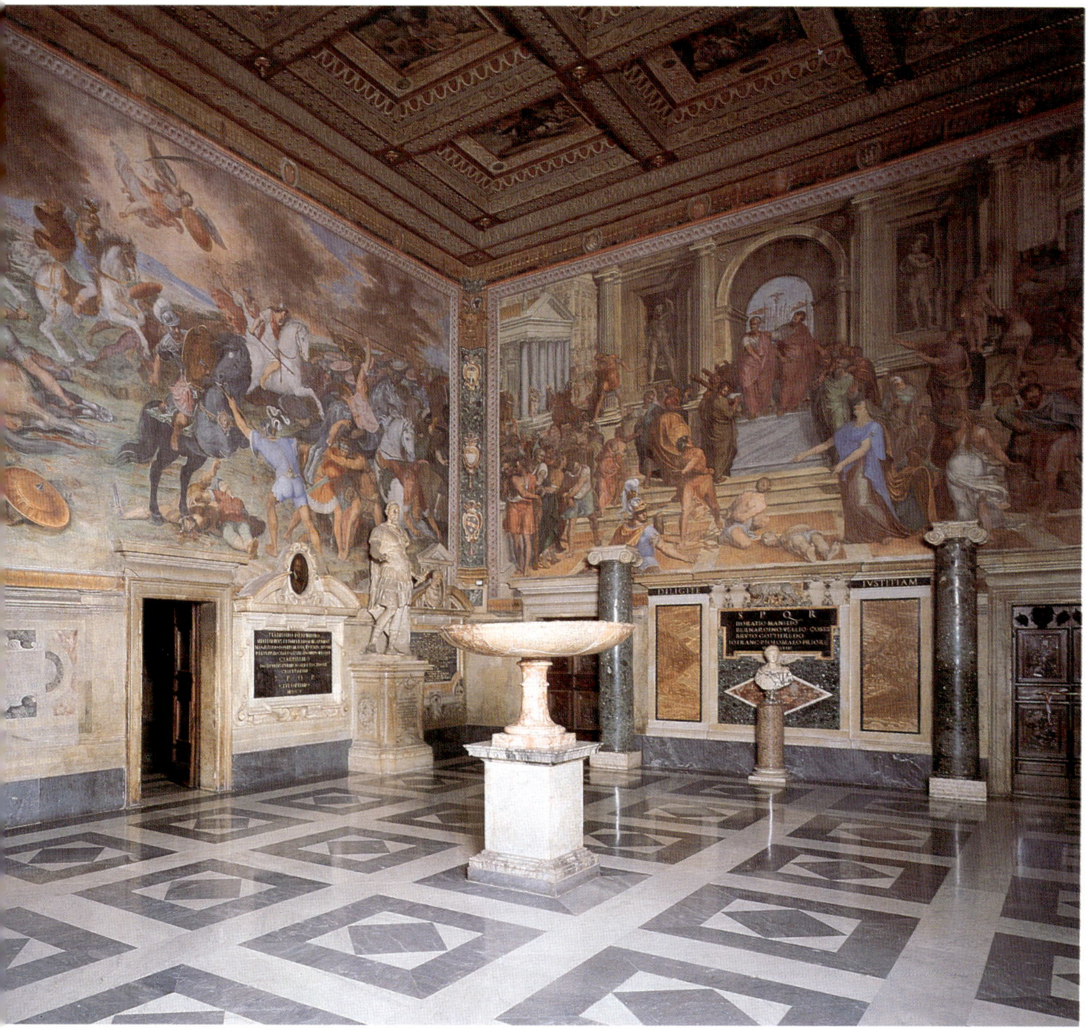

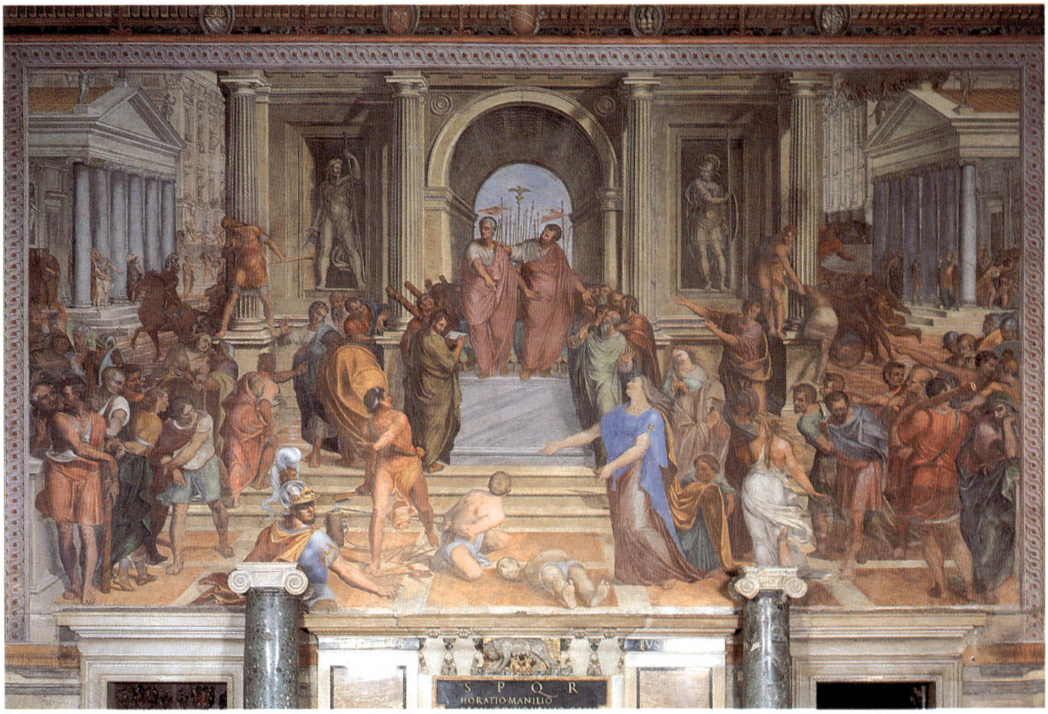

118. Tommaso Laureti, *Die Gerechtigkeit des Brutus (509 v.Chr.),* 1586-92, Fresko, Westwand, Sala dei Capitani, Konservatorenpalast, Rom.

zusetzen. Brutus, der nicht auf die um Gnade flehenden Beamten zu seiner Linken oder auf seine Frau im Vordergrund reagiert, ist die Verkörperung unbeugsamer Gerechtigkeit. Die Architektur hinter ihm kündet mit Statuen von Jupiter und Mars von Macht, Stärke und dem Triumph der Republik, während die Tempel zu beiden Seiten deren Frömmigkeit beschwören. Die Kontinuität zwischen den republikanischen Tugenden und der Gegenwart wird sowohl durch die im Bau befindlichen Gebäude im Hintergrund anschaulich, deren Gestaltung auf Michelangelos Entwurf für den neuen Konservatorenpalast basiert, als auch durch die Position des Podestes sowie der Sitzbank unterhalb dieser Szene, mit Blick auf das übrige *Consiglio Segreto.* Verglichen mit den Ausschmückungen älterer Räume ist Lauretis Brutus-Fresko vor allem aufgrund seines symmetrischen Figurenarrangements auf beiden Seiten einer zentralen, dreieckig angeordneten Gruppe beachtenswert, wobei sich die Handlung links abspielt und die entsprechende Reaktion auf der rechten Seite dargestellt ist. Laureti lehnte offensichtlich die Spannungsgeladenheit und Vieldeutigkeit des Manierismus ab und kehrte zur kompositorischen Klarheit und narrativen Dramatik von Raffaels Werken der Hochrenaissance zurück. Laureti brachte damit eine reformerische Haltung zum Ausdruck, die den generellen Reformbestrebungen innerhalb der römischen Kultur des ausgehenden 16. Jahrhunderts entsprach.

Schluß: 1600 und danach

Um das Jahr 1600 hatte das Papsttum nur noch wenig Ähnlichkeit mit jener Institution, die es knapp 200 Jahre zuvor gewesen war, als Martin V. 1420 in Rom einzog. Die Päpste besaßen innerhalb der Kirche und des Kirchenstaates eine nahezu absolute Macht und forderten strengste Disziplin, die sie unbeugsam und oft mit brutaler Härte durchsetzten. Sie regierten effektiv und effizient mit Hilfe der Kurie, die, stromlinienförmig zurechtgestutzt und in Kommissionen (ständige Ausschüsse von Kardinälen und Prälaten) unterteilt, für die kirchliche Verwaltung zuständig war. In fast jeder Diözese, überall in der katholischen Welt, setzten die neu ermächtigten Bischöfe einheitlich die Tridentinischen Reformen durch. Das Papsttum gebärdete sich weniger elitär und förderte durch seine zahlreichen revitalisierten Orden die Erziehung, die Festigung des Glaubens und die missionarische Arbeit. Es konsolidierte seine Position in Italien, etablierte sich erneut in großen Teilen Polens und Deutschlands und erweiterte seine Herde um viele Neubekehrte, vor allem in Nord- und Südamerika und in Asien.

Der Heilige Stuhl orientierte sich nun weniger stark an der Vergangenheit, sondern blickte der Zukunft siegesgewiß entgegen. Die politische Macht der Päpste in Europa war zwar geschwächt, doch ihre moralische und geistliche Autorität war gewachsen. Wie nie zuvor war die Kirche römisch-katholisch, und Rom die Hauptstadt der Christenheit. Die Folge davon war, daß Italien begann sich zu einer modernen Nation mit gemeinsamer Religion, Sprache, Literatur und Kunst zu entwickeln.

Die römischen Päpste, Kleriker und Laien waren weiterhin große Kunstmäzene, und immer stärker betätigten sie sich auch als Kunstsammler. Im Verlauf der kommenden Jahrhunderte sollten sie Rom in die prachtvollste Metropole der katholischen Welt verwandeln. Rom, wie wir es heute kennen, ist tatsächlich eher vom Barock denn von der Renaissance geprägt. Im Zeitalter des Barocks wurden die städtebaulichen Visionen von Sixtus V. umgesetzt und verfeinert; Bernini begeisterte die Welt mit seinen großartigen Werken, in denen er Architektur, Bildhauerei und Malerei eindrucksvoll vereinte. Doch ohne die in diesem Buch präsentierte Entwicklung von Kunst und Geisteswelt in der Renaissance wäre die Barockkultur undenkbar gewesen.

	Politik und Kultur	Religion
1400-1450	1420 Martin V. kehrt nach Rom zurück 1434 Papst Eugen IV. wird ins Exil getrieben 1440 Lorenzo Valla beweist, daß es sich bei der Konstantinischen Schenkung um eine Fälschung handelte (*De Falso Credita e Ementita Constantini Donatione*) 1443 Papst Eugen IV. kehrt aus dem Exil in Florenz nach Rom zurück	1414-18 Konzil von Konstanz, das Abendländische Schisma (1378-1417) endet mit der Wahl von Papst Martin V. im Jahre 1417 1438-45 Konzil von Ferrara (1438-39), Florenz (1439-43) und Rom (1439-45), zeitweilige Vereinigung der römischen und griechischen Kirche
1450-1500	1452 Leon Battista Albertis Schrift *Zehn Bücher über die Baukunst (De re aedificatoria)* wird Papst Nikolaus V. vorgestellt 1453 Eroberung Konstantinopels durch die Türken; der Mordkomplott einer Gruppe römischer Adeliger um Stefano Porcari gegen Papst Nikolaus V. wird aufgedeckt 1475 Papst Sixtus IV. gründet die Vatikanische Bibliothek 1491 Die Türken werden aus Granada vertrieben 1492 Kolumbus entdeckt Amerika 1494 König Karl VIII. von Frankreich besetzt Italien	1450 Jubeljahr; mehr als 200 Pilger verunglücken auf der Engelsbrücke 1460 Papst Pius II. veröffentlicht die päpstliche Bull *Execrabilis,* mit der die absolute Gewalt des Papstes festgeschrieben wird 1472 Die Heilige Liga besiegt unter Kardinal Oliviero Carafa die Türken bei Symrna 1475 Jubeljahr 1497 Papst Alexander VI.exkommuniziert den Dominikaner und Bußprediger Girolamo Savonarola (1452-1498)
1500-1550	1506 Papst Julius II. besiegt die Bentivoglier und zieht triumphierend in Bologna ein 1507 Triumphzug Julius' II. nach Rom 1510 Paolo Cortese, *Über die Kardinalswürde (De cardinalatu)* 1512 Schlacht von Ravenna, der Sieg Frankreichs ermöglicht es Papst Julius II., den Kirchenstaat auf Piacenza auszudehnen 1517 Erasmus von Rotterdam, *Julius vor der verschlossenen Himmelstür (Iulius exclusus)* 1522 Die Türken erobern Rhodos 1525 Schlacht von Pavia 1527 Sacco di Roma, die Plünderung Roms durch kaiserliche Truppen 1530 Papst Klemens VII. krönt Karl V. in Bologna zum Kaiser 1531 Gründung des Schmalkaldischen Bundes der Protestanten 1535 Karl V. besiegt die Türken in Tunesien 1536 Karl V. zieht triumphierend in Rom ein 1538 Waffenstillstand von Nizza zwischen Karl V. und Franz I. durch Vermittlung von Papst Paul III. 1546 Kaiserliche und päpstliche Truppen besiegen den Schmalkaldischen Bund	1500 Jubeljahr 1512-17 Fünftes Laterankonzil, von Papst Julius II. abg halten, um Kirchenreformen einzuleiten 1517 Ein Mordkomplott gegen Papst Leo X. wird au gedeckt; Luther schlägt seine 95 Thesen an de Wittenberger Schloßkirche an 1525 Jubeljahr, geringe Pilgerzahlen 1537 Eine von Papst Paul III. einberufene beratende Versammlung von Kardinälen und Prälaten schließt ihre Arbeit mit dem *Consilium de emendanda ecclesia* ab 1540 Päpstliche Anerkennung des Jesuitenordens 1541 Reichstag von Regensburg, Protestanten und Katholiken versuchen (erfolglos) grundlegende Unstimmigkeiten über die christliche Glaubens lehre beizulegen Ignatius von Loyola (1491-1556) vollendet sein Schrift *Exerzitien (Geistliche Übungen)* 1542 Die Inquisition wird im Zuge der Gegenreforma tion als oberste Gerichtsinstanz eingesetzt 1545 Das Tridentinische Konzil wird eröffnet, es tag in drei Tagungsperioden: 1545-47, 1551-52, 1562-63
1550-1600	1550 Georgio Vasari, *Lebensgeschichten der berühmtesten Maler, Bildhauer und Architekten der Renaissance (Le vite de' più eccellenti pittori, scultori, e architettori)* 1551-52 Krieg um Parma, die Farnese verbünden sich mit Frankreich und besiegen die Allianz zwischen Papsttum und Karl V. 1559 Der Friedensschluß von Cateau-Cambrésis setzt dem Krieg in Italien ein Ende und bestätigt die Hegemonie der Habsburger in Italien 1562 Vignolas architekturtheoretische Schrift *Regole delli cinque ordini d'architettura* 1571 Schlacht von Lepanto, die Heilige Liga (Spanien, Venedig und das Papsttum) besiegt die Türken 1572 Bartholomäusnacht, Massaker an französischen Hugenotten in Paris	1550 Jubeljahr, geringe Pilgerzahlen 1564 Die Reformdekrete des Tridentinischen Konzils werden veröffentlicht 1571 Der Index librorum prohibitorum wird als Verzeichnis der vom Apostolischen Stuhl verbotenen Bücher grundlegend erlassen 1575 Jubeljahr, mehr als 400.000 Pilger nehmen teil 1588 Cesare Baronius beginnt mit der Publikation seiner Schrift *Annales Ecclesiastici*, sie bildet d katholische Reaktion auf das erste protestantische Kirchengeschichtswerk, *die Magdeburge Zenturien (Historia ecclesiastica)*, des deutsche Theologen Matthias Flacius 1592 Die revidierte Fassung der Vulgata (lateinische Bibelübersetzung) wird zur offiziellen Bibelausgabe der katholischen Kirche erklärt

Urbanisierung und Architektur	Malerei und Skulptur
1425 Papst Martin V. (1417-31) unterstellt die römischen Straßeninspektoren der päpstlichen Autorität und erklärt den Straßenbau zur vorrangigen Aufgabe der Stadt Rom 1431-47 Papst Eugen IV. (1431-47) läßt den Platz vor dem Pantheon freilegen und pflastern 1434-44 S. Onofrio al Gianicolo wird errichtet	1428-32 Masolino erstellt sein Werk für den Hochaltar von S. Maria Maggiore sowie die Fresken zum Leben der hl. Katharina und des hl. Ambrosius in S. Clemente 1448-50 Fra Angelicos Fresken zum Leben des hl. Stephanus und des hl. Laurentius werden in der Kapelle Nikolaus' V. im Vatikanpalast ausgeführt
1450-53 Papst Nikolaus V. läßt die Piazza S. Celso und die Engelsburg umgestalten 1453-55 Rossellino errichtet den nördlichen Flügel des Papstpalastes 1455 Baubeginn des Palazzo Venezia (1503 vollendet) 1472-78 S. Maria del Popolo 1475 Ponte Sisto wird zum Jubeljahr vollendet 1482 Baubeginn von S. Pietro in Montorio (1500 vollendet) um 1490 Baubeginn des Palazzo della Cancelleria (um 1514 vollendet)	1473-83 Fresken zum Leben von Papst Sixtus IV. für das Ospedale di Santo Spirito 1475-81 Fresken zum Leben von Moses und Christus für die Sixtinische Kapelle 1488-93 Lippi erstellt seine Fresken zum Leben der hl. Jungfrau und des hl. Thomas von Aquin für die Carafa-Kapelle in der Kirche S. Maria sopra Minerva 1492-94 Pinturicchios Fresken für die Säle im Appartamento Borgia des Vatikanpalastes 1497-1500 Michelangelo erstellt seine *Pietà* , die in der Peterskirche
1500 Via Alexandrina wird zum Jubeljahr erbaut 1502-10 Bramantes Tempietto wird errichtet 1503 Baubeginn von Bramantes Cortile del Belvedere (1563 vollendet) 1506 Papst Julius II. legt am 18. April den Grundstein für den Bau der neuen Peterskirche (1614 vollendet) 1507-08 Baubeginn der Via Giulia um 1510 Bramantes Palazzo Caprini wird errichtet 1514 Baubeginn des Palazzo Farnese unter der Leitung von Antonio da Sangallo d.J. (1589 vollendet) 1515-20 Raffaels Palazzo Branconio d'Aquila wird errichtet 1525 Sangallos Fassadenentwurf für die päpstliche Münzprägestelle (Zecca) wird zum Jubeljahr ausgeführt 1533-35 Peruzzis Palazzo Massimo alle Colonne wird errichtet 1534-49 Bau der Piazza Farnese und der Via dei Baullari 1538 Michelangelo erhält von Papst Paul III. den Auftrag, das Kapitol umzugestalten; das Reiterstandbild des Marc Aurel wird im Zentrum des Platzes aufgestellt 1542-46 Bau der Via Paola und der Via di Panico, es entsteht auf diese Weise das zweite römische *trivium*	1508-11 Raffaels Fresken für die Stanza della Segnatura in der Bibliothek Julius' II. 1508-12 Michelangelos Fresken für das Deckengewölbe der Sixtinischen Kapelle 1511-14 Raffaels Fresken für die Stanza d'Eliodoro im Vatikan um 1513 Raffael, *Sixtinische Madonna* 1515-16 Raffaels Gobelin-Entwürfe zum Leben des hl. Petrus und des hl. Paulus für die Sixtinische Kapelle 1517-20 Raffael, *Verklärung Christi*; Sebastiano, *Auferweckung des Lazarus* 1519-24 Die Sala di Costantino des Vatikans wird von Raffael und seiner Werkstatt mit Fresken zum Leben Konstantins ausgestattet 1526-27 Parmigianino, *Vision des hl. Hieronymus* 1534-41 Michelangelo *Das Jüngste Gericht*, Sixtinische Kapelle 1541-49 Michelangelos Fresken der Pauliner Kapelle im Vatikan 1545-48 Perino del Vagas Fresken zum Leben Alexanders des Großen und des hl. Paulus für die Sala Paolina in der Engelsburg 1547-55 Michelangelos Florentiner *Pietà*
1559-65 Bau der Via Pia 1561-65 Michelangelos Porta Pia wird errichtet 1568-84 Il Gesù wird unter der Leitung von da Vignola und della Porta erbaut 1575 Bau der Via Merulana zum Jubeljahr 1585-90 Fontanas Lateranpalast und die Benediktionsloggia werden errichtet 1585-88 Bau der Acqua Felice und des Moses-Brunnens 1586 Fontana versetzt den Vatikan-Obelisken zum Petersplatz 1587 Aufstellung eines Obelisken vor S. Maria Maggiore 1587-89 Die Trajan- und die Marc-Aurel-Säule werden mit Bronzestatuen des hl. Petrus und des hl. Paulus versehen 1588 Aufstellung eines Obelisken vor dem Lateranpalast 1589 Aufstellung eines Obelisken vor S. Maria del Popolo	1552-55 Salviatis Fresken über die Großtaten der Familie Farnese in der Sala dei Fasti Farnese des Palazzo Farnese um 1568 Federico Zuccari, *Die Krönung der hl. Jungfrau*, S. Lorenzo in Damaso 1567-68 Fresken zum Leben Christi im Oratorio del Gonfalone 1584-86 Federico Barocci, *Heimsuchung*, S. Maria in Vallicella 1586-92 Tommaso Lauretis Fresken zur Gründung der röm. Republik für die Sala dei Capitani des Konservatorenpalastes (Kapitol) 1591 Scipione Pulzone, *Beweinung Christi*, gemalt für die Jesuitenkirche Il Gesù

Päpste der Renaissance

Martin V. (Colonna), 1417-31
Eugen IV. (Condulmer), 1431-47
Nikolaus V. (Parentucelli), 1447-55
Kalixt III. (Borgia), 1455-58
Pius II. (Piccolomini), 1458-64
Paul II. (Barbo), 1464-71
Sixtus IV. (Della Rovere), 1471-84
Innozenz VIII. (Cibo), 1484-92
Alexander VI. (Borgia), 1492-1503
Pius III. (Piccolomini), 1503
Julius II. (Della Rovere), 1503-13
Leo X. (Medici), 1513-21
Hadrian VI. (von Utrecht), 1522-23
Klemens VII. (Medici), 1523-34
Paul III. (Farnese), 1534-49
Julius III. (del Monte), 1550-55
Marcellus II. (Cervini), 1555
Paul IV. (Carafa), 1555-59
Pius IV. (Medici), 1559-65
Pius V. (Ghislieri), 1566-72
Gregor XIII. (Boncompagni), 1572-85
Sixtus V. (Peretti), 1585-90

Bibliographie

ACKERMAN, J. S., "The Belvedere as a Classical Villa," *Journal of the Warburg and Courtauld Institutes*, 14 (1951), S. 70–91

– *The Cortile del Belvedere*, Studi e documenti per la storia del Palazzo Apostolico Vaticano, 3 (Vatican, 1954)

– *The Architecture of Michelangelo* (Harmondsworth: Penguin, 1971)

– "The Planning of Renaissance Rome, 1450–1580," in *Rome in the Renaissance*: *The City and The Myth*, hg. von P.A. Ramsey, Medieval and Renaissance Texts and Studies, 18 (Center for Medieval and Early Renaissance Studies, Binghamton, N.Y., 1982), S. 3–18

AIKIN, R., "Christian Soldiers in the Sala dei Capitani," *Sixteenth Century Journal*, 16 (1985), S. 206–27

ANTONOVICS, A.V., "Counter-Reformation Cardinals: 1534–90," *European Studies Review*, 2 (1972), S. 301–27

ALBERTI, L.B., *Zehn Bücher über die Baukunst (De Re Aedificatoria)*, übers. von Theuer, Max (Darmstadt: Wiss. Buchgesellschaft, 1991)

BAROLSKY, P., *Daniele da Volterra: A Catalogue Raisonné* (New York, London: Garland, 1979)

BAUMGARTEN, P. M., *Von den Kardinälen des sechszehnten Jahrhunderts* (Krumbach: F. Aker, 1926)

BENEDETTI, S. et al, *L'Arte in Roma nel Secolo XVI*, 2 Bde., Instituto Nazionale di Studi Romani (Bologna: Cappelli, 1990–92)

BENTIVOGLIO, E. und S. VALTIERI, *Santa Maria del Popolo a Roma* (Rom: Bardi Editore, 1976)

BOBER, P. P. und R.O. RUBINSTEIN, *Renaissance Artists and Antique Sculpture: A Handbook of Sources* (London, New York: Harvey Miller and Oxford University Press, 1986)

BOSEL, R., *Jesuitarchitektur in Italien, 1540–1773. Die Baudenkmaler der Römischen und Neapolitischen Ordensprovinz*, 2 Bde. (Wien 1985)

BOSSY, J., *Christianity in the West, 1400–1700* (Oxford: Oxford University Press, 1985)

BRADY, T.A., H.A. OBERMAN und J.D. TRACY (Hg.), *Handbook of European History 1400–1600. Late Middle Ages, Renaissance and Reformation*, 2 Bde. (Leiden, New York: E.J. Brill, 1994)

BRODRICK, J., *Die ersten Jesuiten*, übers. von Martini, Guido (Verlag Herold, 1956)

BRUMMER, H.H., *The Statue Court in the Vatican Belvedere*, Stockholm Studies in the History of Art, 20 (Stockholm: Almqvist & Wiksell Förlag, 1970)

BRUSCHI, A., *Bramante architetto* (Bari: Laterza, 1969)

BUDDENSIEG, T., "Zum Statuenprogramm im Kapitolsplan Pauls III," *Zeitschrift für Kunstgeschichte* 32 (1969), S. 177–228

BURCKHARDT, J., *Die Kultur der Renaissance in Italien* (Stuttgart: A. Kröner Verlag, 11. Auflage 1988)

BURROUGHS, C., "Below the Angel: An Urbanistic Project in the Rome of Pope Nicholas V," *Journal of the Warburg and Courtauld Institutes* 45 (1982), S. 94–124

– *From Signs to Design. Environmental Process and Reform in Early Renaissance Rome* (Cambridge, Mass., London: MIT Press, 1990)

CEEN, A., *The Quartiere de'Banchi: Urban Planning in Rome in the First Half of the Cinquecento* (Ph.D. dissertation, University of Pennsylvania, 1977)

CELLINI, BENVENUTO, *Leben des Benvenuto Cellini, von ihm selbst geschrieben*, übers. von Conrad, Heinrich (München: C. H. Beck, 1994)

CHASTEL, A., *Die Kunst Italiens, ein Handbuch für Studium und Reise* (München: Prestel, 1987)
CIERI VIA, C., "*Characteres et figuras in opere magico.* Pinturicchio et la décoration de la *camera segreta* de l'appartement Borgia," *Revue de l'art* 94 (1991), S. 11–26
COCHRANE, E., *Italy, 1530–1630* (London, New York: Longman, 1988)
COFFIN, D.R., *The Villa in the Life of Renaissance Rome* (Princeton: Princeton University Press, 1979)
– *Gardens and Gardening in Papal Rome* (Princeton: Princeton University Press, 1991)
COHN, N., *Das neue irdische Paradies. Revolutionärer Millenarismus und mystischer Anarchismus im mittelalterlichen Europa* (Reinbek: Rowohlt, 1988)

DACOS, N., *La Découverte de la Domus Aurea et la formation des grotesques à la Renaissance*, Studies of the Warburg Institute, 31 (London, Leiden 1969)
D'AMICO, J.F., *Renaissance Humanism in Papal Rome: Humanists and Churchmen on the Eve of Reformation* (Baltimore, London: Johns Hopkins University Press, 1983)
DANTE ALIGHIERI, *Die göttliche Komödie,* übers. von Wartburg, Ida und Walther von (Zürich: Manesse Verlag, 1995)
DAVIDSON, B.F., *Raphael's Bible: A Study of the Vatican Logge,* College Art Association Monographs on the Fine Arts, 39 (Pennsylvania State University Press, 1985)
DELUMEAU, J., *Angst im Abendland. Die Geschichte kollektiver Ängste im Europa des 14. bis 18 Jhs.* (Reinbek: Rowohlt, 1989)
– "Rome: Political and Administrative Centralization in the Papal State in the Sixteenth Century," *The Late Italian Renaissance, 1525–1630,* hg. v. E. Cochrane (New York: Harper and Row, 1970), S. 287–304
DEMPSEY, C., "Mythic Inventions in Counter-Reformation Painting," *Rome in the Renaissance: The City and the Myth*, hg. v. P.A. Ramsey, Medieval and Renaissance Texts and Studies, 18 (Center for Medieval and Early Renaissance Studies, Binghamton, N. Y., 1982), S. 55–75
DICKENS, A.G., *The Counter Reformation* (Norwich: Harcourt, Brace & World, 1970)
DUSSLER, L., *Raphael. A Critical Catalogue of his Pictures, Wall-Paintings and Tapestries* (New York, London: Phaidon, 1971)

EBERT-SCHIFFERER, S., "Ripandas kapitolinischer Freskenzyklus und die Selbstdarstellung der Konservatoren um 1500," *Römisches Jahrbuch für Kunstgeschichte*, 23/24 (1988), S. 75–218
EINEM, H. VON, *Michelangelos Künstlertum* (Bonn: Bouvier/VVA, 1966)
ERASMUS VON ROTTERDAM, *Dialogus, Iulius exclusus e coelis (Julius vor der verschlossenen Himmelstür)* (Darmstadt: Wiss. Buchgesellschaft, 1990)
ETTLINGER, L. D., *The Sistine Chapel before Michelangelo: Religious Imagery and Papal Primacy* (Oxford: Clarendon Press, 1965)
EVENNETT, H. O., *The Spirit of the Counter-Reformation* (Notre Dame: University of Notre Dame Press, 1970)

FAGIOLO, M. und M.L. MADONNA, "La Roma di Pio IV: la *Civitas Pia*, la *Salus Medica*, la *Custodia Angelica*," *Arte Illustrata* 5 (1972), S. 383–402
FALDI, I., *Il Palazzo Farnese di Caprarola* (Turin: Edizioni Seat, 1981)
FREEDBERG, S. J., *Painting of the High Renaissance in Rome and Florence*, 2 Bde. (Cambridge, Mass.: Harvard University Press, 1961)
FROMMEL, C. L., *Der Römische Palastbau der Hochrenaissance*, 3 Bde., Römische Forschungen der Bibliotheca Hertziana, 21 (Tübingen: Wasmuth, 1973)
– "Die Peterskirche unter Papst Julius II. im Licht neuer Dokumente," *Römisches Jahrbuch für Kunstgeschichte* 16 (1976), S. 57–136
– "Francesco del Borgo: Architekt Pius' II. und Pauls II.," *Römisches Jahrbuch für Kunstgeschichte* 20 (1983), S. 107–54, und 21 (1984), S. 71–164
– "Il Palazzo Vaticano sotto Giulio II e Leone X: Strutture e funzione," *Raffaello in Vaticano* (Mailand: Electa, 1984), S. 118–35
– "Papal Policy: The Planning of Rome during the Renaissance," in *Art and History: Images and Their Meaning,* hg. v. R.I. Rotberg und T.K. Rabb, (Cambridge: Cambridge University Press, 1986), S. 39–65
– "Il Cardinal Raffaele Riario ed il Palazzo della Cancelleria," in *Sisto IV e Giulio II mecenati e promotori di cultura*, hg. v. S. Bottaro et al, Atti del Convegno Internazionale di Studi, Savona, 1985 (Savona: Coop Tipograf, 1989), S. 73–85
– "Il Palazzo della Cancelleria," in *Il Palazzo dal Rinascimento a oggi in Italia nel regno di Napoli in Calabria: Storia e attualità*, hg. v. S. Valtieri, Atti del Convegno Internazionale Reggio Calabria, 20–22 Ottobre 1988; (Rom: Gangemi editore, 1989), S. 29–54
– "St. Peter's: The Early History," in *The Renaissance from Brunelleschi to Michelangelo,* H.A. Millon et al (Mailand 1994)
FROMMEL, C. L. et al, *Raffaello architetto* (Mailand 1984)

GAMRATH, H., *Roma Sancta Renovata: Studi sull'urbanistica di Roma nella seconda metà del sec. XVI con particolare referimento al ponificato di Sisto V (1585–1590),* Analecta Romana Instituti Danici, 12 (Rom: L'"Erma" di Bretschneider, 1987)
GARIN, E., (Hg.), *Der Mensch in der Renaissance*, übers. von Wuthenow, Bettina (Frankfurt a. M.: Campus, 1990)
GEIGER, G.L., *Filippino Lippi's Carafa Chapel: Renaissance Art in Rome*, Sixteenth-Century Essays and Studies, 5 (Ann Arbor 1986)
GERE, J., *Taddeo Zuccaro: His Development Studied in his Drawings* (Chicago and London: University of Chicago Press, 1969)
GILBERT, F., *Venedig, der Papst und sein Bankier,* übers. von Blocher, Klaus (Frankfurt a. M.: Campus, 1994)

GLEASON, E.G., *Reform Thought in Sixteenth-Century Italy,* American Academy of Religion, Texts and Translations Series, 4 (Chicago, Calif.: Scholars Press, 1981)
GOMBRICH, E. H., *Zur Kunst der Renaissance,* 4 Bde., übers. von Gombrich, L. und Kulenkampff, J. (Stuttgart: Klett-Cotta, 1979)
– *Ideal und Typus in der italienischen Renaissancemalerei* (Wiesbaden: Westdeutscher Verlag, 1983)

HALLMAN, B. MCC., *Italian Cardinals, Reform and the Church as Property, 1492–1563* (Berkeley, Los Angeles: University of California Press, 1985)
HARPRATH, R., *Papst Paul III. als Alexander der Grosse. Das Freskenprogramm der Sala Paolina in der Engelsburg* (Berlin, New York: de Gruyter, 1978)
HAY, D., "The Renaissance Cardinals: Church, State, Culture," *Synthesis* 3 (1976), S. 35–46
– *Die Renaissance. Die Rückwende zur Antike* (Eltville a. Rh.: Rheingauer Verlagsgesellschaft, 1986)
HEYDENREICH, L. H., *Studien zur Architektur der Renaissance. Ausgewählte Aufsätze,* hg. v. Zentralinstitut für Kunstgeschichte in München (München: Wilhelm Fink Verlag, 1981)
Hibbard, H., *Michelangelo* (New York: McGraw-Hill, 1974)
HIRST, M., *Sebastiano del Piombo* (Oxford: Clarendon Press, 1981)

JACKS, P., *The Antiquarian and the Myth of Antiquity. The Origins of Rome in Renaissance Thought* (New York, Cambridge: Cambridge University Press, 1993)
JEDIN, H., *Krisis und Abschluß des Trienter Konzils 1562/1563. Ein Rückblick nach 4 Jahrhunderten* (Freiburg i. Br., Basel, Wien: Herder, 1964)
JONES, M.D.W., *The Counter Reformation: Religion and Society in Early Modern Europe* (Cambridge: Cambridge University Press, 1995)
JONES, R. und N. PENNY, *Raphael* (New Haven, London: Yale University Press, 1983)
JUNGMANN, J.A., *Vom Sinn der Messe als Opfer der Gemeinschaft* (Freiburg i. Br.: Johannes Verlag, 1954)
– *Der Gottesdienst der Kirche. Auf dem Hintergrund seiner Geschichte kurz erläutert* (Innsbruck, Wien, München: Tyrolia Verlag, 1957)

KELLER, R.E., *Das Oratorium von San Giovanni Decollato in Rom: Eine Studie seiner Fresken* (Neuchâtel: Institut Suisse de Rome, 1976)
KLIEMANN, J., *Gesta Dipinte: La grande decorazione nelle dimore italiane dal Quattrocento al Seicento* (Mailand: Silvana, 1993)

LEE, E., *Sixtus IV and Men of Letters*, Temi e Testi, 26 (Rom: Edizioni di storia e letteratura, 1978)
LEWINE, C. F., *The Sistine Chapel Walls and the Roman Liturgy* (Pennsylvania State University Press, 1993)
LEWINE, M.J., *The Roman Church Interior, 1527–1580* (Ph.D. dissertation, Columbia University, 1960)
– "Roman Architectural Practice During Michelangelo's Maturity," in *Stil und Überlieferung in der Kunst des Abendlandes*, 2 Bde., Akten des 21. Internationalen Kongress. Kunst. Bonn 1964 (1967), II, S. 20–26
LIVIUS, TITUS, *Die Anfänge Roms, Römische Geschichte I-V,* übers. v. Hillen, H.-J. (München: Artemis, 1991)
Doktor Martin Luthers sämtliche Schriften, hg. v. Walch, J. G., Bd. 21 (Briefe von 1507-32) (Groß Oesingen 1986)

MADONNA, M.L. (Hg.), *Roma di Sisto V: Le arti e la cultura* (Rom: de Luca, 1993)
MAGNUSON, T., *Studies in Roman Quattrocento Architecture* (Stockholm: Almqvist & Wiksell Förlag, 1958)
Michelangelo e la Sistina. La tecnica, il restauro, il mito (Rom: Fratelli Palombi, 1990)
MITCHELL, B., Rome in the High Renaissance: The Age of Leo X (Norman: University of Oklahoma Press, 1973)
MORTARI, L., *Francesco Salviati* (Rom: de Luca, 1992)
MURRAY, P., *Die Architektur der Renaissance in Italien,* übers. von Felten, K. und Felten, G. (Stuttgart: Hatje, 1980)

O'MALLEY, J., *Giles of Viterbo on Church and Reform: A Study in Renaissance Thought* (Leiden: E.J. Brill, 1968)
– *Praise and Blame in Renaissance Rome: Rhetoric, Doctrine, and Reform in the Sacred Orators of the Papal Court, c. 1450–1521*, Duke Monographs in Medieval and Renaissance Studies, 3 (Durham, N.C.: Duke University Press, 1979)
– *The First Jesuits* (Cambridge, Mass.: Harvard University Press, 1993)

Le Palais Farnèse: École française de Rome, 3 Bde. (Rom: L'"Erma" di Bretschneider, 1980–81)
PANOFSKY, E., *Die Renaissance der europäischen Kunst,* übers. von Günther, H. (Frankfurt a. M.: Suhrkamp, 1990)
PARKS, N.R., "On the Meaning of Pinturicchio's *Sala dei Santi*," *Art History* 2 (1979), S. 291–317
PARTNER, P., *Renaissance Rome, 1500–1559: A Portrait of a Society* (Berkeley, Los Angeles: University of California Press, 1976)
– *The Pope's Men: The Papal Civil Service in the Renaissance* (Oxford: Clarendon Press, 1990)
PARTRIDGE, L., "Triumphalism and the Sala Regia in the Vatican," *'All the world's a stage...': Art and Pageantry in the Renaissance and Baroque,* hg. v. B. Wisch und S.S. Munshower, 2 Bde., Papers in Art History from The Pennsylvania State University, 6 (University Park: Pennsylvania State University Press, 1990), S. 22–81
PARTRIDGE, L. und STARN, R., *A Renaissance Likeness. Art and Culture in Raphael's "Julius II"* (Berkeley, Los Angeles: University of California Press, 1980)
PASTOR, L. VON, *Geschichte der Päpste seit dem Ausgang des Mittelalters* (Freiburg i. Br., Rom: Herder, 1950)
PIETRANGELI, C., *Die Sixtinische Kapelle,* übers. von Schnieperl, Robert (Zürich, Köln: Benziger, 1986)

QUEDNAU, R., *Die Sala di Costantino im Vatikanischen Palast: zur Dekoration der beiden Medici-Päpste Leo X. und Clemens VII.*, Studien zur Kunstgeschichte, 13 (Hildesheim: Georg Olms, 1979)

REINHARD, W., "Nepotismus. Der Funktionswandel einer päpstgeschichtlichen Konstanten," *Zeitschrift für Kirchengeschichte* 86 (1975), S. 145–85
ROBERTS, P.L., *Masolino da Panicale* (Oxford: Oxford University Press, 1993)
ROBERTSON, C., *"Il Gran Cardinale": Alessandro Farnese, Patron of the Arts* (New Haven, London: Yale University Press, 1992)
ROSENTHAL, E., "The Antecedents of Bramante's Tempietto," *Journal of the Society of Architectural Historians* 23 (1964), S. 55–74

SALERNO, L., L. SPEZZAFERRO, UND M. TAFURI, *Via Giulia: Una utopia urbanistica del '500* (Rom: Aristide Staderini, 1975)
SANDSTRÖM, SVEN, *Levels of Unreality. Studies in Structure and Construction in Italian Mural Painting During the Renaissance*, Acta Universitatis Upsaliensis; Figura, N.S.4 (Uppsala: Almqvist & Wiksell Förlag, 1963)
SCHIFFMANN, R., *Roma felix: Aspekte der städtebaulichen Gestaltung Roms unter Papst Sixtus V.* (Bern, Frankfurt a. M.: Peter Lang, 1985)
SCHROEDER, H.J. (Hg.), *The Canons and Decrees of the Council of Trent* (St. Louis, London: Herder, 1941)
SETTON, K.M., *The Papacy and the Levant (1204–1571)*, 2 Bde. (Philadelphia: American Philosophical Society, 1976–78)
SHAW, C., Julius II: the Warrior Pope (Oxford: Blackwell, 1988)
SHEARMAN, J., *Manierismus. Das Künstliche in der Kunst*, übers. von Fienbork, Matthias (Weinheim: Beltz Athenäum 1994)
– "The Vatican Stanze: Functions and Decoration," *Proceedings of the British Academy* 57 (1971), S. 369–424
– *Raphael's Cartoons in the Collection of Her Majesty the Queen and the Tapestries for the Sistine Chapel* (London, New York: Phaidon, 1972)
SMITH, G., *The Casino of Pius IV* (Princeton: Princeton University Press, 1977)
SPEZZAFERRO, L. und M.E. TITTONI, *Il Campidoglio e Sisto V* (Rom: Carte Segrete, 1991)
STEINBERG, L., *Michelangelo's Last Paintings: The Conversion of St. Paul and the Crucifixion of St. Peter in the Cappella Paolina, Vatican Palace* (New York: Oxford University Press, 1975)
STINGER, C.L., *The Renaissance in Rome* (Bloomington: Indiana University Press, 1985)
STÜTZER, H. A., *Malerei der Italienischen Renaissance* (Köln: DuMont, 1979)
SUETONIUS TRANQUILLUS, GAIUS, *Leben der Caesaren*, übers. von Lambert, André (Frankfurt a. M. 1988)

THOMSON, J.A.F., *Popes and Princes, 1417–1517: Politics and Polity in the Late Medieval Church* (London: Allen and Unwin, 1980)
TOMEI, P., *L'architettura a Roma nel Quattrocento* (Rom: Multigrafica, 1977)

URBAN, G., "Die Kirchenbaukunst des Quattrocento in Rom," *Römisches Jahrbuch für Kunstgeschichte* 9–10 (1961–62), S. 75–287
– "Zum Neubau-Projekt von St. Peter unter Nikolaus V.," *Festschrift für Harald Keller* (Darmstadt: Eduard Roether, 1963), S. 131–73

VASARI, GIORGIO, *Lebensgeschichten der berühmtesten Maler, Bildhauer und Architekten der Renaissance. Nach Dokumenten und mündlichen Berichten dargestellt von Giorgio Vasari*, hg. von Ernst Jaffé (Zürich: Diogenes, 1990)

WEIL-GARRIS, K., und J.F. D'AMICO, "The Renaissance Cardinal's Ideal Palace: A Chapter from Cortesi's *De Cardinalatu*," in *Studies in Italian Art and Architecture 15th through 18th Centuries*, hg. v. H.A. Millon, Memoirs of the American Academy in Rome, 35 (Rom: Elefante, 1980), S. 45–123
WEISS, ROBERTO, *The Renaissance Discovery of Classical Antiquity* (Oxford: Blackwell, 1963)
WEISZ, J.S., *Pittura e Misericordia: The Oratory of S. Giovanni Decollato in Rome* (Ann Arbor: UMI Research Press, 1984)
WESTFALL, C.W., *In this Most Perfect Paradise: Alberti, Nicholas V, and the Invention of Conscious Urban Planning in Rome, 1447–55* (University Park: Pennsylvania State University Press, 1974)
– "Alberti and the Vatican Palace Type," *Journal of the Society of Architectural Historians* 33 (1974), S. 101–21
WISCH, B.L., *The Archiconfraternità del Gonfalone and its Oratory in Rome: Art and Counter-Reformation Spiritual Values* (Ph.D. dissertation, University of California at Berkeley, 1985)
WITTKOWER, R., *Allegorie und der Wandel der Symbole in Antike und Renaissance*, übers. von Schwarz, B. (Köln: DuMont, 1983)
WÖLFFLIN, H., *Renaissance und Barock* (München 1926)
WURM, H.W., *Der Palazzo Massimo alle Colonne in Rom* (Berlin: de Gruyter, 1965)

ZERI, F. u. a., *Italienische Kunst. Eine neue Sicht auf ihre Geschichte*, 2 Bde., Vorwort von Sauerländer, Willibald (Berlin: Wagenbach, 1987)
– *Hinter den Bildern. Die Kunst, Kunstwerke zu sehen*, übers. von Fehringer, Maria (Salzburg: Residenz Verlag, 1989)
ZUCCARI, A., *I Pittori di Sisto V* (Rom: Fratelli Palombi, 1992)

Abbildungsnachweis

Sofern nicht anders vermerkt, haben die genannten Museen eigenes Fotomaterial zur Verfügung gestellt. Die angegebenen Ziffern beziehen sich auf die Abbildungsnummern.

1 Bayerische Staatsbibliothek, München
3 Scala, Florence
5 Abgebildet mit Genehmigung der Trustees, The National Gallery, London
6 Araldo De Luca, Rom
7 © James Morris, London
10 The Fotomas Index, Kent
12 © British Museum, London
13 Araldo De Luca, Rom
15 Monumenti Musei e Gallerie Pontificie, Città del Vaticano
16 © James Morris, London
17, 18, 19 Biblioteca Apostolica Vaticana
Seite 19, Detail von Abb. 19
20, 21 © James Morris, London
23 © James Morris, London
Seite 43, Detail von Abb. 23
24 Scala, Florenz
25 © James Morris, London
27, 28 © James Morris, London
31 The Metropolitan Museum of Art, New York, Harris Brisbane Dick Fund, 1941. [41.72 (3.29)]
32 Alinari, Florenz
33 © James Morris, London
34, 35 © British Museum, London
37 Scala, Florenz
38 © James Morris, London
42 Scala, Florenz
43 © Loren Partridge
45 Scala, Florenz
46 © Loren Partridge
48 © British Museum, London
Seite 61, Detail von Abb. 49
50, 51 James Morris, London
54 Fotografica Foglia, Naples
57, 58 Scala, Florence
59 © James Morris, London
61 Scala, Florenz
62, 63 Abgebildet mit Genehmigung der Trustees, The National Gallery, London
64, 65 © James Morris, London
Seite 79, Detail von Abb. 65
66 The Metropolitan Museum of Art, New York, Besitz, anonyme Stiftung in Erinnerung an Terence Cardinal Cooke, 1984 J (1984.74)
67 © James Morris, London
68, 69 Scala, Florenz
70 © James Morris, London
72, 73, 74, 75 Scala, Florenz
76 Ernst Steinmann, Die Sixtinische Kapelle, (Tafeln, Erster Teil, München, 1901), Band I, Abb. VII
77, 78 Scala, Florenz
79, 80 James Morris, London
81, 82, 83, 84 Nippon Television Network Corporation Tokyo 1991
85 Scala, Florenz
86 © Nippon Television Network Corporation Tokyo 1991
87 Scala, Florenz
88 Abgebildet mit Genehmigung des Board of Trustees, Victoria & Albert Museum, London
Seite 109, Detail von Abb. 88
89 © James Morris, London
90 Originalzeichnung von Peter Schmitt
91 © Nippon Television Network Corporation Tokyo 1991
92, 93 Araldo De Luca, Rom
94, 95, 96, 97 © James Morris, London,
98 Monumenti Musei e Gallerie Pontificie, Città del Vaticano
99, 100, 101, 102, 103, 104 Scala, Florenz
Seite 145, Detail der Abb. 103
105 Monumenti Musei e Gallerie Pontificie, Città del Vaticano
106, 107, 108 Scala, Florenz
109, 110 © James Morris, London
112, 113, 114 Scala, Florenz
115, 116, 117, 118 Araldo De Luca, Rom

Register